# PRIMAVERA DAS MULHERES

Pilar Pardo Rubio

# PRIMAVERA DAS MULHERES

100 Questões Essenciais para Entender o Feminismo no Mundo Contemporâneo

*Tradução*
Gilson César Cardoso de Sousa

Editora
Cultrix
SÃO PAULO

Título do original: *El Feminismo en 100 Preguntas.*

Copyright © 2017 Ediciones Nowtilus, SL., Madri, Espanha, www.nowtilus.com

Copyright do texto © 2017 Pilar Pardo Rubio.

Copyright da edição brasileira © 2020 Editora Pensamento-Cultrix Ltda.

1ª edição 2020.

Todos os direitos reservados. Nenhuma parte desta obra pode ser reproduzida ou usada de qualquer forma ou por qualquer meio, eletrônico ou mecânico, inclusive fotocópias, gravações ou sistema de armazenamento em banco de dados, sem permissão por escrito, exceto nos casos de trechos curtos citados em resenhas críticas ou artigos de revistas.

A Editora Cultrix não se responsabiliza por eventuais mudanças ocorridas nos endereços convencionais ou eletrônicos citados neste livro.

**Editor:** Adilson Silva Ramachandra
**Gerente editorial:** Roseli de S. Ferraz
**Gerente de produção editorial:** Indiara Faria Kayo
**Preparação de originais:** Ana Lúcia Gonçalves
**Editoração eletrônica:** S2 Books
**Revisão:** Luciana Soares da Silva
**Capa:** Vinícius Almeida

Dados Internacionais de Catalogação na Publicação (CIP)
(Câmara Brasileira do Livro, SP, Brasil)

Pardo Rubio, Pilar
    Primavera das mulheres : 100 questões essenciais
para entender o feminismo no mundo contemporâneo /
Pilar Pardo Rubio ; tradução Gilson César Cardoso
de Sousa. -- São Paulo : Editora Pensamento Cultrix,
2020.

    Título original: El Feminismo en 100 Preguntas.
    Bibliografia
    ISBN 975-85-316-1568-9

    1. Feminismo 2. Feminismo - História 3. Mulheres - Aspectos
sociológicos  4. Mulheres - Conduta de vida I. Título.

20-33265                                                          20-33265

Índices para catálogo sistemático:
1. Feminismo : Sociologia 305.42
Maria Alice Ferreira - Bibliotecária - CRB-8/7964

Direitos de tradução para o Brasil adquiridos com exclusividade pela
EDITORA PENSAMENTO-CULTRIX LTDA., que se reserva a
propriedade literária desta tradução.
Rua Dr. Mário Vicente, 368 — 04270-000 — São Paulo, SP — Fone: (11) 2066-9000
http://www.editoracultrix.com.br
E-mail: atendimento@editoracultrix.com.br
Foi feito o depósito legal.

# Sumário

Prólogo ....................................................................................................9

### I Vontade de conhecer o feminismo .......................................................... 15

1    Por que o feminismo nunca esteve na moda? ....................................17

2    O feminismo não desapareceu depois da conquista do direito de voto? 21

3    Não é melhor se declarar "pessoa" em vez de "feminista"?....................25

4    Ser feminista não é o mesmo que ser machista ao contrário? ...............28

5    Existem homens feministas e mulheres machistas? ...........................31

6    O feminismo quer acabar com as diferenças entre homens e mulheres? 35

7    Por que as feministas querem igualdade de direitos com os homens? ....37

8    Mas, com tanto feminismo, os homens não acabam por ser discriminados?...................................................................................40

9    O feminismo implica declarar guerra aos homens? ...........................43

### II Segredos e mentiras da igualdade ......................................................... 45

10    Por que as mulheres rechaçam o poder? .................................................47

11    Os direitos humanos são feministas? .......................................................50

12    Que sentido tem ser feminista em países como a Espanha, onde há leis de igualdade e as mulheres podem fazer o mesmo que os homens?.............53

13    A desigualdade não será eliminada após mais uma geração? .................56

14    Os espelhos nos quais vemos refletida nossa igualdade estão deformados?..................................................................................................59

15    Por que não aprendemos feminismo na escola se ele é tão importante? 62

16    Ensinar feminismo não é ensinar ideologia? .........................................65

17    É perigoso ser feminista em algumas zonas do planeta?........................68

18    Todas as feministas são iguais? .................................................................71

III Conceitos-chave para entender o feminismo ......................................... 75

19 Os homens, e não só as mulheres, têm gênero? ..................................... 77
20 Por que complicar unindo o conceito de gênero ao sexo? ..................... 80
21 "Igualdade de gênero" é o novo nome do feminismo? .......................... 83
22 Como aprendemos a ser homens e mulheres? ...................................... 86
23 Em que consiste a violência simbólica? ................................................ 90
24 É possível livrar-se dos imperativos de gênero? .................................... 93
25 O que tem a ver o gênero com a discriminação? ................................... 95
26 A discriminação positiva para as mulheres não é uma discriminação
   negativa para os homens? ...................................................................... 99
27 Como se restringe a ascensão das mulheres? ...................................... 103
28 Como a identidade e a estrutura social são comunicadas a partir
   do gênero? ........................................................................................... 107
29 O que são os óculos violeta? ............................................................... 111
30 A perspectiva de gênero não implica a imposição do ponto de vista das
   mulheres? ............................................................................................ 114
31 Por que não há homens com a profissão de pai e suas tarefas? ........... 117
32 O feminismo pretende acabar com as diferenças biológicas? ............. 120
33 Não posso mesmo entender um mapa porque sou mulher? ................ 122
34 O que é transversalidade de gênero? ................................................... 127
35 Transversalidade de gênero e perspectiva de gênero são a mesma coisa? 130
36 A perspectiva de gênero pode nos mudar e à nossa forma de vida? ..... 133

IV Ingratidão histórica e nascimento do feminismo ................................. 137

37 Por que gostamos tanto de nos comparar aos animais? ..................... 139
38 As comunidades pré-históricas eram mais igualitárias? ..................... 142
39 Quando, na história, começam a se formar relações de dominação entre
   os sexos? .............................................................................................. 146
40 Que mão balançou o berço no surgimento da civilização ocidental? ... 150
41 A Idade Média foi mais obscura para as mulheres que não eram damas,
   rainhas ou santas? ............................................................................... 155
42 As místicas, beguinas ou bruxas foram as primeiras feministas? .......... 162

V O feminismo da cidadania: a luta pelo sufrágio .................................... 169

43 As mulheres participaram da Revolução Francesa e exigiram ser
   cidadãs? ............................................................................................... 171
44 O que eram os cadernos de queixas? ................................................... 177
45 Por que Rousseau negou a razão às mulheres? ................................... 184
46 As norte-americanas ficaram mais livres depois da Declaração de
   Independência em 1776? ..................................................................... 190

47 Que manifesto revolucionário, aprovado em 1848, mudaria a vida de milhões de mulheres?................................................195

48 Por que, nos Estados Unidos, os escravos negros libertos votaram antes que as mulheres de qualquer raça ou condição?................................201

49 O direito de voto foi a única reivindicação do feminismo iluminista? . 206

50 Por que as mulheres nunca quiseram ir à guerra?................................210

51 As mulheres recorreram à violência para conquistar o voto?..............215

## VI REVOLUÇÃO E FEMINISMO, ENCONTROS E DESENCONTROS........................... 221

52 Como o liberalismo, ansioso por acabar com os privilégios de sangue, justifica a perpetuação dos privilégios de sexo?................................223

53 Por que o *homo economicus* precisa estar casado?................................228

54 Mulheres ocidentais, brancas e de classe abastada: quando o feminismo começa a romper as fronteiras de sua pátria?................................232

55 Pode-se falar em movimento sufragista na América Latina?..............238

56 Que há em comum entre a discriminação por motivos de sexo e a discriminação por motivos de raça?................................242

57 Por que o feminismo sempre foi excluído das conquistas de cujas batalhas participou?................................247

58 Por que as mulheres sempre estiveram tão perto de Deus e Deus tão longe delas?................................251

59 As primeiras feministas eram cristãs?................................256

60 Como o patriarcado conseguiu aliar-se tanto à razão da fé quanto à fé da razão?................................261

61 As filhas de Marx eram feministas?................................264

62 Para onde voaram os "anjos do lar" na Revolução Industrial?............268

63 Por que o anarquismo não soube amar a liberdade das mulheres?.......272

64 Por que as anarquistas não quiseram chamar-se feministas?..............276

65 Como o fascismo sonhou suas mulheres?................................279

66 As mulheres combateram o fascismo?................................283

67 O feminismo continua sendo uma revolução?................................287

68 O que é a MMM?................................291

## VII O FEMINISMO DEPOIS DO VOTO E A LIBERDADE SUSPEITA ........................... 295

69 O que são as ondas do feminismo?................................297

70 Vivemos na quarta onda do feminismo?................................304

71 Por que os homens são o primeiro sexo?................................308

72 Qual é "o mal que não tem nome"?................................313

73 O que é a NOW?................................317

74 Como o pessoal se torna político?................................320

| | | |
|---|---|---|
| 75 | O que são os grupos de autoconsciência? | 324 |
| 76 | O contrato social tem letra pequena? | 328 |
| 77 | O que é o Manifesto das 343 vadias? | 332 |
| 78 | Em que consiste o feminismo da diferença? | 337 |
| 79 | O humanismo e o feminismo da diferença são compatíveis? | 340 |
| 80 | Quando nascem as políticas de igualdade? | 343 |

## VIII FEMINISMO EM TEMPOS URGENTES: A IMPORTÂNCIA DA IGUALDADE .......... 347

| | | |
|---|---|---|
| 81 | As mulheres têm direitos ou só acreditam tê-los? | 349 |
| 82 | Por que as mulheres não se põem de acordo em relação à sua luta pela liberdade? | 353 |
| 83 | Ainda existem haréns? | 356 |
| 84 | Existe um véu sobre o véu islâmico? | 362 |
| 85 | Em que ano se celebrou pela primeira vez o dia da mulher? | 368 |
| 86 | O livre mercado tem sexo? | 371 |
| 87 | O que o feminismo tem a ver com a mudança climática? | 375 |
| 88 | O que é a teoria QUEER? | 380 |
| 89 | Serão machistas os robôs? | 384 |
| 90 | Por que alguns homens matam as mulheres que dizem amar? | 387 |
| 91 | Por que o feminismo nunca dorme? | 390 |

## IX HOMENAGEM AOS NOMES ESQUECIDOS DO FEMINISMO ..................... 393

| | | |
|---|---|---|
| 92 | Que veneziana no século XIV imaginou uma cidade de mulheres, sem guerras nem violência? | 395 |
| 93 | Quem, antes da Revolução Iluminista, defendeu que a mente não tinha sexo? | 399 |
| 94 | Que revolucionária francesa subiu ao cadafalso por não descer da tribuna da igualdade? | 404 |
| 95 | A avó de Frankenstein era feminista? | 408 |
| 96 | Acaso não sou uma mulher? | 414 |
| 97 | O que nunca nos disseram sobre o pensador liberal John Stuart Mill? | 418 |
| 98 | Que feminista uniu à causa da emancipação das mulheres a revolução e a libertação da classe operária? | 423 |
| 99 | Que feminista espanhola do século XIX teve que se vestir de homem para frequentar a universidade? | 428 |
| 100 | Qual foi o único país em que uma mulher ganhou sozinha a batalha do sufrágio universal? | 432 |

Bibliografia .............................................................437

# PRÓLOGO

## Como Me Tornei Feminista?
## (Ou, à Maneira de Afirmação Inicial)

"Talvez as mulheres sejam o único grupo que se torna mais radical com a idade."

– Gloria Steinem

Começar com uma pergunta pessoal um livro sobre feminismo não é mera casualidade; a experiência pessoal é absolutamente relevante no nascimento, na evolução e na luta coletiva desse movimento, tanto na teoria quanto na prática. Uma de minhas professoras, Fátima Arranz Lozano, a quem muito devo, me disse que chegar a ser feminista era muitas vezes uma questão de idade, porque o sistema em que vivíamos tinha enorme habilidade em deslocar o conflito social e suas causas para circunstâncias individuais, que sempre poderíamos mudar caso nos esforçássemos mais. Recordo bem o sentimento firme de minha adolescência: "Comigo, não! Chegarei aonde quiser chegar, minha capacidade superará minhas circunstâncias: mulher, irmã mais velha de quatro irmãos, com pais sem estudo e no horizonte estreito de um bairro situado nos confins dos confins". Acho que só ousei me chamar de feminista quando percebi que nada do que vivia e sentia em meu cotidiano insignificante era uma questão pessoal, mas um assunto de alta política: transformar o mundo em um lugar sem privilégios por motivo de sexo, sem destinos cromossômicos e habitado por indivíduos diferentes e só idênticos a si mesmos e, por isso, com capacidade moral para desejar a igualdade como bem comum, como base para alcançar a autorrealização, a que hoje sei consistir em ter a oportunidade de caminhar rumo ao que sonhamos obter e queremos deixar como legado, responsável e comunitário, às gerações futuras.

Na Espanha de transição, fui filha do "ainda". Ainda, nos prédios de apartamentos sem aquecimento e com ruas sem asfalto onde cresci, as mulheres que eu via com meus olhos infantis recebiam uma indenização ou pensão por abandonar seus trabalhos e recorrer à extravagante, mas legal "licença por matrimônio"; ainda deixavam os estudos ou o emprego quando chegavam os filhos; ainda se acolhia com festa o filho varão; os garotos ainda prestavam o serviço militar e, com isso, se tornavam homens; as garotas ainda ajudavam em casa, para ir aprendendo; o pai era ainda a autoridade máxima e, quando presente, seu bem-estar vinha primeiro que o do resto da família; as plantas ainda morriam quando mulheres menstruadas as tocavam; ainda se temia a desgraça da gravidez de uma filha, que a transformava em "mãe solteira" (como se as moças fossem engravidadas espontaneamente e, para cada uma, não houvesse também um "pai solteiro"); ainda faziam constar sua profissão como "do lar", como se todas fizessem as mesmas coisas, as coisas próprias a seu sexo. Lembro-me de ter dito: "Minha mãe não trabalha". Trabalhava, sim, como faxineira e cozinheira em outras casas, mas isso não era um trabalho, era um simples "bico", pois quem trabalhava eram os pais, definidos por sua profissão; assim, lembro-me de ter dito também: "Meu pai é caminhoneiro". Jamais me dei conta de que, para os homens, trabalhar em alguma coisa era ser alguém: a atividade remunerada determinava seu ser no mundo, sua identidade, e, portanto, não era uma opção. Era uma obrigação. Os homens podiam estar desempregados; as mulheres simplesmente não trabalhavam.

Hoje, ao evocar esse universo, o único existente para mim durante muito tempo, aos 40 anos e após todo o esforço de crítica e autocrítica exigido para seguir a bússola do feminismo, penso que talvez ninguém tenha trabalhado tanto quanto as mulheres na encruzilhada entre as filhas da transição e as avós do franquismo. Trabalhavam e continuam trabalhando para seus pais até o casamento; para o marido e os filhos depois de casadas. Sua história, sem dúvida, mereceria outro livro, que na segunda década do século XXI falaria de um exército de mulheres a trabalhar de forma gratuita e invisível, cuidando das mães e dos pais idosos, dos netos e netas, acolhendo de novo filhas e filhos no doloroso exílio da menoridade a que, nos últimos anos, os condenaram as crises conjugais e as bolhas imobiliárias estouradas – em que a mãe continua sendo a *previdência* da Previdência Social. Essa mão invisível (para reproduzir uma metáfora de Cristina Carrasco) alimenta, abastece a geladeira, pendura a roupa limpa nos cabides e faz milagres com o dinheiro da pensão.

Um dos conselhos do *Guia da Boa Esposa* escrito em 1953 por Pilar Primo de Rivera com o objetivo de educar as mulheres espanholas nos papéis e atitudes que a ditadura franquista esperava delas, de forma eloquente, dizia: "Deixe-o falar antes; lembre-se de que os assuntos dele são mais importantes que os seus".

Porém, nem tudo eram *aindas* em minha infância; também cresci sob a pressão urgente e vigorosa dos *jás*. As mulheres já haviam criado seus filhos, tinham vontade e necessidade de estudar ou trabalhar; já não eram obrigadas a ir à missa; já podiam divorciar-se; já podiam comprar um carro e dirigir; já podiam não se casar e usar anticoncepcionais; já podiam ser ambiciosas nos estudos, nos esportes e nas profissões; já podiam ser... como os homens. Era isso o feminismo?

Com 20 anos, as coisas não eram muito claras para mim; eu sabia apenas que gostava mais dos *jás* que dos *aindas*, que a ideia de não contar com as mesmas opções de realização na vida com que meus amigos homens contavam me aborrecia, despertando em mim a sensação profunda de uma injustiça para a qual toda réplica se convertia em ataque pessoal. Passei a ladrar para a realidade, mas não sabia por onde começar a morder. Felizmente conheci o feminismo, que só mordia com os dentes da razão, da palavra irreverente e com a rebeldia de ato e pensamento.

Creio agora que, sem nenhum conhecimento teórico e sem contato com nenhuma ação feminista coletiva, todos os juízos de valor sobre a adequação ou não de meu sentimento e minha atividade, por pertencer a um determinado sexo, todos os deveres e direitos distintos, toda essa névoa que eu ainda não identificava com uma atmosfera saturada de domínio e prestígio de valores associados à masculinidade, agrediam-me o estômago como afrontas pessoais, como ofensas à minha capacidade, à minha inteligência e à minha liberdade. Paradoxalmente, não as identificava como uma infração a esse princípio, que descobri ser a causa de tudo e que, pouco a pouco, se transformou no prisma através do qual podia observar quando comecei a árdua tarefa de ser feminista: a igualdade como direito, como valor e como princípio da dignidade; a igualdade como chave para abrir as fechaduras mentais que impunham as condições de vida aos seres humanos divididos em dois hemisférios, a feminilidade e a masculinidade.

Desse modo, passei a questionar sistematicamente as fronteiras que nos limitam, os privilégios e a desigualdade, e nunca consegui escapar dessa dúvida metódica que pôs em marcha um mecanismo de rebeldia pessoal e que mais tarde, graças ao estudo e à colaboração de pessoas sujeitas ao mesmo processo, me converteu para sempre numa estranha em qualquer terra onde homens e mulheres continuavam possuindo passaportes diferentes para a liberdade.

Foi dura, porém inevitável, a tarefa de romper as amarras da desigualdade, negar os privilégios, questionar o poder, impugnar as prescrições tácitas e expressas para a perpetuação de um mundo onde a liberdade me parecia cada vez mais um desafio cotidiano que uma herança de séculos de pensamento iluminista. Não, já não havia como dar um passo atrás: eu era agora mulher e me defendera convertendo-me ao feminismo.

# I
## Vontade de conhecer o feminismo

# 1

## POR QUE O FEMINISMO NUNCA ESTEVE NA MODA?

"Eu mesma nunca consegui saber direito o que é o feminismo. Só sei que me chamam de feminista quando expresso sentimentos que me distinguem de um capacho."

– Rebecca West, 1913

Não, o feminismo jamais esteve na moda. O feminismo é um movimento filosófico e político que, em seus três séculos de história, com a bagagem do humanismo ilustrado a tiracolo, vem recebendo carimbos identificadores mais ou menos de conveniência, alfândega após alfândega, de todos os movimentos políticos e revoluções de nossa era. Esses carimbos substituíram o orgulho e a amplitude da causa da igualdade pela emoção difusa de uma luta pelo poder entre os sexos, na qual o melhor a fazer é não tomar partido. Porém, a neutralidade diante de determinados valores significa licença moral para a lei do mais forte, o refúgio covarde dos privilégios vigentes. Não tomar partido pela igualdade ou negar-nos a consciência do esforço e do sacrifício, passados e presentes, para seu progresso, deslegitima a herança democrática que o feminismo e sua militância nos legaram. Nada foi gratuito no progresso moral da sociedade; se vivemos nossa liberdade sem perspectiva histórica e nos mantemos ignorantes de suas raízes, mostrando ingratidão para com aliados passados e presentes, então os inimigos venceram a batalha principal: promover a indiferença, o desconhecimento, a indolência e até o repúdio, com perda da capacidade de perceber a distinção entre caridade e justiça, direitos e concessões.

Emily Pankhurst (1858-1928). Incansável defensora dos direitos das mulheres e vítima de uma perseguição igualmente incansável. Liderou o movimento sufragista na Grã-Bretanha e foi presa em numerosas ocasiões, junto a milhares de mulheres que preferiram a liberdade ao comodismo de uma condição subalterna. Dizia: "Queremos libertar a metade da raça humana, as mulheres, para que elas ajudem a outra metade a libertar-se".

O feminismo sempre se armou de argumentos racionais e, ainda assim, tudo nos leva a crer que foi visto como perigoso desde seu despertar. Sem dúvida, algum medo infundia no poder a exigência de que a metade da raça humana, nas palavras de Emily Pankhurst, o conquistasse e falasse com voz própria. E o medo, quando é medo dos ideais do diferente, do outro, ou é vencido mediante a aposta emocional e ética da compreensão, da honestidade e da bondade, ou acaba se transformando em ataque preventivo dos conservadores timoratos, que agredirão os que não se atreveram a ouvir ou a conhecer e criticarão até seus pressupostos conceituais.

Só o medo – evidente na negação expressa ou tácita da capacidade física e intelectual das mulheres – de que a ordem do mundo se modifique e os homens percam o monopólio da dominação mais arraigada de todas, a exercida pela razão de seu sexo, explica o porquê de, durante décadas, a bagagem argumentativa e a ação política e social do feminismo terem sido confiscadas e escamoteadas em cada uma das possibilidades históricas de adquirir salvo-condutos de expansão da liberdade das mulheres.

Desse modo, nem o idioma bem aprendido da nova pátria da modernidade, a pátria do sujeito individual e autônomo do pensamento iluminista, nem suas cartas de apresentação por homens inteligentes e intemeratos (François Poulain de la Barre, Nicolas Condorcet, Benito Jerónimo Feijoo, John Stuart Mill) evitaram que, em cada transformação promovida pelas revoluções dos últimos séculos, o feminismo acabasse rotulado da maneira mais conveniente: a de desaparecido, fantasma sem corpo próprio porque seu nascimento e sua descendência foram negados.

Outra atitude simultânea ao desterro existencial foi a condescendência, quando não havia mais remédio a não ser explicar a exclusão da primeira linha de objetivos para mudar o sistema dominante por outro mais justo; então, o movimento feminista se tornava não prioritário, minoritário e desnecessário. O argumento apresentado era que, após as revoluções socialistas, anarquistas e comunistas, bem como a nova ordem mundial passado o horror dos fascismos, o feminismo seria contemplado pelos sistemas democráticos e conseguiria, pela lógica da justiça social e o respeito aos direitos humanos, alcançar seus propósitos. Portanto, não era necessário ser feminista, bastava ser democrata.

Mas o feminismo nunca foi um fantasma, por mais que a história política e filosófica negasse seu nascimento. Tampouco o é agora, pois nunca morreu. Continua bem vivo, tem muito trabalho a fazer, conta com grande número de mulheres e homens que recolheram sua herança com o firme propósito de não o deixar sucumbir para que continue sendo a causa de um mundo melhor, por ser mais justo.

Por isso repito: o feminismo nunca esteve na moda, mas nunca deixou de acolher tanto seus fiéis quanto seus opositores, entre os quais sempre se encontram os indiferentes ou neutros. Talvez não possa estar na moda aquilo que deve permanecer alerta na consciência individual e na atividade coletiva, como o pacifismo, a sustentabilidade ambiental ou a erradicação da fome, do analfabetismo e da pobreza. Entretanto, todas essas causas planetárias parecem lutas antigas e intermináveis, sem a recompensa imediata para a costumeira tendência do ser humano à conquista com nome próprio e à depredação para preservar a hierarquia. Pode ser que o feminismo nunca tenha estado na moda, mas incontáveis foram as almas que se entregaram a seu credo e, graças a elas, hoje, muitas mulheres, não todas, gozam de paraísos insuspeitados como a educação, o voto, bem como o controle de suas vidas e até de seus corpos. O feminismo, com ou sem permissão, adquiriu calor próprio sem um único tiro em cada um dos duros invernos que nossa era precisou atravessar para que a palavra "pessoa" significasse "ser humano". É o que diz o artigo 1.2 da Declaração Americana dos Direitos Humanos; e, se o diz, é porque então como agora milhões de seres humanos não eram considerados pessoas (as mulheres menos que quaisquer outros). Na moda ou não, o feminismo jamais abandonou a história da conquista da liberdade verdadeiramente universal, embora pareça haver um sentimento de orfandade quando falamos de seus progressos – ou, pior ainda, uma segurança nos títulos de propriedade de suas conquistas, olvidando-se que todo direito conquistado se torna um desafio permanente, pois supõe a possibilidade de mudar o futuro, a única coisa de que somos donos e donas, estratégia humanista que o feminismo nunca nos permitiu esquecer. Ainda bem.

# 2

## O feminismo não desapareceu depois da conquista do direito de voto?

"Embora a mobilização em favor do voto, isto é, o sufragismo, tenha sido um de seus eixos mais importantes, sufragismo e feminismo não se equiparam."

– Mary Nash

Não, o feminismo nunca desapareceu. Muito pelo contrário, avançou de forma rápida, sacudiu e transformou o mundo e, com ele, todas e todos os seus habitantes, feministas ou não. Viajou sem documentos, sem passaporte; fugiu para campos de refugiados; foi escarnecido, preso, encarcerado e, sobretudo, calado. Agora que abrimos esse cofre, não soa estranha a afirmação popular entre pessoas de ambos os sexos, muitas delas bastante versadas em outras disciplinas, que erguem as mãos para o alto como para mostrar que não estão armadas e esclarecem: "Não sou feminista nem machista".

Baixem as mãos, vocês não serão presos; o feminismo nunca disparou um tiro, embora continue recebendo a pólvora da ignorância, tão eficiente para excluir do debate político realidades objetivas como as da Espanha no século XXI, em que, apenas na última década, morreram mais de setecentas mulheres por mão de homens que lhes diziam, e elas acreditavam, que as amavam.

Deixem-me abrir o cofre, não tenham medo de seu conteúdo, há heroínas que vocês não conhecem, histórias que lhes foram negadas, reflexões que vocês não leram, urgências que não foram nem são atendidas e fatos importantes que continuam ignorados. Disponham-se a ouvir o que as feministas disseram e fizeram, assim como o que estão dizendo e fazendo hoje. Aqui e agora, já podem agir assim à luz do dia. Faz poucas décadas que o conseguiram e atualmente, em grande parte do mundo, o cofre do perigoso feminismo continua clandestino, tentando, não sem riscos e sofrimento, converter as mulheres em pessoas e, em outras pessoas, os homens que se negam a reconhecê-las como tais.

As feministas conseguiram que as mulheres pudessem ser educadas, comparecessem a urnas e tribunais, ganhassem dinheiro bem como decidissem se querem ou não trazer criaturas ao mundo – e quando. É muito e não basta. Não basta porque, ainda hoje, não existe um único lugar no mundo em que uma mulher, por ser mulher, não esteja neste momento sendo vendida, escravizada, violada, agredida, isolada, silenciada, escondida, privada de direitos... pouco importa quantas declarações universais de direitos e leis de igualdade efetiva tenham sido promulgadas, pois são de aplicação duvidosa.

A discriminação das mulheres em suas oportunidades vitais varia de país para país, mas é uma constante – assim como a constante da construção de nossos Estados modernos é sua exclusão sistemática. O voto foi conquistado ao longo de todo o século XX e reconhecido por nossos pais, internacionalmente, depois da Segunda Guerra Mundial; os direitos das mulheres começaram a impor-se: o jogo e suas estratégias foram se desdobrando, de sorte que o feminismo se transformou em feminismos. Com efeito, do reconhecimento dos direitos políticos se passou a reivindicar 50% de presença nas instituições. A partir da igualdade nas relações familiares e afetivas, procurou-se conquistar a garantia dos direitos sexuais como direitos humanos. Para o direito a uma educação igual, se exigirá que sejam educadoras e protagonistas do conhecimento da igualdade. Para o direito à igualdade na participação pública, se reivindicará sua copropriedade por ambos os sexos. Em definitivo, o feminismo continua lutando para que o impacto real das normas redunde, na mesma medida, em ampliação dos direitos e signifique deveres e custos de oportunidade iguais para os dois sexos. Importante que sejam iguais as leis, sob os mesmos pressupostos de aplicação e que o que constitui o verdadeiro desafio elas cubram por igual os interesses e as necessidades de ambos os sexos, não apenas no conteúdo dos direitos subjetivos, mas também nos princípios de organização política que determinam a convivência em sociedade.

Roma, 1923. Huda Sha'arawi (ao centro), pioneira do feminismo árabe, na saída do Congresso do Sufrágio Feminino. Faz quase um século, essa feminista egípcia, fundadora da União das Mulheres Egípcias, nascida em um harém e casada aos 13 anos com um primo, assistia a um congresso feminista internacional. Diz-se que, ao sair da estação, contemplou a multidão e tirou o véu. Fez-se silêncio e – há quase um século! – ouviram-se aplausos e palavras de agradecimento.

Este é o momento de trabalhar a igualdade. O feminismo ainda tem pela frente várias missões importantes e não desapareceu após a conquista do voto, mas começou a se fazer presente em leis, vereditos, escolas e universidades por intermédio de mulheres que legislavam, decidiam e educavam graças ao movimento. Este, reconhecido ou negado, permitiu sua presença desde meados do século passado. Após a concessão do voto, a desigualdade social (o valor diferente das pessoas dependendo de serem homens ou mulheres) não deixou de existir, porém hoje é quase impossível não encontrar vozes que a denunciem.

Embora o século XXI esteja sendo chamado de "o século das mulheres" – do mesmo modo que, não sem maldade, em 1933 a imprensa espanhola chamou de "República das Mulheres" à Segunda República, depois que uma feminista solitária, Clara Campoamor, participou democraticamente do regime da Constituição de 1931 –, nossa época está longe de reconhecer que o sexo não suponha, para as mulheres do mundo inteiro, uma estaca zero mais ou menos incerta e, sobretudo, desvantajosa com relação aos homens. Atualmente, em muitos países, ainda não há reconhecimento de seus direitos básicos; em outros, eles são reconhecidos, mas não garantidos; e, em alguns, a garantia revela inúmeros pontos fracos.

O feminismo tem, não duvidem, muito que conquistar para a liberdade das mulheres: liberdade sem veto, sem exceção nem silêncio. As diferenças entre mulheres e homens no tocante à autonomia, ao bem-estar e ao acesso aos bens e recursos fundamentais para seu desenvolvimento como pessoas continuam parecendo um abismo mais ou menos profundo conforme o lugar do planeta em que estejamos. Em comparação com os homens, meninas e mulheres padecem de mais pobreza e durante mais tempo, sendo mais ameaçadas pela violência. O feminismo, em todas as suas formas, deve ser visto hoje como o conjunto de estratégias coletivas, juntamente com as resistências individuais, das mulheres de todo o mundo para não serem arrastadas a esse precipício da desigualdade, auxiliando-as a descobrirem pontos de apoio para seu desenvolvimento vital e, com ele, sua participação no progresso em vez de apenas nas urnas.

Só temem o feminismo a ignorância ou o apego egoísta a nossos privilégios de sangue, berço, sexo, raça, tradição ou lei. Resistimos a nos desprender daquilo que não é nosso, sem valor para o exercício do dever moral de nos apropriarmos de nosso destino.

# 3
## Não é melhor se declarar "pessoa" em vez de "feminista"?

"Não acredito no eterno feminino, em uma essência de mulher, algo místico. Ninguém nasce mulher, torna-se mulher."

– Simone de Beauvoir

Não, não nascemos pessoas, nascemos mulheres e homens. Também nunca nascemos pura e simplesmente. Em nosso vir a ser, o sexo nos classificou como pessoas, por um lado, e mulheres, por outro. Que nenhuma mulher, por seu sexo, possa deixar de nascer pessoa é o conteúdo básico da declaração feminista.

Janeiro de 2006. Em um dos ultrassons durante minha gravidez, disseram que minha filha tinha pernas muito compridas; modelo ou bailarina, afirmou a jovem ginecologista com um sorriso de satisfação. Minha filha era mulher desde antes de nascer e suas pernas compridas sem dúvida seriam interpretadas de outra maneira caso se tratasse de um menino. Por sorte, eu não estava na China nem na Índia, onde a pirâmide populacional, em sua base, surge trincada pelo aborto seletivo ou o infanticídio de milhões de mulheres. Como, em muitas partes do mundo, a mulher não vale nada, precisamos nos declarar feministas.

Ser feminista é assumir o compromisso de conseguir, em atos e palavras, que nascer homem ou mulher seja sinônimo de nascer pessoas, com o mesmo valor e as mesmas oportunidades, sem destinos biológicos impostos que perpetuem a dominação hierárquica dos homens sobre as mulheres. Veremos que essa primeira aproximação possui inúmeros matizes, mas, para três séculos de silêncio, cem perguntas não bastam.

Declarar-se feminista é uma responsabilidade para com os direitos humanos. O feminismo tenciona, precisamente, romper a equação "humano" é igual a "homem" e corrigir a parcialidade patriarcal que inspirou nossos sistemas jurídicos e políticos de fins do século XVIII. Estes se blindaram na hora de estabelecer a coerência dos princípios iluministas que lhes ensejaram o nascimento e excluíram a razão, atributo humano, das mulheres. A *Mulier sapiens* ficou reduzida à fêmea da espécie humana, a um nexo com o mundo animal, embora tanto homens quanto mulheres sejam mamíferos.

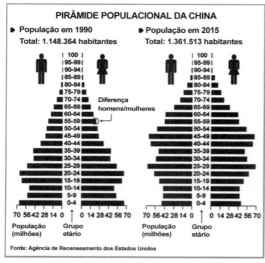

Pirâmide populacional da China. A política do filho único, somada aos preconceitos tradicionais em favor dos homens, condenou ao aborto seletivo e ao infanticídio vergonhoso milhões de meninas, nos últimos anos. Fonte: Agência de Recenseamento dos Estados Unidos.

É comum associar a palavra feminismo a "direitos das mulheres", como se esses direitos constituíssem um anexo dos direitos humanos, como se as mulheres fossem um coletivo inserido numa esfera jurídica específica, distinta da geral, como se tivéssemos aqui uma ficção na qual as mulheres gozassem de uma série de direitos próprios a seu sexo, como se esses atributos da metade da população não pudessem ser considerados tão humanos quanto os historicamente monopolizados por uma minoria de homens. Os direitos das mulheres perdem a universalidade inerente ao título de "humano" quando, em nossas referências cognitivas, se acha arraigada a separação da vontade das mulheres da vontade geral e, por isso, pensamos que seus direitos são diferentes dos direitos humanos. O feminismo é um humanismo em toda a extensão da palavra.

Bastante eficazes têm sido os mecanismos do medo à diferença e muitos e contínuos são os esforços necessários para a resistência ao domínio na prisão delicada em que é preciso saber sentir, pensar e agir para não correr o risco de desaparecer ou viver em luta constante pelo reconhecimento. Nos Estados democráticos e nas sociedades mais ricas, essa jaula transparente, que sempre simula reinvenções de sensações de autonomia, consegue manter cativas muitas mulheres sem necessidade de muros ou portas físicas. A porta da escolha pessoal está aberta de par em par, embora não seja tão fácil cruzar esse umbral. Por mais que sopre o vento dos direitos, é difícil abrir as asas porque os donos do céu, ainda homens, não querem que a metade de seus companheiros de viagem sejam mulheres e, por isso, recorrem à hostilidade frequente para provocar a renúncia ao voo sem ter de proibi-lo expressamente. Além disso, quando as mulheres começam a subir alto demais, como para traçar um novo mapa aéreo, a tempestade é certa, embora a decolagem nos custe a todos.

Atrever-se a pensar e sentir contrariamente ao que nos ensinaram e respeitar-se nessa escolha nos obriga a retirar os andaimes de identidade que nos aprisionam, mas também nos dão segurança caso, desde o primeiro ultrassom, comecemos a acatar significados que vão aderir a nós e chegarão a ser quase uma segunda natureza.

Não, não nascemos pessoas, nascemos sexuados e com diferenças corporais, mas não são estas que nos encerram na masculinidade ou na feminilidade, pois, se minha filha tivesse sido homem em algum dos ultrassons antes de vir ao mundo, suas pernas compridas e seus olhos de modelo ou bailarina a teriam feito jogador de futebol, basquete ou de qualquer outro esporte.

# 4
## SER FEMINISTA NÃO É O MESMO
## QUE SER MACHISTA AO CONTRÁRIO?

"Não quero que nós, mulheres, tenhamos poder sobre os homens, mas mais poder sobre nós mesmas."

– Mary Wollstonecraft

Não. O machismo é a ideologia que defende a superioridade dos homens sobre as mulheres. Para o machismo, homens e mulheres não são diferentes, são desiguais e, nessa relação, por menor que seja seu poder, eles sempre terão mais que as mulheres e as dominarão. O machismo se defende publicamente e tem permissão para afirmar que vivemos em um mundo politicamente correto demais, orgulhando-se de "dizer em voz alta o que muitos pensam e calam": que as mulheres são inferiores aos homens. Para o machismo, a mulher é antes seu sexo que sua individualidade pessoal; por isso, todo insulto, toda opressão, toda humilhação e todo desprezo contra uma dada mulher supõem maus-tratos contra todas as mulheres. Exagero? Em absoluto. Quando se maltrata uma mulher por seu sexo, ela não é agredida como indivíduo concreto, e sim por pertencer à categoria de mulher; embora o insulto a seu físico ou sua inteligência seja expresso de forma pessoal, poderia dirigir-se a qualquer mulher. Insulta-se o grupo porque a violência, verbal ou física, provém da firme convicção da superioridade de todos os homens sobre todas as mulheres.

O politicamente correto não tem nada a ver com a tolerância social para com o machismo pequeno, médio e grande. Causa espanto a segurança, e mesmo o orgulho, com os quais uma pessoa que se declara democrata defende, por ação ou omissão, a diferença de valor entre homem e mulher;

o homem vale mais e, com isso, contribui irremediavelmente – muito, pouco ou mais ou menos – para reforçar a hierarquia entre os sexos.

Afirmar que não se é nem machista nem feminista é tão incongruente quanto dizer que não se é nem escravocrata nem abolicionista, nem democrata nem autocrata, nem belicista nem pacifista. Muito menos se pode ser pouco feminista ou feminista, mas não radical. Todas essas afirmações respondem a um analfabetismo bem orquestrado sobre o feminismo, discriminado por lutar contra a discriminação com um dos mecanismos mais eficazes: transformar a opinião em critério, que só pode nascer da informação e da formação.

Nos meios audiovisuais, que são hoje o instrumento de socialização mais poderoso, esta pergunta, quando feita a mulheres famosas em qualquer campo, parece disparar um automatismo emocional imediato: "Você se considera feminista?" ou "Você já foi discriminada por ser mulher?". A resposta provavelmente será "não" porque, também provavelmente, essas mulheres pensam que ser feminista é acreditar-se superior aos homens e ser discriminada é confessar-se inferior.

O feminismo, além de luta pacífica contra a negação às mulheres de seu direito a ter direitos, é um campo de reflexão e debate aberto sobre a liberdade de ser homem ou mulher para superar os ditames especulares sem os quais ficamos desorientados. Ser feminista é um exercício de liberdade a partir do questionamento do que é próprio a cada sexo. Por isso, o machismo se empenhou em criar e justificar o que deve pensar, sentir e fazer uma mulher para ser feliz, vinculando isso à dependência emocional e à subordinação franca ou sutil – e todas e todos queremos ser felizes. A cilada para as mulheres foi insistentemente inoculada em seu destino: encontrar o amor, formar uma família, ser mãe... e, sobretudo, satisfazer as necessidades e os desejos de outros, pensando ser isso o que desejam e não algo que lhes foi imposto por serem mulheres.

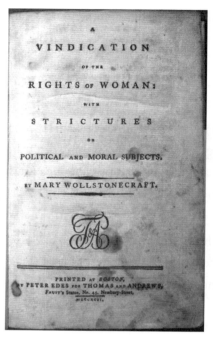

Em 1792, vem a público a obra *Reinvindicação dos Direitos da Mulher*, de Mary Wollstonecraft, texto fundamental da ética feminista. Nele, as mulheres passaram da queixa à exigência de seus direitos, autorizadas pelos pressupostos teóricos do próprio pensamento iluminista, do qual não queriam ser excluídas como cidadãs.

E se, em vez de perguntar: "Você se considera feminista?" ou "Você já foi discriminada por ser mulher?", as perguntas fossem: "Como você definiria o feminismo?" e "Para você, o que significa a discriminação?". Essas últimas perguntas exigem que a mulher já se tenha interrogado previamente e ousado abrir o cofre pelo qual uma mulher com nome e sobrenome tem voz e influência no espaço público, algo que, sem dúvida, se deve ao feminismo. Contudo, chegado o momento, na maioria dos casos, a mulher não se vale dessa conquista para continuar a viagem rumo à igualdade, atribuindo à individualidade e a seu próprio mérito um êxito que, por outro lado, não lhe permitirá escapar por completo de seus papéis femininos. Praticamente nenhuma mulher de relevância pública poderá subtrair-se a perguntas sobre seu estado civil e sobre se é ou será mãe. Isso só responde ao sexismo estrutural que se alimenta da manipulação por excelência, a qual, à força de insistir na falsidade de que o feminismo defende a superioridade do sexo feminino, transforma-o em preconceito coletivo comparando-o com o machismo – quando não é mais que o antídoto deste.

# 5
## EXISTEM HOMENS FEMINISTAS
## E MULHERES MACHISTAS?

"Admitir que existem privilégios, renunciar a eles e convencer outros homens a fazerem o mesmo: esses devem ser os pilares do feminismo masculino."

– Alexander Ceciliasson

Sim. Desde o século XVIII, tem havido alguns homens – poucos – que defendem a causa da liberdade e da igualdade das mulheres até as últimas consequências. Mas há outros (falsos positivos) que se declaram feministas sem saber nada do movimento ou, pior ainda, sabem e adotam a estratégia do falso convertido, eles se denunciam porque são feministas quando têm algo a ganhar com isso e, obviamente, nada a perder. Assim, costumam ser feministas diante de um público feminino com o qual não convivem e nunca a sós ou entre outros homens.

Homens feministas defenderão a igualdade e a autonomia das mulheres, ouvindo e compreendendo a experiência de meninas e mulheres, apoiando suas estratégias de emancipação, sejam essas quais forem, e falando com outros homens sobre o conflito ético de pertencer à metade da humanidade, os homens, investida do poder real e simbólico de impor limites à outra metade, as mulheres, à qual não pertencem, mas com a qual querem conviver sem contribuir para a injustiça do patriarcado e a superioridade de seu sexo.

Também existem falsos negativos entre as mulheres que não se declaram feministas e, depois, expõem ideias de liberdade, agindo diariamente segundo o compromisso da igualdade. Parece que, ao explicar que não são feministas, pretendem deixar claro que não querem confusão. Vivem mudando de lado, porém não desejam ser identificadas com essa atitude. Sem tantas mulheres que, não sabendo nada de feminismo (e, mesmo, sem querer saber), transformaram suas vidas e romperam, muitas vezes a grande custo pessoal, uma a uma as cadeias da subordinação, a revolução feminista não iria adiante.

Quanto à afirmação de que não se é machista, sempre deve ser examinada com suspeita, dado que, como o feminismo necessita de feministas, a desigualdade entre mulheres e homens com a qual convivemos hoje, segundo as pesquisas, baseia-se em comportamentos machistas, digam o que disserem seus agentes. Pode-se distinguir machismo como atitude franca e prepotente, que trata as mulheres como inferiores, e sexismo, que reflete uma estrutura cultural em que homens e mulheres são socializados e defende a subordinação das mulheres e a dominação dos homens por razões biológicas – portanto, indiscutíveis. Como diz Victoria Sau, no *Diccionario Ideológico Feminista*: "O machista geralmente age como tal sem que, em troca, seja capaz de explicar ou justificar a razão interna de seus atos. Limita-se a pôr em prática, de um modo grosseiro, aquilo que recebe do sexismo vigente na cultura a que pertence por nacionalidade e condição social".

A defesa da superioridade dos homens é, em muitos países ocidentais, sublimada por meio da permissão expressa ou tácita de condutas, discursos, imagens, silêncios e reiterações que continuam subordinando, ignorando ou prejudicando as mulheres, sem que muitas vezes possamos ver a origem do disparo e suas consequências para a igualdade.

A coisificação da mulher como objeto sexual para consumo de massa, sua infantilização (ou ambas no ícone de *lolita*, sempre atualizado) e a mais ou menos disfarçada declaração de sua incapacidade para certas tarefas, ao mesmo tempo que se justifica sua predisposição para outras, deixaram de ser métodos eficazes para manter as mulheres em seu lugar e, de passagem, para preservar aqueles que reivindicam, de um modo ou de outro, os atos de autoridade.

O limiar de tolerância para que se sinta como machista uma conduta ou um discurso é inaceitavelmente alto. Atitudes de controle do tempo, do dinheiro, da mobilidade, do corpo e da imagem das mulheres não chamam tanta atenção e, apenas em casos de violência física expressa, parecem despertar alarme.

Fotograma do filme *Lolita*, dirigido em 1962 por Stanley Kubrick e baseado no famoso romance homônimo (1955) do escritor norte-americano de origem russa Vladimir Nabokov. O termo *lolita*, contudo, se popularizou como sinônimo de garota adolescente ou pré-adolescente capaz de comportar-se de forma sedutora, especialmente com homens mais velhos.

Uma aluna de apenas 15 anos me perguntou certa vez se era correto que seu noivo a obrigasse a atender o celular sempre que ele a chamasse, pois lhe dera o aparelho e pagava a conta. A garota perguntava isso porque não se sentia bem com a situação de chantagem, controle, coação, demonstração de superioridade e atitude possessiva. Não obstante, só sabia dizer que algo a incomodava. "Que situação, hein, professora?". Deveríamos começar por nos proteger do que não vemos ou não nos deixam ver.

Por último, as mulheres podem, sim, ser machistas. Se o patriarcado continua vivo e forte é porque obtém a colaboração de homens privilegiados e mulheres subalternas que, voluntariamente, usam sapatos de salto alto, que prejudicam sua coluna, ou exigem o direito de se dedicar aos filhos como destino social. Todavia, a colaboração das mulheres, diferentemente da dos homens, sempre corre o risco de mostrar-se injusta, perigosa e até insuportável, pois só elas vivem e reconhecem a discriminação de seu sexo, enfrentam exclusões e violências que nenhum homem poderá sentir porque, primeiro, isso provém deles como sexo masculino e, segundo, esse mesmo sexo inibe os mecanismos de subordinação.

A dominação é uma complicada teia, difícil de ver quando se cai nela e se está mais ou menos só. Ater-se às normas não escritas de quem tece os fios provoca a sensação falsa de segurança do predador: se você também devora, e, como os homens, ocupa o ápice da pirâmide, talvez restrinja a possibilidade de ser devorada. Ou não?

# 6

## O FEMINISMO QUER ACABAR COM AS DIFERENÇAS ENTRE HOMENS E MULHERES?

"Nem homem nem mulher, apenas um ser pensante."

– George Sand, peseudônimo de
Amandine Aurore Lucile Dupin, baronesa de Dudevant,
aclamada romancista e memorialista francesa

Não quer e nem pode. E mais: o sexismo é que opõe homens e mulheres, eliminando todas as diferenças, exceto a sexual, para criar dois grupos ficticiamente homogêneos que porá diante dos espelhos da masculinidade e da feminilidade. Dessa forma, um reflexo diferente, segundo os ditames de cada época, tornará invisível o indivíduo ou estilhaçará o cristal.

Os indivíduos, enquanto tais e do ponto de vista sociológico, possuem desejos, interesses, capacidades e circunstâncias vitais diferentes, que lhes couberam por sorte e que, além disso, não são estáticos, mas vão se transformando ao longo da existência e alterando, ou não, seu ambiente.

O feminismo não nega essa diferença; ao contrário, precisa dela, da individualidade única de cada pessoa para que se leve a cabo a árdua tarefa de conquistar as mesmas oportunidades e os mesmos direitos. O desafio consistirá em estabelecer qual será o conteúdo da igualdade para que mulheres e homens nasçam pessoas, seres humanos com o direito e o dever de tomar as rédeas do próprio destino, de construir a própria vida com certa margem de liberdade. Só assim é possível proteger a dignidade em um acordo legitimado pelas duas faces da mesma moeda, pois o direito à dignidade de uma pessoa implica, nesta, o dever de respeitar a dignidade de seus semelhantes. Por isso, a infatigável feminista Emily Pankhurst (1858-1928) deixou claro que as mulheres não lutavam apenas pelo direito ao voto: o verdadeiro direito negado era o de fazer leis.

Nós, seres humanos, somos diferentes, mas não apenas em oposição binária. Podemos estabelecer diferenças por raça, língua materna, clima em que se vive, nacionalidade, religião, orientação sexual, capacidade física e intelectual, e, se me permitem o sarcasmo, signo do zodíaco. O importante é determinar a finalidade de utilizarmos essas fronteiras entre seres unidos pelo que verdadeiramente os separa do resto das espécies com as quais convivem: a razão.

O alerta deve ser sempre ativado ante qualquer argumento que invoque o natural, o divino ou o científico, pois essas três instâncias, conforme mostra a História, acabam inexoravelmente se convertendo no material mais resistente à crítica, ao diálogo e à reflexão; portanto, atuarão como o mais sólido dos cimentos com os quais os privilegiados constroem a cortina de ferro da exclusão, o muro da vergonha da segregação.

# 7

## POR QUE AS FEMINISTAS QUEREM IGUALDADE DE DIREITOS COM OS HOMENS?

Que homens? Não conheço dois iguais. Mas sim, muitas mulheres, feministas ou não, sem dúvida guardam em sua cabeça um número bem maior de nomes e imagens passadas e presentes de homens que de mulheres; sua bússola de admiração profissional se dirige aos homens simplesmente porque foram tiradas do mapa as poucas mulheres que conseguiram algum protagonismo. Cientista, arquiteta, pintora, poeta, diretora de cinema, dramaturga, atleta profissional, especialista em informática, grande empresária, até cozinheira ou estilista são atividades nas quais o prestígio e o reconhecimento têm nome de homem. Claro que há mulheres: Margarita Salas, Frida Khalo, Marie Curie, Rosalía de Castro... mas o nosso universo de mérito é masculino e, nele, apenas excepcionalmente aparece o nome de alguma mulher, como o de uma intrusa. Essa realidade só pode provocar a clara sensação de que há menos espaço para o êxito se você é mulher, ou, pior ainda, de que não vale a pena persegui-lo com margem tão estreita.

Quer ganhar o Prêmio Nobel? Garanto-lhe que isso será mais fácil se você for homem. Apenas 49 mulheres o receberam, contra 833 homens, devendo-se levar em conta que uma recebeu dois e sua filha outro. Parece que o sexo determina, sim, as probabilidades de entrar na História.

Marie Curie, Prêmio Nobel de Física em 1903 e de Química em 1911, com sua filha Irène Joliot-Curie, por sua vez Prêmio Nobel de Química em 1935. As duas receberam três das menos de cinquenta honrarias concedidas a mulheres pela Academia Sueca.

Por isso tudo, não, as mulheres não querem ser homens. As feministas, tampouco. Mulheres, feministas ou não, provavelmente cobiçaram o êxito, o reconhecimento social, o dinheiro e o poder de alguns homens; mas só algumas, justamente as feministas, se fizeram estas perguntas qualitativas: "Por que não eu?", "Por que não posso votar, estudar, trabalhar, ganhar o mesmo que um homem e ter ou não filhos quando quiser, se quiser?", "Por que cuido gratuitamente dos outros e ninguém cuida de mim?", "Por que tenho de escolher entre minha carreira profissional e minha vida afetiva e emocional?", "Por que não tenho um parceiro pouco ambicioso, que cuide de meu lado afetivo, me permita ser mãe e trabalhar muitas horas, sem que isso provoque mal-estar entre nós?" e, sobretudo, "Por que preciso dar tantas explicações, aos outros e a mim mesma, quando decido livremente me desviar do roteiro estabelecido mulher-juventude-beleza-parceiro-maternidade-família?".

As mulheres que se sabem fortes e inteligentes, e percebem que se destacam intelectualmente muito mais que a maioria de seus semelhantes, supõem, como consequência, que basta seguir os passos definidos para merecer subir ao pódio do mérito profissional. Isso é lógico, mas fantasioso.

Em relação aos prêmios e reconhecimentos, as mulheres ainda recebem flores, em vez de iniciativas que impulsionem suas carreiras. A fama está rodeada de uma atmosfera difusa, de uma memória coletiva de autoestima e felicidade que, para a maioria das mulheres, não inclui lembranças vigorosas que as dirijam independentemente ao êxito profissional, o qual, aparentemente, permite aos homens terem tudo, inclusive esposa e filhos.

Uma simples contagem dos prêmios nacionais de pesquisa na Espanha, a partir de 2001 até hoje, indica um desequilíbrio de 51 a 6 em favor dos homens. Mas as mulheres não estudam mais, não tiram notas mais altas? Como adverte a União Europeia, há hoje perda de talentos, capacidade, ideias, descobertas, progressos... e os nomes femininos continuam em menor número que os dos masculinos dignos de admiração, não importando o que queiram ser. As mulheres nasceram mulheres e, se em algum momento tropeçam com o feminismo, querem ser elas próprias ou, pelo menos, assumir a difícil tarefa de descobrir quais são as escolhas vitais que lhes pertencem e quais são os condicionamentos emocionais naturalizados, sentidos como uma segunda pele, a de ser mulher antes de pessoa, ou interiorizar o medo ao custo de oportunidades em sua vida pessoal e familiar, implícito no desenvolvimento da excelência.

Não, as feministas não querem ser como os homens porque não sabem como os homens querem ser. Eles são indivíduos e seus atributos talvez não tenham fim: conservadores, progressistas, pacifistas, ecologistas, empresários, assalariados, ricos, pobres, entre outros. De novo se confunde a igualdade com a identidade ou, pior, com a homogeneidade. As feministas querem é que o caminho escolhido por homens e mulheres tenha a mesma inclinação, seja no planalto ou na montanha, e que, ao consultar os mapas deixados por quem antes fez o percurso, ambos encontrem os mesmos pontos de referência e orientações, os mesmos homens e mulheres, sem fantasmas ou "anjos do lar", como dizia Virginia Woolf, a serem mortos antes do início do trabalho.

# 8
## Mas, com tanto feminismo, os homens não acabam por ser discriminados?

*"Extemplo simul pares esse coeperint, superiores erunt* ("Tão logo comecem a ser iguais, serão superiores")."

– Marco Pórcio Catão

Como dizia metaforicamente a feminista e republicana espanhola de começos do século XX, María Lejárraga: "Nenhum rei quer de forma voluntária deixar de ser monarquista". Ou, o que seria o mesmo, a renúncia aos privilégios exige um esforço contínuo e a firme convicção de que tais privilégios são poderes gratuitos e não direitos ou valores – porque se fossem, como bem nos recorda Amelia Valcárcel, deveriam poder estender-se, sem problemas, a qualquer ser humano.

Não, ninguém vai ceder seu trono por vontade própria, seja este pessoal ou político, privado ou público, principalmente porque, com a permissão de Groucho Marx, já está sentado nele por mérito, sorte ou tradição, dependendo do tempo e do lugar de que falemos. E o difícil não é tanto reconhecer que as mulheres devem ostentar mais poder: para isso, os homens precisam renunciar à quota arrebatada graças ao privilégio forçado ou voluntário, consciente ou ignorado, que a condição de homem implica.

A discriminação pressupõe um tratamento desigual em situações equiparáveis, sem nenhuma justificação válida. Não obstante, quando a realidade confirma os homens em seu privilégio de acesso ao poder durante gerações, o fato da superioridade hierárquica parece ser vivido como um direito e a intervenção nesse *status quo* em virtude da proibição de discriminar por motivo de sexo, aplaudida na teoria por homens e mulheres, transforma-se em uma ameaça para eles, que não contavam com a necessidade de partilhar 50% de bens, recursos ou direitos com suas companheiras.

A presença proporcional das mulheres em todas as esferas de poder provoca irritação e antes, muito antes de converter-se em uma conquista democrática, é bloqueada com brados dos homens pelo direito de não serem removidos de suas posições. Os homens se sentem ameaçados quando se questiona sua presença majoritária e qualificam de privilégio a entrada de mulheres, até então ausentes, em proporção a seu número e seu preparo, para academias, secretarias governamentais, comandos militares, conselhos de direção de grandes empresas, cargos eclesiásticos superiores, encontros culturais, produção de conteúdos audiovisuais, equipes de criação e decisão em pesquisas tecnológicas. Curiosa transmutação essa, do fato ao direito e do direito ao privilégio, pela qual o acesso das mulheres ao poder se faz como uma batalha contra a discriminação masculina, dado que a perda de privilégios masculinos é sentida como um ataque a direitos e a extensão de direitos às mulheres como uma concessão de privilégios.

Sempre se achou que a liberdade e a autonomia das mulheres escravizariam os homens. Eles passariam a ser explorados em casa por elas, convertidas em chefes da família. Porém, mais que a liberdade das mulheres, temia-se que elas renunciassem por completo às tarefas domésticas, as quais, para o bem-estar dos outros, vinham e vêm desempenhando.

Na esfera privada, o questionamento dos papéis tradicionais de homens e mulheres também é vivido com angústia por eles, pois supõe a perda do bem-estar implantado geneticamente por meio da subordinação das mulheres. Estas também sentirão o desassossego da igualdade, que se vincula ao amor à liberdade, não à dependência. Os homens não são discriminados porque devem realizar sua parte correspondente de trabalho doméstico: eles se sentem incomodados e até enfadados porque perdem um privilégio que lhes coube por nascimento – privilégio gratuito e, principalmente, sustentado pela identificação do cuidado e pela disposição prepotente de bens e recursos de sua parte, como prova da qualidade do afeto que permeia a relação com o outro sexo (mãe, irmã, esposa, filha e mulheres em geral).

# 9

## O FEMINISMO IMPLICA DECLARAR GUERRA AOS HOMENS?

"Queríamos mostrar que era possível progredir ou conquistar a liberdade humana a que aspiramos sem recorrer a violência alguma. Falhamos nesse projeto, mas ainda podemos dar às nossas almas o consolo de que a violência registrada não foi excessiva e de que as sufragistas mais agressivas estão mais preparadas para sofrer danos que para infligi-los."

– Millicent Garrett Fawcett

Jamais existiu uma batalha tão pacífica quanto a do feminismo. Se todas as guerras fossem como a guerra dos sexos, outra história e outro pensamento constituiriam a narrativa da passagem da humanidade pelo planeta. Onde está o exército? Onde estão as armas? Onde estão os mortos? Onde está o butim? Onde estão as estátuas e placas das heroínas caídas? Onde está o túmulo da guerreira desconhecida?

O feminismo não é uma guerra contra os homens, é um projeto de justiça material e universal: transformar homens e mulheres para compartilhar o mundo em que vivemos e nos relacionamos. Toda mudança na vida das mulheres implicará mudanças na vida dos homens, mas não de forma diretamente proporcional. A entrada das mulheres no mundo acadêmico não pressupôs a saída maciça dos homens dos postos mais relevantes e com mais prestígio nas esferas pública e privada, nem seu acesso ao mercado de trabalho exigiu uma responsabilidade equivalente para os homens no âmbito do cuidado e da reprodução. E mais: esse tempo e esse espaço que agora as mulheres não ocupam é compensado por jornadas escolares mais extensas ou com a contratação e a ajuda gratuita de outras mulheres, formando-se o que se chamou de feminização das cadeias de cuidado.

# II
## Segredos e mentiras da igualdade

# 10
## POR QUE AS MULHERES RECHAÇAM O PODER?

"Ignoramos nossa verdadeira estatura até nos pormos de pé."

– Emily Dickinson

Não, as mulheres não rechaçam o poder; ele não é oferecido à maioria, justamente as que estão mais preparadas e dispostas a exercê-lo, com tanta espontaneidade como poderíamos pensar, salvo descuidos, insistências ou inevitabilidades. Se há algo que caracteriza nossas relações com o poder é um forte mecanismo de competitividade e exclusão. Os vértices de cada centro de tomada de decisões autodeterminam seus princípios legitimadores de participação e exercício que, sem dúvida, no pressuposto do sexo, favorecem a entrada de homens em detrimento da entrada das mulheres, de forma direta ou indireta, aberta ou oculta. O mecanismo é conhecido como "cooptação", de sorte que os critérios objetivos sucumbem ante as redes de contatos e dívidas ou créditos entre os reconhecidos como iguais, uma endogamia consentida em que o sexo é decisivo. Os homens optam por outros homens quando estão na posição de decidir na configuração da personalidade do poder, a qual tem semblante de homem (basta dar uma olhada nas imagens de líderes, autoridades, chefes ou mandatários). A "homossociabilidade" revelada pelas estatísticas se explica, em muitos debates, pela baixa disponibilidade de mulheres. Essa afirmação, aplicada a postos elitistas nos quais há uma percentagem mínima de indivíduos, parece sem dúvida tendenciosa; é difícil acreditar que não existam mulheres na população total de um Estado para o preenchimento de altos cargos políticos ou de governo, dado que estes não são tão numerosos assim. Também parece duvidoso que, entre os milhares de mulheres doutoradas em Direito, não possamos contar com uma centena de juízas ou magistradas para fazer com que haja paridade nos tribunais superiores e nas instituições político-judiciárias. Não obstante, insiste-se no argumento de que as mulheres não querem e rechaçam o poder.

O primeiro ponto a ser levado em conta é que o acesso ao poder é político, não técnico; ainda assim, a insistência no mérito afasta de maneira eficaz a crítica dos mecanismos de investidura de autoridade. Se apostamos na neutralidade, na ficção de que o talento e o esforço determinam a ascensão social e o prestígio profissional, então aceitamos que apenas cerca de 10% das mulheres merecem chegar ao poder, contra cerca de 90% de homens. "Ganhe a que merecer." Quem já não escutou essa exclamação quando se discutia a legitimação para estabelecer reserva de cargos ao sexo infrarrepresentado em qualquer esfera de poder? Entretanto, se achamos que só os melhores devam ser recompensados e como de 80 a 90% das cadeiras, poltronas, vagas, tribunas, palcos, comitês de seleção, departamentos e tribunais de todos os tipos estão ocupados majoritariamente por homens, aceitamos que apenas de 10 a 20% das mulheres "merecem". É uma margem escassa para a massa de mulheres esforçadas, cujo respeito sustenta um grande número de homens em posições privilegiadas. Para eles, a entrada em igualdade de condições, sejam quais forem, das mulheres supõe uma discriminação e não uma redistribuição do acesso ao poder pela eliminação da variável possivelmente mais universal: o sexo.

O grande perigo de arguir o mérito como regulador da participação no poder da cidadania consiste na aceitação, como justas, de injustiças legitimadas pela tradição. E mesmo havendo mulheres que, chamadas a exercer o poder, o rechaçassem, devemos, se a democracia nos importa, perguntar-nos por que não querem ganhar mais dinheiro, gozar de mais reconhecimento, obter êxito, fazer história, participar da tomada de decisões que as afetariam, conquistar mais segurança. Não será difícil descobrir que essa não é uma decisão individual. Ao mérito e à capacidade, as mulheres devem acrescentar a decisão de não se deixar chantagear por aquilo que lhes contaram sobre elas mesmas: a família, os afetos, o amor; nem se amedrontar pela ausência de referências passadas e companheiras presentes em que se apoiar. Diferentemente do fenômeno da homossociabilidade, que se mostrou bastante compatível com a competitividade masculina, como o antes e o depois de um evento esportivo, as mulheres vão aprendendo a solidarizar-se entre si e a reconhecer lideranças que proporcionem as referências de que agora carecem para ter raízes próprias nos vértices do poder e sair do anonimato.

Quando uma mulher afirma que priorizou a família em detrimento do trabalho, nem sempre está confessando que rechaçou o poder em uma opção vital concreta, e sim que decidiu não lutar preventivamente por ele. Esse é o significado último de empoderamento: romper o amor com suas próprias correntes. Quando uma mulher rechaça o poder porque seu exercício é incompatível com a família, confirma que o mundo profissional ainda conta com um exército de homens que, sem nenhum questionamento, prioriza o êxito no trabalho em detrimento da vida pessoal. Isso em parte é possível porque há mulheres que escolhem o contrário ou porque a família nunca foi nuclear em seu destino e sabem que jamais o será por sua vontade, mas pela vontade das mulheres que concordem em aceitar essa situação. Se os homens vivem como discriminação o abandono de seus privilégios, muitas mulheres vivem como opção a discriminação de ter que escolher entre poder e afetos.

# 11
## Os direitos humanos são feministas?

"É um problema de ética, de pura ética, reconhecer à mulher, ser humano, todos os seus direitos; só aquele que não considera a mulher ser humano é capaz de afirmar que todos os direitos do homem e do cidadão não devem ser os mesmos para a mulher."

– Clara Campoamor

Sim e não. A relação entre democracia e direitos humanos nem sempre foi coerente com o movimento emancipador das mulheres, embora, em primeiro lugar, este haja suposto desde seu nascimento, como justificação, mais democracia para a democracia e, em segundo, que os direitos humanos não são diferentes dos direitos das mulheres.

Em 1974, o ex-primeiro-ministro do Japão, Eisaku Sato, ganhava o Prêmio Nobel da Paz. Esse homem exemplar maltratava a esposa. Pelo visto, sua diplomacia era capaz de evitar guerras mundiais, mas não vigorava em sua própria casa.

Converter em universais os direitos humanos exigiu séculos desde sua semente e, nesse processo, as mulheres ficaram fora dos circuitos de poder político e jurídico. Diríamos até que os direitos humanos universais foram concebidos sem as mulheres; estas acabaram incluídas como sujeitos desses direitos, mas apenas enquanto aceitarmos a ficção de que são cidadãs, em seus países, em plena igualdade com os homens. E não são.

Os números dos principais organismos internacionais e de organizações de mulheres defensoras dos direitos humanos deixam claro que o reconhecimento dos direitos civis e políticos das mulheres tem estado longe de significar uma posição equivalente à dos homens em seu desenvolvimento, a tal ponto que a Conferência Mundial de Direitos Humanos de Viena, em 1993, se viu forçada a esclarecer o que por si mesmo deveria ter sido uma redundância: "Os direitos das mulheres são direitos humanos [segundo parece, havia dúvidas], indivisíveis e inalienáveis". A declaração tinha motivos estatísticos. Dois milhões de meninas são mutiladas por ano; em treze países, as pirâmides de população revelam abortos seletivos e infanticídios; na Ásia, um milhão de meninas são obrigadas a prostituir-se; 70% dos pobres do mundo são mulheres; a violação sistemática das mulheres se repete como estratégia bélica; o casamento forçado e a perda de direitos em favor do marido continuam vigentes nos sistemas jurídicos de grande parte do mundo ou são permitidos por seus sistemas policiais e judiciais, entre outros exemplos.

Parece que a evolução dos direitos humanos, como marco de convivência pacífica e incentivo ao progresso moral mínimo, compartilhado pelos habitantes do planeta, precisa da voz das mulheres. Os direitos humanos necessitam de feministas que resistam aos desafios da diversidade cultural como refúgio dos privilegiados, relativistas da dignidade humana quando esta não é a deles e concorre para a manutenção da subordinação das mulheres. O automóvel, a internet ou a Coca-Cola não serão considerados invasão cultural; mas será considerado invasão cultural o fato de as mulheres deixarem de trabalhar gratuitamente, de casar-se e ter filhos à força, de não poder defender-se nos tribunais ou elaborar as leis de sua comunidade, de ser agredidas impunemente, de não conseguir escolher como querem viver sua religiosidade sem sanção pública e culpabilidade privada.

Os direitos humanos devem vigorar no planeta com perspectiva de gênero, avaliando seu êxito pelos efeitos, e não pela letra. Assim, na medida em que não se mostrem eficientes, sejam pactuadas estratégias específicas em cada contexto, como pontes necessárias para se chegar à margem onde, em definitivo, se formulam esses direitos. O direito à vida e à integridade física não é infringido da mesma maneira para homens e mulheres; assim, para sua concretização, as políticas devem ser complexas e contemplar a perspectiva de gênero.

É hora de feminismo, com a permissão de Celia Amorós. É hora de enfrentar o mau uso ou o abuso de nossos direitos, bem como a fuga ao cumprimento de nossos deveres de cidadania material. É tempo de reconquistar nossa participação na ágora e evitar sua caricatura, o grande centro comercial. Chegou o momento de perder o medo e decidir que trem queremos tomar; é preferível o desconforto do vagão de terceira classe, quando nos acompanha o desejo de nosso próprio destino, à traição de aceitar o bilhete dourado da inércia programada, até que, conforme nossa sorte, tenhamos de desembarcar com enjoo e sem ter aprendido nada.

# 12
## QUE SENTIDO TEM SER FEMINISTA EM PAÍSES COMO A ESPANHA, ONDE HÁ LEIS DE IGUALDADE E AS MULHERES PODEM FAZER O MESMO QUE OS HOMENS?

"As mulheres, na Espanha, ganham em média, por hora, cerca de 20% menos que os homens."

– Centro de Estudios de Economia Aplicada (FEDEA), 2016

Há lugares, como a Espanha, onde as mulheres constituem a maioria da população: elas eram quase um milhão a mais que os homens em 2015, conforme o Instituto Nacional de Estadística. Além disso, a maior parte dos estudantes (58%) que terminaram seus cursos universitários e de mestrado eram mulheres.

Contudo, as formadas em Arquitetura e Engenharia mal superam os 30%, havendo concentração nas áreas de saúde (70%), ciências sociais e jurídicas (58%) e humanidades (60%). As universitárias espanholas superam seus colegas em rendimento acadêmico e constituem praticamente a metade das autoras das teses de doutorado aprovadas no país.

Todavia, o número atual de catedráticas da universidade espanhola alcança apenas 20%, embora elas constituam 41% de seu quadro de pesquisa. Como conclusão, apenas 13 mulheres ocuparam o cargo de reitoras em um total de 85 universidades.

Por outro lado, estudos recentes concluem que há uma perturbadora presença masculina nos meios de comunicação, sobretudo quando se trata de especialistas ou porta-vozes (90% e 80% deles, respectivamente, são homens). Onde estão então as mulheres que ocupam majoritariamente as carteiras universitárias há dez anos? Se considerarmos que as mulheres são mais de 90% das pessoas que não trabalham ou trabalham em tempo parcial porque precisam cuidar de filhos ou dependentes — e constituem também a mesma percentagem das pessoas que interrompem sua vida profissional solicitando licenças — não parece muito arriscado afirmar que elas continuam suportando, em sua maior parte, o custo da reprodução e do cuidado da espécie.

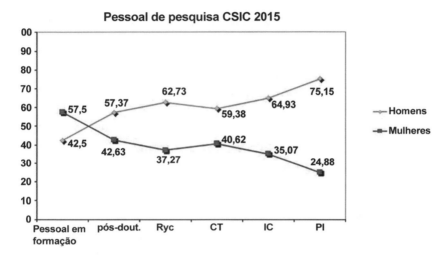

No padrão do gráfico de barras do pessoal de pesquisa do CSIC, vê-se claramente que as mulheres começam como maioria na etapa de formação e acabam descendo a encosta da segregação vertical por motivo de sexo. É o que a União Europeia chamou de "tubo perfurado", cujos orifícios parecem fazer desaparecer apenas o talento das mulheres. O próprio órgão possui uma comissão dedicada à mulher na Ciência desde 2002, mas, passada mais de uma década, ela não parece muito eficiente em suas estratégias de reter o talento feminino.

O ponto principal dessa exclusão consiste em que não é relevante se as mulheres querem ou não ser responsáveis pelos cuidados. Esse papel lhes foi imposto desde o início e afetará suas carreiras profissionais, exceto quando se empenharem, e muito, em demonstrar o contrário.

A igualdade, só por ser reconhecida em lei, não se instala nem nos valores de uma sociedade nem em sua estrutura. Além disso, a conquista dos direitos à educação e seu efetivo exercício em igualdade não garantem a terra prometida do mérito, da autoridade, do poder ou do dinheiro. Os sistemas democráticos não negam a possibilidade da igualdade, mas lhes falta a coragem para defendê-la como realidade impreterível.

# 13

## A DESIGUALDADE NÃO SERÁ ELIMINADA APÓS MAIS UMA GERAÇÃO?

Isso não se conclui a partir da imagem dos alunos de formação profissional, da geração que não se lembra muito bem de quem foi Franco e nunca ouviu falar da Seção Feminina. Quase quarenta anos depois de aprovada a Constituição, rapazes e moças estão absolutamente determinados por seu sexo na hora de escolher seu curso profissional. Não é por acaso, além disso, que essa escolha esteja diretamente relacionada com menor prestígio social e piores condições de trabalho em geral: menor salário e jornada mais longa, além de má inserção e permanência no mercado de trabalho dos setores produtivos mais feminilizados. As moças constituem mais de 90% dos estudantes do ramo de imagem pessoal (cabeleireiros e esteticistas) e mais de 85% do ramo têxtil ou de confecção e de serviços à comunidade. Seguem-se as áreas de saúde, com mais de 75%, e a de administração, em que ultrapassam 70%. Nos Ciclos Formativos de Grau Superior, em que de modo geral há mais alunos que no Bacharelado, as mulheres se concentram, com pequenas variações, nas mesmas áreas.

O fato de as mulheres continuarem se concentrando em áreas assistenciais chama a atenção; mais relevante, porém, é onde escolhem não estar. As moças não só ficarão ausentes de setores tradicionalmente masculinos (prestação de serviços de produção, manutenção de veículos automotivos, eletricidade ou eletrônica) como não se especializarão nas profissões relacionadas às novas tecnologias de informação e comunicação, fechando-se assim a porta a um campo de emprego e transformação social muito poderoso. No Grau Médio, as mulheres não chegam a 10% da turma; no Grau Superior, a 14%.

Então as novas gerações de mulheres só querem dirigir, usar eletrodomésticos, conectar-se a computadores e comprar móveis, mas em nenhum caso consertá-los, criá-los, fabricá-los ou inová-los? É pouco razoável pensar que mulheres neonatologistas, capazes de operar um recém-nascido de apenas um quilo, não consigam desenvolver competência em todo o âmbito tecnológico.

Apesar dos dados, países como a Espanha não têm nenhuma política ativa a esse respeito e, às vezes, basta algo tão simples e fácil de organizar como um acampamento de verão ao fim do curso secundário para que algumas garotas reconheçam que ser cabeleireira ou esteticista não é, em definitivo, sua vocação. A ONU Mulheres, organização das Nações Unidas dedicada a promover a igualdade de gênero e o empoderamento das mulheres, lançou uma iniciativa que tenta incorporá-las ao conjunto das esferas profissionais tradicionalmente masculinas. A experiência mostra que, aprofundando-se as causas de exclusão das mulheres em qualquer área e elaborando-se estratégias para incluí-las, muitas delas decidem ficar, embora jamais na vida tenham imaginado que se realizariam nessas áreas. Talvez ninguém lhes tenha mostrado que podiam. Esse foi o caso de Ileana Crudu, uma estudante moldava que simboliza a história de muitas outras de sua geração; eis seu testemunho contra as políticas neutras que protelam o que deve ser uma urgência política, dada sua importância social:

> No ano passado, antes de me graduar na escola secundária, participei de um acampamento de verão promovido pela GirlsGoIT. O projeto nos revelou que a Tecnologia da Informação não existe só para homens e pôs abaixo o estereótipo de que as garotas não podem programar nem são tão boas quanto os rapazes. Estudar programação alterou a perspectiva de centenas de garotas moldavas de minha geração. Não se trata apenas da Tecnologia da Informação; trata-se de acreditar em nós mesmas, para além dos papéis de gênero tradicionais com os quais nos garantiram que teríamos de viver.

Hoje estudo Engenharia do Conhecimento em uma universidade dos Países Baixos. [...] Quando alguém me diz que programo como uma garota, sinto-me orgulhosa porque sei que, programando, posso revolucionar o mundo!

Ileana Crudu, uma jovem estudante moldava, mostra que é possível romper os estereótipos se insistirmos em políticas que pensem na potencialidade anestesiada das mulheres. Quando se acredita nas mulheres, as mulheres acreditam em si mesmas. Somente com sua presença em esferas sociais de prestígio e poder conseguiremos derrubar as pontes e partilhar a mesma terra que habitamos, sem precipícios físicos e mentais entre homens e mulheres.

# 14

## OS ESPELHOS NOS QUAIS VEMOS REFLETIDA NOSSA IGUALDADE ESTÃO DEFORMADOS?

"O sexo reveste um caráter político que, na maioria das vezes, passa despercebido."

– Kate Millet

Em um de seus poemas, Emily Dickinson escreveu que não é necessário ser uma casa para ser assombrada. Também Virginia Woolf falou do poder hipnótico graças ao qual, mansamente, as mulheres vivem em um "ser para o outro".

A percepção humana da realidade, na qual o próprio observador está inserido, é condicionada por múltiplos fatores e um dos mais poderosos é aquilo que esperamos obter dessa observação. Além disso, somos vulneráveis ao risco de cair na tentação de enveredar por atalhos analíticos, tirando conclusões prévias que anulem as contradições lógicas e incômodas para nossa tranquila ordem mental.

Nas Ciências Sociais, a dúvida na percepção individual de um determinado fenômeno deve abranger não só a hipótese, mas cada um dos passos que demos para gerar conhecimento. Se quisermos estabelecer o grau de participação das mulheres nos centros nevrálgicos de tomada de decisões, deveremos empregar ferramentas quantitativas e qualitativas, não meras percepções pessoais. Precisaremos investigar quantas mulheres têm poder e quantas o transformaram em seu exercício e em sua própria definição.

Primeiro governo paritário na Espanha durante a legislatura 2004-2008. A paridade era quantitativa, dado que o custo de haver chegado à posição de poder não foi o mesmo, em termos de vidas pessoais e familiares de ministros e ministras. Entretanto, lamentavelmente, até essa paridade desapareceu junto com o Ministério da Igualdade, quando se notaram sinais de crise e os homens, que eram também chefões do partido, se dedicaram ao resgate, que nunca chegou.

É frequente, além disso, atribuir causalidade à casualidade e valor de troca à constante permissão do sistema para a exceção, a fim de justificar enganosamente sua abertura. A exceção controlada de mulheres nas esferas de poder factual permite aquilo que Amelia Valcárcel chamou de "miragem da igualdade", bem como a defesa da surrada falácia de argumentar que, se apenas 10 ou 20% das mulheres chegam ao poder, o resto, a maioria, não acompanha os homens porque não pode ou não quer.

"Telhado de vidro" é a metáfora utilizada para descrever essa situação. As mulheres encontram um obstáculo não expresso e de materiais distintos, tanto físicos quanto psicológicos, que as impede de subir aos sótãos de onde se percebe e se decide como convém organizar esse edifício de pisos hierárquicos no qual moramos, divididos e controlados.

Primeiro foram rainhas e santas, sem que muitas mulheres mortais pudessem vislumbrar a possibilidade de conquistar espaços de poder e entrar para os livros de história; agora, são mulheres sem, aparentemente, nenhum privilégio de partida. Mas isso não costuma ser assim quando analisamos o filme de seu acesso ao poder e não apenas um fotograma. O primeiro governo paritário na Espanha exibia uma foto com número igual de mulheres e homens, mas o cargo ocupado por cada um exigira custos pessoais muito diferentes, contando também com direitos de ocupação distintos. A maioria dos ministros tinha filhos e família (média de 2,75 filhos), mas entre suas oito colegas de governo a família e os filhos eram uma exceção (média de 0,625). O que para eles era um amparo emocional e uma infraestrutura de cuidados, para elas implicara claramente, de maneira explícita ou tácita, um encargo, uma renúncia ou uma escolha com que em nenhum caso os homens precisaram haver-se. Eram todos casados, menos um, ao passo que entre as ministras só três o eram.

Essa imagem não mudou muito. Na última fotografia, de 2014, as mulheres espanholas ocupam pouco mais de 30% dos altos cargos da Administração, concentrando-se nos chamamos altos cargos sem posição determinada. O último governo contou unicamente com quatro ministras em um total de treze ministérios, constituindo somente 25% das Secretarias de Estado. Após quase quarenta anos de democracia, não chegamos a 20% de prefeitas na Espanha. As mulheres não constituem sequer 5% da representação nas Câmaras Oficiais de Comércio, Indústria e Navegação. Mulheres nunca foram presidentes do Banco da Espanha, que conta apenas com três delas entre seus dez consultores. Nos órgãos de direção das empresas do Ibex 35, que reúne as maiores companhias do país, as mulheres representam uma percentagem de 9% nos cargos de alta direção, já que não constituem mais de 3% no grupo de consultores representantes. Quanto à participação na presidência executiva, sua percentagem oscila entre 0 e 8%, como eternas interinas. No caso dos conselhos de direção também das empresas do Ibex 35, só há oito mulheres presidentes e sua presença, ali, mal supera os 18%.

Ainda podemos pensar que o feminismo não tem nada a fazer em países como o desse exemplo ou devemos deixar à inércia da passagem do tempo uma herança mais justa para as gerações futuras?

# 15
## Por que não aprendemos feminismo na escola se ele é tão importante?

"Ao contrário do que afirma a sabedoria popular, o sexo tagarela não é o feminino, e sim o masculino. Em todas as bibliotecas do mundo, ouve-se o homem falando para si e, quase sempre, de si."

– Virginia Woolf

Não se aprende feminismo nem na escola, nem na universidade, nem nos documentários, nem nos filmes épicos, nem nos livros científicos ou de divulgação que, sem pudor, incluem em seus títulos o adjetivo "universal". Nenhum conhecimento ou nenhuma narrativa de acontecimentos é universal quando exclui, como até hoje, as obras das mulheres, anônimas ou com nome próprio. Ou quando escamoteia sua capacidade criativa e sua consagração, sua realidade cotidiana e a mudança extraordinária que o movimento em defesa de seus direitos supõe e segue supondo, em Nova York ou na mais remota aldeia africana. Pensar e falar por todos os seres humanos, quando só se deu voz ao pensamento e à memória coletiva dos homens, tem sido uma constante histórica banalizada e só questionada pelo movimento feminista.

Essa cultura se defende com base em uma ideologia que serve e sempre serviu à manutenção dos privilégios dos homens e à subordinação das mulheres; estamos falando do que o feminismo definiu como androcentrismo ou perspectiva androcêntrica no processo de análise, descrição e geração de conhecimento.

Os sentidos que percebem a realidade, somados aos faróis que iluminam a parte desta que merece nossa atenção, são filtrados pela perspectiva em que o homem, sua palavra e sua obra ficam no centro do universo. Em consequência, não ousaríamos qualificar de falta de cultura o desconhecimento das principais revolucionárias feministas, seu pensamento e suas realizações. Em troca, seria impossível excluir do currículo oficial os "pais" de nossa liberdade, como se esse valor houvesse sido defendido para todos em sua origem e, principalmente, como se não tivessem existido vozes ousadas que enfrentaram o androcentrismo e a misoginia, para seu infortúnio e seu esquecimento coletivo. Rousseau, Burke, Diderot, Montesquieu, Locke e Hume na Europa bem como Thomas Paine, do outro lado do Atlântico, devem ser citados – acrescentando-se, é claro, que sua lucidez mental optou por apagar-se no caso de sua opinião sobre a igualdade entre os sexos.

A vontade geral de Rousseau era "geralmente varonil" e, em seu *Discurso sobre a Origem da Desigualdade*, não vinha ao caso refletir sobre as mulheres, que por seu sexo ficavam excluídas da cidadania e, privadas de razão, não podiam, embora quisessem, pôr em ação seus sujeitos políticos.

> As meninas, em geral, são mais dóceis que os meninos e, em quaisquer circunstâncias, têm mais necessidade de ficar submetidas a uma autoridade. Esse infortúnio, se assim se pode considerar, é inseparável de seu sexo. A vida inteira, estarão sujeitas a duras e incessantes restrições impostas pelas boas maneiras. Devem ser disciplinadas para suportá-las, pois a dependência é um estado natural das mulheres, e as moças se dão conta de que foram feitas para obedecer.
>
> – Rousseau: 1971, 500

Desse modo, identifica-se o humano com o masculino e o animal (ou natural) com o feminino. Celia Amorós observa que, na passagem para a modernidade, o sexo se converte em um *neoestamento* e, portanto, em negação da subjetividade que permite às mulheres a condição de pessoas e a atribuição de direitos.

François Poulain de la Barre, discípulo de Descartes; Olympe de Gouges, pioneira da luta pelos direitos da mulher; Mary Wollstonecraft, paladina do sufragismo; Mademoiselle Jodin, colaboradora do enciclopedista Diderot; Théroigne de Méricourt, revolucionária francesa; Nicolas de Condorcet, um dos poucos iluministas franceses que foi ao mesmo tempo ativo defensor dos direitos das mulheres... Tais personalidades alguma vez nos falaram de sua valentia e sua luta ferrenha por coerência no pensamento iluminista, a fim de que as mulheres não se transformassem no novo Terceiro Estado? Sua coragem intelectual pressupõe a semente do pensamento feminista, a prova irrefutável de que o androcentrismo, ou a universalidade substitutiva, que considerava os homens agentes e beneficiários da mudança, contou não apenas com a queixa ou a exigência, mas também com uma evolução filosófica sólida, da qual todas as que leem estas linhas se beneficiaram sem saber a quem ela era devida.

Talvez, pelo fato de esta senda da modernidade ter sido percorrida, nas palavras de Amelia Valcárcel, também houvesse se alterado o espaço privado ou doméstico que tanto nos custa modificar ainda em nossos dias. Entretanto, resta-nos muito caminho para alcançar a lógica de luta segundo a qual o pessoal é político. Mesmo em finais do século XVIII, há mais de duzentos anos, as filósofas feministas advertiram suas contemporâneas: "Sereis donas na casa se o fordes na praça pública" (Celia Amorós: 2000, 166).

# 16
## ENSINAR FEMINISMO NÃO É ENSINAR IDEOLOGIA?

"A ignorância de sua própria história de lutas e conquistas tem sido uma das principais formas de manter as mulheres subjugadas."

– Gerda Lerner

E ensinar liberalismo, anarquismo, socialismo, capitalismo? E ensinar feudalismo, totalitarismo, democracia? E ensinar monarquia absoluta, monarquia parlamentar, democracia direta, democracia representativa? E ensinar os direitos fundamentais de nossa Constituição?

O feminismo é uma corrente de pensamento defendida por muitas mulheres e alguns homens, com mais de três séculos de desenvolvimento teórico e luta pacífica, e que promoveu nas últimas gerações uma mudança existencial sem precedentes para ambos os sexos. Por que a igualdade intimida tanto? Por que, quando uma mulher ou um homem denunciam, analisam ou tentam corrigir a discriminação que em todas as esferas de sua existência as mulheres sofrem, precisam dar tantas explicações, se apenas exercem a justiça e cumprem as leis? Simples: não se ensina o feminismo nas escolas porque não se cumpre a lei. Inúmeros países assumem em sua legislação interna e em tratados internacionais, por eles ratificados, o compromisso de "promover a igualdade e abolir a violência de gênero". Seus discursos políticos nunca perdem ocasião de insistir na necessidade de edificar uma sociedade igualitária para benefício coletivo e triunfo da justiça, dos direitos humanos. Não obstante, como dar esse salto civilizatório ignorando o feminismo?

Na Espanha, somente na Lei Orgânica de Medidas de Proteção Integral contra a Violência de Gênero e na Lei Orgânica de Igualdade Efetiva entre Mulheres e Homens, com mais de uma década de vigência, a palavra "educação" aparece, respectivamente, em 50 e 59 ocasiões. Sem dúvida, o direito sem o poder não tem voz e nunca se viram leis mais mudas que as que preveem medidas e políticas para forçar a igualdade entre homens e mulheres, acabando com a violência sistemática e sistêmica contra estas últimas.

Os artigos 23, 24 e 25 da Lei de Igualdade, aprovada na Espanha por maioria absoluta em 2007, insistem, de forma pormenorizada, no dever da Administração de incluir, entre os princípios de qualidade do sistema educativo, o de igualdade e não discriminação entre mulheres e homens. A lei estabelece que se ponham em prática medidas concretas que garantam essa integração, tais como igual formação inicial e contínua do professorado bem como revisão e adequação tanto dos materiais quanto dos conteúdos curriculares de todas as matérias, para que se trabalhe transversalmente esse direito fundamental. Desse modo, seria eliminada qualquer discriminação ou preconceito sexista na prática docente e política das escolas, regulando-se disciplinas específicas sobre igualdade e prescrevendo-se uma medida que a lei literalmente dispõe como "o reconhecimento e o ensino do papel das mulheres na história".

O progresso rumo a uma sociedade que conte com toda a sua cidadania, isto é, com todas as suas cabeças e mãos, sem que estas fiquem limitadas por pertencer a um sexo ou outro, é um objetivo democrático e de realização constitucional. Mas é também de interesse comum, para aprimorar talentos que se perdem durante o processo socializante do qual as mulheres ficam excluídas, graças a mecanismos óbvios ou disfarçados. Segundo todos os discursos, pareceres de peritos, exposições de motivos e leis vigentes, a educação constituiria uma das alavancas imprescindíveis para conquistar o objetivo da igualdade. Na atual Lei Orgânica da Educação, a palavra "igualdade" aparece em 61 ocasiões, e a palavra "gênero", em 69.

Conviria ensinar o feminismo na escola porque assim se cumpririam, entre outras, três leis orgânicas que dormem o sono dos justos sem o único mecanismo capaz de despertá-las: condicionar seu cumprimento à imposição de sanções. É o que se fez em matérias como a Prevenção de Riscos no Trabalho ou com a segurança do trânsito. As normas de circulação, em especial, só se tornaram eficazes graças a pesadas sanções pecuniárias que, quando insuficientes, levavam à retenção da carteira de motorista. Nunca se recomendaram limites de velocidade: proibiu-se ultrapassá-los e instalaram-se mecanismos de controle de seu cumprimento. Quando se quer fazer cumprir uma lei, aperfeiçoa-se sua implementação e impõe-se o regime de sanções em caso de descumprimento. Queremos que se ensine igualdade nas escolas? Que a democracia se consolide? Que seja aproveitado o talento de toda a cidadania? Que não haja mais mortes por violência de gênero?

# 17
## É PERIGOSO SER FEMINISTA EM ALGUMAS ZONAS DO PLANETA?

"Preferi a palavra 'feminicídio' para dar nome ao conjunto de delitos de lesa-humanidade como os crimes, os sequestros e os desaparecimentos de meninas e mulheres em um quadro de colapso institucional. Trata-se de uma fratura do Estado de direito que favorece a impunidade. Por isso, afirmo que o feminicídio é um crime de Estado. É preciso deixar bem claro que há feminicídio tanto na guerra quanto na paz."

– Marcela Lagarde

Sim, ser feminista implica arriscar a vida em muitas partes do mundo. Nos Estados fundamentalistas islâmicos, onde o poder político não é separado do religioso, as feministas correm o risco de pagar essa postura com a vida, considerando-se que apenas o fato de ser mulher representa uma ameaça permanente. Todavia, a capacidade de resistência dos seres humanos supera o instinto básico de sobrevivência, talvez porque, para sobreviver, eles necessitem tanto de liberdade quanto de água ou alimento. Médicas, profissionais e intelectuais afegãs, sírias e jordanianas se esquivam diariamente à condenação de todas as meninas e mulheres de seu país ao analfabetismo, ao aprisionamento e à proibição de pedir qualquer tipo de ajuda, excogitando debaixo das *burcas* um modo de alimentar alguma esperança de solidariedade internacional, que nunca chega, enquanto a imprensa alardeia o *burkini*.

Na América Latina, o movimento de mulheres se associou à resistência contra as ditaduras e os autoritarismos; as organizações femininas e feministas de Chile, Argentina e Uruguai perceberam a gravidade da violação institucionalizada dos direitos humanos de toda a população e a militarização da sociedade na expressão mais violenta de um patriarcado que reforçava os papéis tradicionais e legalizava a morte civil de mulheres, só reconhecidas publicamente como filhas, mães ou esposas.

A pobreza, o peso da Igreja e seus valores conservadores mas sobretudo a violência foram as três frentes de combate que as mulheres de toda a América Latina enfrentaram em seus debates teóricos, suas estratégias de ação e suas formas de organização particulares. A grande extensão territorial; a diversidade racial, étnica e cultural; bem como as diferentes circunstâncias políticas, econômicas e jurídicas dos Estados da região, porém, não impediram a contínua comunicação e construção de um projeto comum, se não homogêneo, para avançar na concretização dos direitos das mulheres. A instabilidade política, além das políticas neoliberais e suas consequências para o emprego e os meios tradicionais de subsistência da população, desde as últimas décadas do século XX até hoje, transformaram as organizações não governamentais em motores do movimento de mulheres, com o atual debate aberto sobre a perda de independência ideológica provocada pela progressiva institucionalização do movimento feminista e pela substituição de suas porta-vozes e ativistas locais por especialistas intelectuais e empresariais. Os organismos internacionais e, um após outro, os diversos governos foram incorporando em suas legislações (e, sobretudo, em suas políticas públicas) objetivos de igualdade de gênero que, por um lado, contam com recursos materiais e humanos especializados, mas, por outro, são denunciados como restritivos das vozes e da militância mais acirrada, isto é, o feminismo que pretende mudar o sistema, não o corrigir.

Nesse contexto de luta feminista (ou, mais genericamente, de movimentos de mulheres por seus direitos) heterogêneo e complexo, as ativistas e intelectuais de todos os países convivem todos os dias com a ameaça constante à integridade física e à vida das mulheres em geral e, com mais agressividade ainda, de suas porta-vozes. O cotidiano da violência – econômica, psicológica, simbólica e, obviamente, física – supõe que milhares de mulheres vivam o tempo todo em perigo de agressão. Agressão por seus parceiros em âmbito privado ou por outros homens no espaço público.

É perigoso ser mulher e mais perigoso ainda ser feminista em muitas partes do mundo. Na África, na Ásia e na América Latina, esse perigo foi denunciado e se obteve a aceitação internacional do crime de feminicídio como atentado contra a liberdade sexual e a vida de mulheres e meninas, acobertado pela impunidade policial e estatal. Ciudad Juárez se converteu no símbolo de uma realidade que abrange o planeta inteiro numa caça contemporânea de mulheres para seu desaparecimento, tortura, violação e assassinato, deixando um rastro de orgulho misógino tatuado nos cadáveres das próprias vítimas e apregoado nas cenas dos crimes.

O feminicídio foi reconhecido pelas Nações Unidas e incorporado especialmente aos códigos penais da América Latina como "o assassinato de mulheres realizado por homens e motivado pelo ódio, o desprezo, o prazer ou um sentido de propriedade da mulher" (Diane Russell): trata-se de um crime misógino, um crime de ódio. O feminicídio se estende a qualquer área do planeta como uma epidemia de barbárie que todos lamentam e ninguém impede. Os países com maior número de feminicídios são El Salvador, Jamaica, Guatemala, África do Sul e Rússia, seguidos por outros vinte, dos quais dezoito são ibero-americanos.

Sair para trabalhar em pleno dia, tomar um transporte público, ajudar a encontrar meninas e adolescentes desaparecidas, prestar ajuda a vítimas de agressões sexuais, denunciar à imprensa ou às autoridades crimes de ódio contra mulheres, pedir proteção e justiça: tudo isso constitui ainda hoje um perigo mortal para as mulheres feministas e para as que atuam como tais em defesa própria e de suas comunidades.

# 18
## TODAS AS FEMINISTAS SÃO IGUAIS?

"O feminismo transforma o mundo definindo e redefinindo a realidade a partir da teoria feminista. Também atua sobre ela graças à sua organização peculiar em redes, grupos pequenos em que ocorrem interações sociais cuja pluralidade, intensidade e compromisso cooperam para abrir um espaço de criação cultural e intercâmbio social."

– Ana de Miguel

Para responder a essa pergunta, seria necessário deixar claro o que significa hoje ser feminista. E a resposta pode ser bem simples na aparência: acreditar firmemente na igualdade de direitos e oportunidades entre homens e mulheres, agindo em consequência dessa postura. As duas dificuldades com as quais, em princípio, nos deparamos são, em primeiro lugar, que a igualdade é um conceito complexo e, em segundo, que a fé e a coerência são qualidades muito raras no mundo atual. Deixe-me explicar.

Perfilhar o artigo primeiro da Declaração Universal dos Direitos Humanos, de 1948, segundo o qual "todos os seres humanos nascem livres e iguais em dignidade e direitos. São dotados de razão e consciência, e devem agir uns aos outros com espírito de fraternidade", não basta para que nos consideremos feministas. Levemos em conta que, quando a ONU aprovou esse tratado em Paris, fazia apenas três anos que as francesas haviam conquistado o direito ao voto, depois de mais de dois séculos de luta por ele e de ocupar nas fábricas, durante duas guerras mundiais, os postos deixados vagos pelos combatentes. Não bastasse isso, embora se substituísse o termo "homem", que designava pessoa do sexo masculino, na Declaração de Direitos de 1789, manteve-se a palavra "fraternidade" (irmandade de homens); enfim, para desconfiarmos ainda mais da projeção do laureado texto, em países muito próximos à evolução político-jurídica ocidental, como a Suíça, as mulheres só se tornaram cidadãs em 1971 – apenas sete anos antes das espanholas, presas a quarenta anos de ditadura que, é claro, negava o sufrágio tanto a homens quanto a mulheres, mas só considerava juridicamente incapazes estas, não aqueles.

Esse é o sentido da orfandade do feminismo. O Iluminismo e suas principais figuras não o reconheceram; mataram ou marginalizaram suas mães e passaram décadas fechando-lhes a porta do templo que lhes cabia por batismo ideológico: o da razão como qualidade que nos conferia, a homens e mulheres de qualquer raça, classe ou condição, o título de humanos e humanas – e, com ele, o fato de pertencermos a uma única espécie num mundo só, como pessoas dotadas de direitos e deveres.

Nunca nos ensinaram que a Revolução Francesa e seus ideais de igualdade e liberdade universais foram defendidos tanto por mulheres quanto por homens. As mulheres encabeçaram momentos históricos decisivos como a marcha a Versalhes, e eles apenas se uniram a elas, conseguindo assim minar irremediavelmente a autoridade real.

Se o feminismo foi um filho indesejado do Iluminismo, no dizer de Amelia Valcárcel, milhares de mães solteiras resolveram dá-lo à luz, embora se tentasse detê-las na tarefa graças à qual hoje, três séculos depois, escrevo estas palavras e minhas contemporâneas têm o direito de lê-las.

O feminismo iluminista cavalgará a primeira onda do movimento pela igualdade de direitos das mulheres e sua raiz será ocidental, exibindo um forte compromisso com a abolição dos privilégios de classe, do racismo e da escravidão, conforme pressupunha seu caráter saneador de uma modernidade masculina, branca e proprietária. Com base nesses fundamentos teóricos, nascidos da ação, o feminismo se torna sufragista e insiste no voto como objetivo unificador de todo o movimento. De fato, as teóricas anglo-saxônicas não separam o feminismo iluminista do sufragismo, ou feminismo liberal – e a primeira onda é identificada com a luta pelo direito ao voto, grande aglutinador naqueles países.

Conquistadas as urnas pelas mulheres, após a etapa do feminismo liberal, ou segunda onda, em pleno processo de descolonização europeia e internacionalização dos direitos humanos, começa uma nova etapa, na qual já não é possível falar no singular, nem de feminismo nem de mulher. Os feminismos, os movimentos feministas, as feministas e as mulheres foram sempre plurais a partir da Segunda Guerra Mundial. O desengano coletivo quanto à potencialidade do voto, pela constatação de que obter direitos políticos não supunha necessariamente a transformação das estruturas de poder em uma sociedade mais igualitária, levou à desmobilização de grande número de mulheres, sem um caminho certo de luta formal a percorrer. O feminismo refaz a rota, se fragmenta e, ao mesmo tempo, se expande com a chegada da voz feminina dos países discriminados política, econômica e culturalmente que vão alcançando a independência. "As outras das outras", como diz Mary Nash, submetem o feminismo a um exame de seus próprios mecanismos de exclusão na igualdade que reivindicam. As mulheres africanas, asiáticas e ibero-americanas, tanto quanto as minorias emigrantes e étnicas na Europa e nos Estados Unidos, são pela primeira vez protagonistas de sua história de opressão. Elas querem ser ouvidas e levadas em conta com base em sua complexidade e sua diferença. A discriminação e a desigualdade passam a ser entendidas de forma plural, dinâmica e complexa em uma perspectiva que debilita a ação contra as estruturas de poder; mas, sem isso, o feminismo teria pisado em falso. Ao mesmo tempo, é inevitável a cisão entre a integração legal e institucional dos objetivos feministas e a aposta na mudança do sistema de fora para dentro, já que, conforme a história demonstrou, não se podia vencer o amo com as próprias armas dele.

Guerreiras de sári rosa. Mulheres indianas não violentas, mas não submissas, organizadas solidariamente e reconhecíveis pela cor de suas vestes, definem-se como um grupo que luta pela justiça, defendendo as mulheres da discriminação e da agressão. A maioria delas pertence à casta dos intocáveis.

O feminismo radical, o feminismo da diferença, o feminismo lésbico, os feminismos negros, o ecofeminismo... iam surgindo como estratégias contextualizadas, críticas, lúcidas, às vezes excludentes, outras aglutinantes, eficazes ou improdutivas, mas que se irmanavam na certeza partilhada de que o feminismo continuava vivo e ninguém poderia detê-lo. Como em qualquer projeto coletivo de justiça (e o feminismo o é), o diagnóstico se mostra mais consensual que os remédios.

# III
## Conceitos-chave para entender o feminismo

# 19

## OS HOMENS, E NÃO SÓ AS MULHERES, TÊM GÊNERO?

"Gênero é a definição cultural da conduta tida como apropriada aos sexos em uma determinada sociedade e em um dado momento."

– Gerda Lerner

Tenho uma amiga, hábil juíza de instrução, que, quando se refere a alguém destituído de todo conhecimento técnico sobre a igualdade entre mulheres e homens, olha para o céu e suspira: "Meu Deus, nem o 'g' de 'gênero' ele sabe!". Ela suspira porque, em geral, a tal pessoa está à frente de organismos e políticas cujos nomes incluem essa palavra. Que significa trabalhar com base na perspectiva de gênero? A maior parte dos responsáveis por políticas de igualdade de gênero presume que elas equivalham a políticas de mulheres – ou, no máximo, de igualdade entre homens e mulheres.

O conceito de gênero entrou na linguagem cotidiana e, ao contrário do termo feminismo, que suscita desconfiança, conquistou bastante aceitação, sobretudo nas esferas política e jurídica. Estamos habituados a ouvir porta-vozes públicos referirem-se à igualdade de gênero, à violência de gênero e até às relações de gênero, quando certamente hesitariam caso lhes fosse perguntado se são feministas.

Pelo contrário, poucas vezes, fora do âmbito acadêmico, ouviremos a palavra "feminista", salvo em uma comemoração do dia da mulher ou em algum "ato subversivo" de mulheres indignadas contra a violação de seus direitos, isto é, "feministas radicais" (e não "ativistas"). Elas são feministas, não cidadãs exigindo que se cumpra o direito fundamental à igualdade. Aliás, poucas vezes as legendas das fotos de seus atos incluem a palavra "gênero".

No contexto ibero-americano, ocorreu um intenso debate em torno da progressiva institucionalização do movimento feminista, considerando-se que a dinâmica das organizações internacionais e seu diálogo exclusivo com os diferentes governos deixam de lado os vários movimentos de mulheres em ação, ocorridos paralelamente aos sucessivos desafios de cada sociedade, menos teóricos e especializados, mas inseridos na problemática real das mulheres em suas comunidades.

As políticas de gênero costumam encaixar-se num feminismo institucional, escondido, como se o feminismo contivesse um gene estranho. Identificam-se com declarações, subvenções, minutos de silêncio por mulheres assassinadas, concertos e maratonas com camisetas cor de rosa... Enfim, é lógico deduzir que quando falamos de gênero falamos de mulheres. Como se fosse possível falar das mulheres em geral sem levar em conta que são a metade da população e que compartilham, em desigualdade assombrosa, o planeta e tudo aquilo que nele acontece com a outra metade. Não existem problemas de mulheres porque elas não constituem uma tribo de um tipo de ser humano sem relação com seus observadores.

"Gênero" é um termo adotado por alguns estudos, discursos e práticas feministas para separar a dimensão biológica de mulheres e homens de suas dimensões psicológica, emocional e social. Portanto, todos os homens têm gênero, assim como as mulheres. As feministas vêm utilizando o conceito de gênero para pensar e trabalhar a igualdade. A categoria dicotômica "homem ou mulher" estrutura nossa espécie; é difícil imaginar uma realidade não dividida sexualmente: quando pensamos numa divindade religiosa qualquer, logo lhe pomos barba e até a chamamos de pai. Contudo, diante disso, nosso pensamento, nossa emoção e nossa atitude são muito diferentes dependendo de nossas circunstâncias individuais e, em uma perspectiva histórica e cultural, do lugar e da época em que nos encontramos. Temos o poder de transformar a maneira de ser homem ou ser mulher, marcada pelos atributos de gênero; podemos também decidir como queremos que ocorram as relações caracterizadas por nosso sexo, de modo que este seja mais ou menos relevante, inevitável ou apenas uma característica de nossa identidade individual, única, humana. Nisso nos envolvemos há séculos e continuamos a fazê-lo de maneira desajeitada.

A escritora George Sand, que nasceu mulher, se casou, teve filhos e amou profundamente, mas não quis se adaptar ao molde de mãe e esposa que se esperava para uma mulher na Paris do século XIX. Fez o papel de ambos os sexos, adotou um pseudônimo masculino, vestia-se como homem e, sobretudo, exercia essa liberdade em sua profissão e sua vida pessoal. Inconscientemente, mostrava ao mundo que masculinidade e feminilidade são parte de um grande pacto que deixa as mulheres em posição subalterna.

Todos os homens têm gênero, que condiciona seu desenvolvimento pessoal como indivíduos limitados pelas coerções da masculinidade dominante. Ainda assim, por enquanto, podem ao mesmo tempo desfrutar de privilégios e oprimir as mulheres. Por isso, a continuarem vigentes essas prerrogativas cosidas como sombra a seu sexo, é preferível, e isso será dito por todas as forças que salvaguardam a estrutura de poder e suas injustiças, que o conceito de gênero, com sua potencialidade de análise, crítica e mudança, permaneça referido unicamente às mulheres.

# 20

## POR QUE COMPLICAR UNINDO O CONCEITO DE GÊNERO AO SEXO?

"A posição da mulher não é ditada pela natureza, pela biologia ou pelo sexo, ela depende unicamente de um artifício político e social."

– Carole Pateman

As diferenças de sexo seriam dadas pela natureza e marcariam a fronteira biológica (flexível, embora nos inquiete sair do sistema binário) que nos classifica em homens e mulheres. Apesar dos resvaladiços limites da condição natural, para não falar das novas possibilidades tecnológicas e da ampla margem de diferenças individuais e zonas de interseção, o sexo continua nos dividindo em duas grandes categorias com base nos órgãos reprodutores, cromossomos e hormônios. Para além desses condicionantes em sua descrição asséptica, entraríamos no terreno do gênero, conceito cultural que utilizaríamos para aludir a todos os atributos físicos, psicológicos e emocionais típicos do homem ou da mulher e que, portanto, variam conforme a época e o lugar em que vivemos. Não é a mesma coisa ser mulher e homem hoje, decorridos apenas cinquenta anos – e sê-lo na Espanha não é a mesma coisa que o ser no Zimbábue. Todavia, podemos identificar uma constante histórica e geográfica mundial: a subordinação das mulheres expressa de várias maneiras, desde as legais, nos países islâmicos, até as simbólicas, como no Canadá. Mas hoje o planeta inteiro continua avançando no caminho aberto por nossas pioneiras, a fim de conquistar a igualdade entre os sexos, com mais ou menos hostilidade nesse percurso e por etapas distintas, não por passos. Ir em frente e manter o rumo tem sido a constante, hoje planetária, do feminismo.

Poderíamos definir o gênero como o acordo histórico e cultural de pertencimento a um ou outro sexo, para além do consenso científico (simplista, volto a insistir) em torno dos requisitos biológicos. Essas são características baseadas na natureza e, portanto, convencionais e mutáveis. Não obstante, a construção do que significa ser homem ou mulher, independentemente de nossos corpos, resultou em todas as épocas ou todos lugares num imperativo social difícil de contornar. Constitui uma seleção obrigatória e coletiva de traços pré-natais que nos adscreve, de corpo e alma, a valores, sentimentos e comportamentos classificados de forma estanque e intransferível como masculinos e femininos, isto é, nos impõe um gênero conforme sejamos classificados como homens ou mulheres. Daí as frases: "É muito mulher" e "É muito homem", como se exibissem o cromossomo X ou Y de categoria alfa perante quem "não parece uma mulher" ou "não é muito homem". Com essas expressões, não nos referimos a uma barba rala, a uma voz aguda, a ovários fecundos ou a ombros largos, estamos comparando uma determinada individualidade a padrões partilhados de como um ser humano deve ser, parecer, sentir-se, pensar, falar, desejar, sonhar ou agir, conforme seja homem ou mulher.

O gênero é a construção física e mental que impomos coletivamente à diferença biológica de sexo. Envergando esse traje abstrato, mulheres e homens concretos vão perdendo pouco a pouco a capacidade de desenvolver livremente sua personalidade. As mulheres, com espartilho ou minissaia, sempre se vestiram para mover-se na direção indicada pelo poder, que até hoje é exercido pelos homens.

A maioria de nós terá enraizados os imperativos de gênero que dominam a individualidade e esta terá mais ou menos liberdade de realização segundo o lugar e a época em que nos encontremos, com uma coincidência histórica e geograficamente invariável: essa margem de desenvolvimento da individualidade sempre foi e ainda é reduzida para as mulheres, mas concede aos homens o privilégio de seu controle – nunca ao contrário. Talvez seja com isso que a maioria das autoras mais concorde: o feminismo reivindica, para homens e mulheres, iguais possibilidades de desenvolvimento da individualidade, sem freios nem obstáculos. Ora, o desenvolvimento da individualidade exclui toda comparação com os homens e a aceitação de que eles são o modelo único.

Apenas o pensamento crítico e a atitude crítica nos permitirão questionar e repelir – como despóticos e, em última instância, repressores impróprios de nossa personalidade autônoma e livre, realizável, criativa, avessa aos moldes normativos do gênero – os imperativos expressos e tácitos de como devemos nos comportar, pensar e sentir para ser reconhecidos como mulheres e homens.

# 21

## "Igualdade de gênero" é o novo nome do feminismo?

> "Uma primeira função implícita no gênero é a de tornar claro que homens e mulheres são mais diferentes que parecidos. Por isso, a sociedade humana estabeleceu a existência desses dois gêneros, fenômeno que possui uma dimensão universal."
>
> – Sara Berbel

Não. Porque o gênero não substitui o feminismo ou os feminismos contemporâneos (hoje, só se pode falar de "feminismos", no plural) para torná-los mais palatáveis a quem continua se engasgando com os temas da igualdade. As feministas que nunca ouviram a palavra gênero nesse sentido são tão feministas quanto as que, em sua luta pela igualdade, se valem dessa categoria para continuar minando os obstáculos à substituição da ordem patriarcal pela ordem igualitária, relativamente ao sexo. E isso dá medo, tanto ou mais que o feminismo estéril, pois este tem se pronunciado inutilmente em mais de uma ocasião, sem vínculo nenhum com o objetivo da igualdade e reduzido ao palavrório politicamente vistoso, inofensivo como uma arma de brinquedo.

O feminismo evoluiu desde sua valentia original, que exigia coerência com os ideais iluministas, até a necessidade de anular a capacidade do poder patriarcal para fagocitar as conquistas de emancipação das mulheres e inventar novas servidões de identidade em detrimento de sua plena condição de sujeitos. Para tanto, precisou se munir de razões e resistir na trincheira do que Amelia Valcárcel chama de pensamento da suspeita. Assim, desde o século XVIII até hoje, não desistiu de destrinçar os mecanismos pelos quais as declarações de direitos emudecem, ficam sem voz porque a voz da lei sempre foi o poder, ante uma realidade que oculta as alianças entre as elites privilegiadas. Por conseguinte, aqueles que não gostam do feminismo pouco poderão pensar e fazer em prol da igualdade, por mais que pronunciem a palavra gênero em seus discursos e declarações.

"Gênero" tampouco é uma maneira mais culta ou acadêmica de se referir ao sexo. Falar de gênero é falar de uma realidade implícita. Até o surgimento desse conceito, ninguém perguntou sobre o material e a autoria da história que os corpos contam, um relato apreendido e aprendido a cada passo a fim de evitar quedas e que se mostra distinto para mulheres e homens.

Essa obrigatoriedade de identificação do ser humano com um gênero, para a formação de sua identidade, terá repercussão não apenas nas relações entre os sexos, mas também em toda a estrutura social. Com efeito, embora o conteúdo cultural do gênero varie conforme a sociedade e o momento histórico em que vivemos, a oposição masculino/feminino é constante e determina toda uma outra série de relações: econômicas, trabalhistas e culturais, marcadas por esse enfrentamento.

Neste ponto, devemos levar em conta que o gênero é uma rede, e não um recipiente rígido, uma rede com vários nós e espaços mais ou menos cerrados ou rasgos aqui e ali, dependendo do contexto. Por isso, o gênero não é uma questão de mulheres, ele inclui necessariamente os homens em seu caráter relacional e, por conseguinte, as mudanças com respeito às mulheres afetam diretamente seus semelhantes do sexo masculino. Os homens são tão diferentes das mulheres quanto as mulheres o possam ser dos homens; uma mudança de papéis ou roteiros de gênero significará que elas terão de pensar em homens novos, embora ainda não existam, e que eles terão de pensar em novas mulheres, pois já não haverá aquelas que respondam ao modelo de feminilidade subalterna. Talvez esse seja um dos motivos pelos quais 40% dos homens na Espanha já pagaram às mulheres por sexo, num momento histórico no qual aparentemente vivemos em liberdade sexual. Liberdade sexual identificada ainda com o "direito" daquele que pode pagar, que converte em mercadoria aquela que recebe.

Toda questão de gênero é uma questão de liberdade das mulheres e de privilégios dos homens, que exercem sua autonomia sobre a limitação da autonomia de suas companheiras, porque as diferenças só importam ao feminismo quando se convertem em injustiças.

# 22
## Como aprendemos a ser homens e mulheres?

"É necessária uma transformação radical das condições sociais de produção das inclinações que levam os dominados a adotar, em relação aos dominadores e a eles mesmos, um ponto de vista idêntico ao de quem os domina."

– Pierre Bourdieu

O sociólogo francês Pierre Bourdieu observa que a construção das categorias que dividem o mundo entre masculino e feminino se instala no mais fundo de nossas estruturas cognitivas, gerando uma naturalização das diferenças sexuais, de sorte que vivemos como natural o normativo e sentimos como biológicas as características social e historicamente construídas. A naturalização da convenção social precisa da diferença social, não o contrário, para manter essa estrutura mental e impedir que a realidade seja questionada.

A inversão causa-efeito, mediante a apresentação de uma realidade como prova de que o que pensamos é certo, constitui o principal motivo de o mundo androcêntrico parecer neutro, universal e o único imaginável. Que as meninas chorem mais que os meninos, eis um preconceito confirmado toda vez que uma delas chora e utilizado como causa de nossa ideia, e não como consequência de nossa estrutura cognitiva, condicionada a interpretar o pranto das meninas de forma diferente do pranto dos meninos.

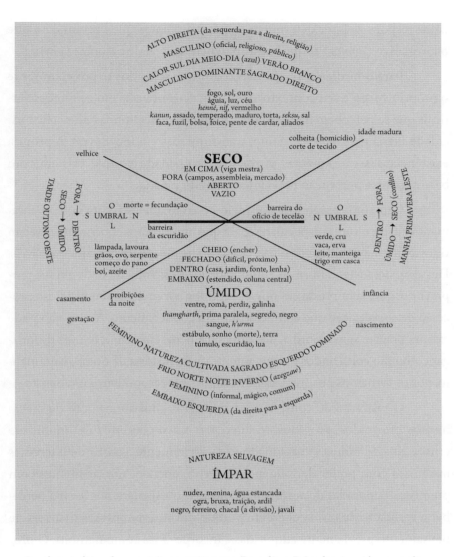

Quadro sinótico de oposições pertinentes. Bourdieu, P. *La dominación masculina*. Barcelona: Anagrama, 2007 (p. 23).

Em razão desse mecanismo, será necessário (embora insuficiente) para remover essa construção mental que vai criando realidade, tomar consciência do caráter convencional da organização hierárquica da sociedade, responsável por determinar os procedimentos que fizeram com que o normativo (*nomos*) adquirisse a aparência mental de natureza (*physis*).

Para Bourdieu, os esquemas cognitivos sexuados se projetam sobre o próprio corpo e seu contexto, como uma cosmovisão em oposições verticais que se percebem naturalizadas, imutáveis e destituídas de sua historicidade (seriam *doxa*) e, portanto, transformadas em inevitáveis. A própria existência desses esquemas prova sua necessidade porque existem com base em nossa percepção previamente condicionada.

Captamos a realidade por meio do crivo que estrutura nosso pensamento em dicotomias especulares, para que os binômios concordantes sejam tidos como fatos objetivos e não como interesses relativos e questionáveis. Desse modo, sustentam-se essa imutabilidade e essa objetividade em sua própria oposição, já impressa em nossos sentidos por meio de um insidioso processo de socialização que condiciona nosso conhecimento. Assim, não pode existir coragem sem covardia, dia sem noite, bem sem mal; e, em vez de indagar como são construídos e o que significam na história de nosso pensamento, nós os tornamos positivos argumentando que respondem a um oposto.

O processo de construção dos gêneros consiste na ação de mecanismos integrados, providos de diferentes salvo-condutos de imunidade crítica. Esses gatilhos são acionados infatigavelmente a partir de diferentes instâncias com poder de influência coletiva, enchem nossas mentes com premissas depuradas de autoria e memória e conseguem nos levar a perceber a realidade de forma coerente porque nos inserem nessas matrizes de pensamento previamente adquiridas e incorporadas como naturais. O processo de imersão normativa é que permite transformar aquilo que somos naquilo que devemos ser. Cria-se assim o *habitus*, graças ao qual, quanto mais pensamos no que somos, mais somos o que pensamos, da mesma forma que, pensando numa mudança concreta, esta poderá começar a fazer parte da realidade imediata.

# 23
## EM QUE CONSISTE A VIOLÊNCIA SIMBÓLICA?

O gênero determina como sermos homens e mulheres dentro dos parâmetros de uma normalidade consensual; esse imperativo, difuso ou expresso conforme o lugar do mundo onde vivamos ou da realidade que abordemos, é mais ou menos flexível, mas nunca livre: sua desobediência suporá uma transgressão e uma sanção coletiva inevitável. Esta pode ser zombaria, assédio, marginalização, solidão... em suma, violência, uma violência material e simbólica que, no fim das contas, provoca a sensação de ameaça real e potencial de sanções contra quem desobedece.

A autonomia das mulheres será punida pelo sistema de construção e reforço da dominação masculina mediante violência material ou simbólica. Ambas são interdependentes e a segunda permite a normalização da primeira, isto é, sua tolerância social, apesar das terríveis consequências. O cárcere, as proibições legais expressas, a expropriação do corpo, a imobilidade, os maus-tratos verbais, físicos e psicológicos, a negação de direitos básicos ou a discriminação franca e direta seriam exemplos de violência material. A violência simbólica constituiria a atmosfera em que as mulheres são situadas num plano de subordinação por meio de constantes mensagens a partir dos centros de socialização, o que leva à incorporação cognitiva paulatina do sistema hierárquico dos sexos. A resistência é difícil porque as mulheres absorveram os esquemas cognitivos do sistema de dominação, que é um sistema de mediação com a realidade no qual elas ficam submergidas desde que nascem; por isso, não basta tomar consciência, é preciso descer à raiz, ao princípio gerador do capital simbólico e das expectativas sociais arraigadas no sistema cognitivo compartilhado, que preservam como normalizada e legitimada a subordinação das mulheres na estrutura social.

O ser humano foi se reinventando graças à comunicação complexa, aprendendo a realidade por meio de consensos simbólicos que, sem ser a realidade, representam-na. A capacidade de criar representações compartilhadas da realidade, verbais e não verbais (imagens, gestos, expressão corporal, adornos...), nos define como seres culturais, pensantes e pensados. O ser humano vive no mundo do simbólico, da comparação, da analogia, da metonímia e da metáfora; apenas esta última se desprende drasticamente da realidade, por consenso paradigmático, de tal forma que acaba por se converter em matéria já pensada, mas percebida como apriorismo ontológico e não como hermenêutica legitimadora dos valores vigentes, conseguindo que pontos de chegada sejam assumidos como verdades de partida para nosso raciocínio.

A metáfora de uma determinada lei cultural, na construção das relações entre homens e mulheres, se assumirá como saber científico fora da história, cosmovisão que, ademais, costumamos exportar para quaisquer sociedades, embora sejam muitas as diferenças individuais e coletivas que se encontram nos comportamentos entre os sexos, em cada uma delas.

A realização autônoma de nossa personalidade nos torna responsáveis pela decepção, quando não pela desgraça, perante os que cumprem ao pé da letra o roteiro da identidade de gênero prescrita. Não encontramos, expressamente tipificadas, as transgressões relativamente ao modo de sermos homens ou mulheres; ao contrário, a lei nos dirá que nascemos livres e iguais. Contudo, esses desvios, pequenos ou grandes, são proibidos, independentemente da razão, por uma ordem que não partiu de nós, mas que cumprimos. As rupturas das convenções de gênero, nas quais se apoiam o parentesco e a instituição da família patriarcal, se convertem em espelho doloroso das frustrações reprimidas pelo respeito ao contrato sexual, onde cada sexo enverga seu uniforme e paga caro a deserção.

A coragem reflete covardias alheias e não há pior ferida que a vergonha, pois ela nasce da responsabilidade por não termos amado o bastante a fim de fazer o que sentimos ou mesmo ter a liberdade de sentir. É preciso escolher entre o aplauso e a vaia; esta necessita de firmeza de caráter, maturidade pessoal e solidariedade dos dissidentes. Às vezes, basta um só apoio para abrir uma brecha que permitirá mais fugas em estado de latência.

O feminismo, como pensamento crítico sobre o que fazem de nós antes de termos a opção de decidir quem queremos ser, é a melhor vacina contra a sujeição do espírito.

# 24

## É POSSÍVEL LIVRAR-SE DOS IMPERATIVOS DE GÊNERO?

"Quando nós, mulheres, nos separamos (vamos embora, escapamos, nos reagrupamos, ultrapassamos os limites, partimos, saímos, emigramos, dizemos não), estamos simultaneamente controlando o acesso e a definição. É uma dupla insubordinação, já que ambas as coisas são proibidas."

– Marilyn Frye

Quanto mais, homens e mulheres, conseguirmos desmascarar essa normatividade de gênero e refletirmos com mais liberdade de juízo sobre nós mesmos e nossas relações de parceria, amizade, vizinhança, trabalho, organização social e representação política, mais nos parecermos com pessoas que são o que são por vontade própria. Apenas o que nos atrevermos a pensar de nós mesmos e do modo como queremos viver nossa passagem pelo mundo pode se tornar possível.

Pensar e lutar por aquilo que ainda não existe é tarefa que requer heroísmo, não o das guerras, exibido em nossas praças e estátuas públicas, mas o que nos humaniza porque supõe a virtude individual do assombro e da visão clara, para possibilitar o juízo sem condicionamentos prévios, e a necessidade emocional de não insistir só em nós mesmos, em nossas carências e interesses, por mais satisfeitos que nos sintamos individualmente. Não deveríamos considerar sustentável nenhum privilégio que como tal se nos apresente; isso supõe apostar no valor da igualdade, único terreno em que podemos reconhecer e recompensar o valor do mérito, além de enfrentar as dificuldades ou desvantagens no leque de diferenças individuais que dão forma à nossa convivência.

O grande desafio ético consistiria em acatar o dever de que todos os nossos semelhantes usufruíssem das condições materiais mínimas para o livre desenvolvimento de sua personalidade. Só assim o sujeito jurídico deixa de ser uma ficção e os direitos se convertem em narrativa exequível, não em desejos que apenas garantem a presunção de uma situação de fato.

Os indivíduos não são abstratos; o direito deve sê-lo em sua universalidade, mas as políticas públicas existem para lhe conferir eficácia e transformá-lo em realizações de uma cidadania efetiva. Todo direito, portanto, exige que a narrativa jurídica leve em conta as circunstâncias nas quais quer cobrar vida e sair do papel. E, nesse impulso que mobiliza a cidadania efetiva, a igualdade deve ser a bússola, de sorte que nenhum direito deixe de contemplar cada um dos indivíduos por ele garantidos, mas que não o tinham porque suas condições materiais, incluindo o sexo, o impediam. Não se pode falar em educação universal quando a única escola gratuita é a islâmica e as pessoas aprendem a ler no livro sagrado do Alcorão. Essa educação, embora inclua meninos e meninas, deixa de ser universal só por seu conteúdo e pela maneira com que os sexos são encarados tendo em vista seu futuro desenvolvimento como cidadãos e cidadãs. Entretanto, se a igualdade não pode garantir outra educação, graças a ela os países muçulmanos contam com um número elevado de mulheres universitárias em relação a seu precário *status* jurídico democrático e, como afirma Fátima Mernissi, elas podem pensar sob os véus e conquistar a liberdade de despi-los.

Apenas a crença firme em outros mundos possíveis consegue o milagre que transforma a repetição em criação. Com base nesse princípio, a revolução feminista se torna afirmativa e supera o "não" ao patriarcado, à masculinidade agressiva e à feminilidade subordinada, acrescentando a proposição simultânea do "sim". Sim a uma igualdade provida de conteúdo, sim à subjetividade de indivíduos autônomos e responsáveis, sim ao poder como força para ampliar o bem-estar, sim ao progresso definido como conhecimento inseparável da bondade, sim à paz como dívida de gerações, sim à herança da beleza, sim à vontade de continuar avançando no aperfeiçoamento humano e sim à concretização do tangível. Evitam-se com isso escapadas para a abstração jurídica, a começar pela consciência da finitude individual e a responsabilidade histórica de nossa presença no mundo sem destruí-lo nem nos destruir, pois é um mundo que possuímos, mas não nos pertence.

No âmbito desse desafio civilizatório, o conceito de gênero, com sua escravidão emocional tácita, deverá servir-nos de farol para nos atrevermos a contemplar o armazém sem luz que abastece as vitrines da diferença sexual. Dispor da escolha de converter-nos na pessoa que queremos ser, independentemente de nosso sexo, só será possível se redescobrirmos as diferentes formas nas quais o universo da personalidade humana sempre permaneceu dividido pela hierarquia (inclusive a sexual, que continua atuando como alicerce). Hoje — assim como ontem — nossa educação, baseada na diferença sexual, é hierárquica e discriminatória; a construção do gênero continua atribuindo mais valor inicial a tudo quanto se identifica com a masculinidade e suas conquistas, deixando que se cubra de teias de aranha a memória coletiva do protagonismo assumido pelas lutas de muitas mulheres (e alguns homens) contra os imperativos dessa repartição injusta do protagonismo entre as duas metades da humanidade.

Com a palavra "gênero", tentamos desatar os nós de qualquer análise que leva em conta o grande número e a diversidade de traços e qualidades impressos nos seres humanos desde antes do nascimento, em função do sexo que lhes é consignado, e que se insinuam como um segundo DNA, de forma repetitiva e constante. A normatividade de gênero é incansável, insidiosa e, como chuva fina, vai aos poucos inundando o sentimento, o pensamento e a ação tanto de mulheres quanto de homens. Cada qual permanece em seu lugar de identidade e em seu sentido de adesão ao poder – a submissão ou, felizmente, também a resistência.

# 25

## O QUE TEM A VER O GÊNERO COM A DISCRIMINAÇÃO?

"As sociedades dominadas por homens não se baseiam somente na hierarquia em que homens submetem as mulheres, mas também em que alguns homens submetem outros homens."

– M. Kaufman

A hierarquia pressupõe relações de poder verticais. Partindo dessa opção de organização coletiva, a análise de gênero nos interessa especialmente, dado que a conotação cultural que atribuímos ao fato de alguém ser homem ou mulher não é simétrica, mas se fundamenta justamente na superioridade do masculino sobre o feminino.

Em nossa análise da categoria de gênero, um dos nós invisíveis mais firmemente atados é o da argumentação que decide a excelência, visto esta nunca poder ser medida em termos quantitativos. O critério que delimita o meritório é estabelecido pelo poder e decidido pelo voto de qualidade – e esse voto, até agora, é masculino, embora já se comece a reconhecer a excelência feminina. Contudo, existem momentos históricos nos quais ocorrem substituições nos centros de autoridade, momentos de mudança de valores, de perspectiva, em que costumam aparecer novas gerações ou grupos sociais antes ignorados. As mulheres, apesar de sua participação nos processos de mudança histórica, foram excluídas na partilha do poder estabelecido. Além disso, na medida em que toda excelência precisa de uma autoridade que sancione seu reconhecimento coletivo, as mulheres continuarão dependendo do juízo masculino porque, embora possam conquistar o mérito, ainda não conseguiram fazer parte da autoridade que decide seu conteúdo.

O nó do valor, do prestígio e do reconhecimento público fecha um círculo difícil de romper: as pessoas que ocupam postos visíveis, de relevância pública, em organismos já dotados de notoriedade (academias reais, conselhos de administração, cúpulas políticas), serão naturalmente aquelas que restringirão o significado de mérito e, portanto, a entrada de novos membros que não venham a garantir sua permanência no poder. Só serão cooptados os melhores em benefício dos melhores, que não precisam ser os melhores em benefício dos objetivos e necessidades da maioria da população ou dos valores sancionados pelo ordenamento jurídico e pelo interesse coletivo de uma determinada política pública. Somente a excelência autêntica (e não apenas no plano intelectual) não teme rodear-se de mais excelência; todavia, existe muita "autoridade herdada", que ostenta títulos sem nome próprio porque ao ápice do poder não se chega por oposição nem por conhecimento: é um círculo de lealdades prestadas e devidas, no qual, por enquanto, não há mulheres. Lamentavelmente, prejudicando o progresso democrático, o mecanismo da cooptação volatiliza excelências potenciais e, sobretudo, põe obstáculos à mudança. Mas mesmo assim a mudança se impõe; em que direção, é outra história.

O sistema social no qual vivemos estabelece uma hierarquia entre os sexos que divide e atribui privilégios de forma desigual em favor dos homens. O sujeito de direitos não é universal, mas, conforme seu sexo, fica em posição diversa diante dos recursos materiais e simbólicos. Desse modo, as tarefas executadas por mulheres ou não são remuneradas ou o são em menor medida. É bem significativa a precariedade das atividades de reprodução, cuidado, alimentação e limpeza; essas são cumpridas gratuitamente, são subcontratadas a outras mulheres de baixa renda ou absorvidas pelo mercado de trabalho a baixo custo (economia informal ou clandestina), como se fossem um prolongamento do âmbito privado, e não contam com a proteção legal de outros recursos (seguridade social, convênios coletivos, fiscalização de trabalho, prevenção de acidentes de trabalho, auxílio-desemprego). E, o que não é menos significativo, quando alguma dessas atividades (apenas as suscetíveis de revestir-se de uma auréola de criatividade artística) é desempenhada por homens, ganha prestígio e reconhecimento social; em consequência, passa da precariedade ao prestígio por obra da discriminação de gênero. Basta mencionar os títulos *honoris causa* concedidos a *chefs* masculinos do momento, que acabam agradecendo à avó e suas panelas pelo triunfo profissional que alcançaram.

Outra área em que as relações de poder e gênero se manifestam de forma flagrante é o esporte. Laura del Río, excelente jogadora de futebol num país como a Espanha, em que esse esporte é quase religião, teve de assinar contrato com o Boston, fora da terra que ama o futebol, mas não as mulheres que o praticam. Amaya Valdemoro é considerada a Gasol feminina e, embora este apareça nos cartazes e ela mal seja conhecida, ganhou três anéis da NBA, seis ligas e uma Euroliga, tendo atuado 258 vezes no exterior, o que a coloca como a desportista espanhola, tanto na categoria masculina quanto na feminina, que mais vezes levou nosso país à vitória no estrangeiro. Em 2013, foi proclamada campeã da Europa. E, no momento em que escrevo estas palavras, provavelmente muitos leitores nunca a tenham visto, embora conheçam seu nome.

O fato de um país inteiro parar por um esporte exclusivamente masculino, de todos os seus habitantes não poderem escapar desse acontecimento protagonizado de forma majoritária por membros pertencentes à metade da sociedade, sem que exista, nem de longe, um evento público equiparável de protagonismo feminino, constitui o exemplo mais claro da integração naturalizada das normas não escritas do patriarcado. As mulheres não têm nada a objetar ao gasto de tempo, espaço e dinheiro público do esporte masculino. Algumas dirão que gostam disso, outras vão querer casar-se com os jogadores, outras ainda vão correr a entrevistá-los – ou tudo de uma vez. Poucas se perguntam por que as mulheres não param o mundo com um espetáculo próprio, que os homens apoiem e nós protagonizemos. Todos querem ser campeões, mas apenas os homens têm a oportunidade de transformar-se nos novos deuses do Olimpo de nossa contraditória modernidade.

Amaya Valdemoro. O esporte é um dos indicadores mais flagrantes da desigualdade de oportunidades entre homens e mulheres. A melhor jogadora de basquetebol de nosso país sem dúvida veria aumentar de maneira exponencial sua fama e seu reconhecimento caso fosse homem.

Por outro lado, o prestígio no saber, apesar da espantosa presença e do excelente rendimento das mulheres no sistema educativo, especialmente em seus patamares superiores, continua, na hora dos prêmios discricionários, sem obter reconhecimento, o que se traduz na falta de referenciais e, portanto, de legitimidade para as herdeiras de ninguém, que deverão começar do zero, pois não conservarão lembrança de suas antecessoras para retomar a conquista de territórios já conquistados. Não é que a história deva ser escrita pelos vencidos, e sim que o poder deixe de negar, quase sempre, as vitórias das mulheres.

# 26

## A DISCRIMINAÇÃO POSITIVA PARA AS MULHERES NÃO É UMA DISCRIMINAÇÃO NEGATIVA PARA OS HOMENS?

> "Os homens aplicaram a si mesmos, durante séculos, a discriminação positiva, e, independentemente de sua excelência ou mediocridade profissional, reservaram-se os postos mais importantes. Obtiveram assim a maioria dos prêmios e, o que é pior, estabeleceram os critérios pelos quais um produto cultural é bom ou ruim."
>
> – Gemma Lienas

Discriminação é qualquer tratamento diferenciado em situações equiparáveis, sem que para isso exista uma justificativa objetiva e racional. Quando empregamos o conceito de discriminação positiva, misturamos a conotação de tratamento arbitrário (e, portanto, injusto) com o adjetivo "positivo", como se fosse necessária a injustiça para favorecer as mulheres. Esse é o motivo pelo qual a chamada discriminação positiva ou inversa se generalizou com o nome de ação positiva ou ação afirmativa, denominação contemplada pelo artigo 11 da Lei de Igualdade espanhola:

> Com o objetivo de efetivar o direito constitucional à igualdade, os Poderes Públicos adotarão medidas específicas em favor das mulheres para corrigir situações patentes de desigualdade de fato em relação aos homens. Tais medidas, aplicáveis enquanto subsistirem essas situações, terão de ser razoáveis e proporcionais no que se refere ao objetivo perseguido em cada caso.

São, pois, medidas usadas pelos Poderes Públicos para efetivar o direito constitucional à igualdade, não para discriminar os homens. Daí a exigência de desigualdade de fato, seu caráter temporário e o dever de justificar sua adequação a cada caso específico; não há ações positivas "em geral".

A igualdade formal ou igualdade perante a lei supõe apenas a igualdade de tratamento; é, pois, um nível de igualdade não complexo, de uma igualdade-direito subjetiva, de corte liberal e que prevê possibilidades para alguns e só palavras para outros. Apenas a igualdade de oportunidades implica trabalhar o conceito de igualdade com base em seu potencial político, e não unicamente jurídico. A convivência democrática e o progresso social necessitam tanto de homens quanto de mulheres; exigem que a direção das políticas elimine vantagens herdadas e obstáculos de partida que não dependam da capacidade, do esforço e do talento dos sujeitos.

Ao explicar o desequilíbrio entre os sexos nas esferas de grande poder, podemos optar por reconhecer que existem fortes obstáculos invisíveis à entrada das mulheres nessas esferas na mesma proporção que os homens, ou justificar que 80 ou 90% delas não têm capacidade suficiente (ou, pelo menos, não tanta quanto os 10 ou 20% que conseguiram entrar no clube dos homens).

Se considerarmos que existem obstáculos invisíveis porque pensamos que as mulheres são tão capazes quanto os homens, nada impede que se reservem a elas uns 50% do espaço e do peso do poder. A dificuldade está em que, para isso, seria necessário desalojar do espaço do poder os homens que agora o ocupam – causando inquietação, como é natural, a eles, mas também a elas. Não é raro ouvir mulheres empoderadas lamentarem a necessidade de "quotas", que implicam reconhecer a menor capacidade da mulher e questionar se o posto está ocupado pela pessoa mais apta. Trata-se de um curioso mecanismo de autoproteção, pois quem desempenha sua profissão de maneira eficaz e por mérito não tem nada a temer. Curioso também é o uso do raciocínio segundo o qual "há poucas mulheres a escolher" e essas poucas serão escolhidas porque é necessário escolher uma mulher. Em contrapartida, quando a escolha é entre homens, parece que se faz uma seleção dentro de um universo de excelência e genialidade, em que os melhores acabam conquistando poder e autoridade como pessoas, não por seu sexo. Mas essas pessoas têm sexo e esse sexo é masculino; e, se a metade da população possui excelência, é lógico pensar que a outra também a possui, em igual intensidade e número. Por conseguinte, um sistema imparcial de repartição dos postos de poder na sociedade deveria sempre ser paritário, misto e formado por pessoas – que são metade homens e metade mulheres.

Não, as ações positivas não discriminam os homens; apenas questionam seus privilégios e tentam eliminar a discriminação sistemática das mulheres. Estas sofrem discriminação, o que é injusto, pois são tratadas de forma diferente em situações iguais às dos homens, sem nenhuma justificativa a não ser o preconceito. O preconceito pode ser de raça, religião, opinião política, orientação sexual, nacionalidade – e terá sempre outro preconceito superposto, o sexo. A mulher negra, muçulmana, não capacitada, lésbica ou imigrante será discriminada em cascata. Os indicadores de discriminação no trabalho na América Latina, por exemplo, não poderiam ser mais explícitos quanto à confluência de sexo, raça e etnia. As mulheres indígenas são, de longe, as que mais sofrem com a implacável hierarquia do poder patriarcal, enquanto, atualmente, oferecem oposições radicais aos sistemas políticos, jurídicos e econômicos de herança ocidental, com o debate aberto, apaixonante, do multiculturalismo e o respeito aos direitos humanos.

Algumas mulheres, sem dúvida, conseguem situar-se na escada de incêndio do arranha-céu do poder. Umas poucas se esgueiram até o elevador, logo tiram o disfarce e sobem rápido; mas o resto tem que escalar piso por piso, carregando seus sonhos, seus projetos e suas ambições, pois o elevador está sempre lotado e quem o usou para sua ascensão social não quer compartilhá-lo e prefere chegar primeiro.

Toda ação positiva supõe uma ferramenta democrática e uma aposta em políticas ativas rumo a um bem coletivo desejável. Seu controle jurídico é técnico e vem se tornando sua própria instrumentalidade. Com efeito, toda medida de ação positiva deve partir de uma situação de desigualdade comprovada e contrária aos valores superiores do ordenamento jurídico, deve configurar-se como proporcional à situação e definir-se como provisória, destinada a extinguir-se uma vez cumprido o que almeja. Em definitivo, toda ação positiva considera habilitar elevadores auxiliares e escadas rolantes no percurso pelo edifício de nossas trajetórias vitais até que se compartilhe o elevador principal; quanto ao piso a que chegarmos, já é uma questão pessoal.

Por outro lado, a paridade nos órgãos do poder requer apenas o cumprimento dos princípios democráticos por parte daqueles que, é de presumir, organizam nossas sociedades; isso não seria uma ação positiva, mas uma estratégia para conjurar os riscos do avanço do projeto democrático. As mulheres estudam, trabalham, cuidam, pensam e querem ser deixadas livres para participar; querem ser lembradas e premiadas por isso, para que outros meninos e meninas venham a ser como elas. Onde estão essas mulheres que desejam ser pessoas competentes e honestas, que ganham a vida e ajudam seus próximos? Onde estão as mulheres sábias, com as quais ansiamos aprender? Onde estão as cientistas, as escritoras, as filósofas, as artistas, as juristas, as políticas, as mulheres de Estado e de governo que foram afastadas pela discriminação contundente da quota naturalizada da representação dominante dos homens? Onde estão as mulheres supertalentosas que legaram sua genialidade às gerações futuras? Elas existem, têm que existir, e o mundo seria melhor se pudéssemos contar com a sabedoria e a genialidade de ambos os sexos, pois só assim se pode transformar as sociedades e sepultar para sempre a grosseria, a crueldade e a violência de que as mulheres continuam padecendo e são registradas, sem piscar, pelos olhos daqueles que amanhã estarão no comando desse barco cada vez mais instável que é a sociedade global.

# 27

## Como se restringe a ascensão das mulheres?

"Quase sete em cada dez diretorias supõem que está havendo
mais e mais mulheres que, voluntariamente, desistem da ascensão para não renunciar à vida familiar."

— III Encuesta Adecco a Mujeres Directivas, 2009

O mecanismo do famoso teto de vidro blindado ao talento feminino, o
tubo por onde vai escorrendo a metade das jovens promessas, é eficaz.
Quando as mulheres começaram a jogar seus méritos num tabuleiro em
aparência equânime, pensaram que a discriminação era coisa de suas mães
ou de ressentidas medíocres; acreditaram, e até defenderam, que elas não
conseguiam se fazer valer porque, pura e simplesmente, não valiam. Mas
nada é simples na repartição da fama e de suas recompensas. Um ajuste
contábil entre o ativo de mentes femininas formadas e o passivo de seu êxito vinte anos depois revela um mecanismo invisível, mas muito eficiente,
pelo qual as mulheres que tentam galgar a pirâmide do prestígio social ou
do poder econômico e político são barradas pelos códigos que excluem a
autoridade feminina. Muitas desistirão pensando que não se esforçaram o
bastante ou não tiveram sorte; no entanto, cada vez mais, tomam consciência de que não sobem mais porque, acima de determinado grau de genialidade, o espaço já está reservado a um homem.

Conferência de Solvay, 1927. Cientistas internacionais ladeiam Marie Curie. A Real Academia Espanhola de Ciências nunca foi presidida por uma mulher e em sua diretoria de nove membros só encontramos uma. Faz apenas dez anos, Margarita Salas representava sozinha a Marie Curie espanhola. Em 2017, há cinco mulheres acadêmicas contra 49 homens. Parece que, decorrido um século, o teto de vidro ainda continua sendo um obstáculo ao potencial feminino.

O teto de vidro funciona como uma barreira, sobretudo simbólica e emocional, uma espécie de armadilha que tenta transferir para a competitividade individual a solução de um contexto hostil ao êxito das mulheres. Os estudos de gênero se empenharão em denunciar o teto de vidro. Como? Tornando-o visível antes do golpe que cerceia o voo das mulheres. Para isso é necessário comparar os dados de títulos e rendimento acadêmico de mulheres e homens bem como sua rentabilidade social e econômica. A partir disso, obter como resultado a chamada brecha de gênero (igual ou superior número de títulos e resultados acadêmicos, menor salário e projeção profissional para as mulheres) e as estruturas de segregação horizontal e vertical por motivo de sexo.

Por um trabalho de valor igual, as mulheres ganham em média 15% menos na Espanha. Com a mesma formação, conseguem empregos em menor número e de menor qualidade, de modo que as profissões mais mal pagas são feminizadas (segregação horizontal). Os postos mais altos, de chefia ou tomada de decisões, continuam sendo ocupados por homens (segregação vertical). Segundo o informativo Científicas en Cifras 2015, embora as mulheres espanholas constituam 60% dos bacharéis universitários e metade dos doutorados, não havia naquele ano nenhuma mulher diretora dos oito organismos públicos de pesquisa na Espanha. O número de reitoras de universidades, desde 1982, oscilou entre uma e treze: temos aí um terreno vedado às mulheres, que, no entanto, são maioria nessa instituição. Na esfera privada, traduz-se no fato de que, após quase quarenta anos de políticas de igualdade, apenas 10% dos cargos nos conselhos de direção das grandes empresas são ocupados por mulheres. Pode-se afirmar que somos um país que desperdiça os investimentos educacionais da metade de sua população devido à existência de uma discriminação sistemática das mulheres por motivo de seu sexo. Ela as mantém em minoria nos centros de poder, de forma que não alcançam a proporção que lhes corresponderia em sistemas de representação democrática presumidamente meritocráticos.

Portanto, cabe afirmar que existe um teto de vidro para as mulheres, pois não está escrito em parte alguma que não podem dirigir, possuir, governar e triunfar. Ainda assim, elas pouco conseguem: por mais que as mulheres entrem na máquina do prestígio, existe uma censura tácita, mas contundente, nas primeiras etapas de sua carreira profissional que as priva de honras e autoridade, eliminando-as como referência para as gerações futuras.

O teto de vidro das mulheres é a vantagem coletiva invisível em que nascem e crescem os homens, a ação positiva tácita da masculinidade dominante, a chantagem emocional na construção da identidade a que são submetidas as mulheres para que debilitem seu eu caso queiram ser amadas. Com efeito, se quiserem agir e competir como os homens, encontrarão sérias dificuldades para não se sentirem extraterrestres no melhor dos casos, egoístas em muitos outros, esgotadas em quase todos. As mulheres decididas a romper o teto de vidro deveriam fazer a quadratura do círculo, manter e alimentar sua parcela emocional e, ao mesmo tempo, ser prestigiadas cientistas, mulheres de Estado, grandes empresárias, poderosas banqueiras, influentes jornalistas. Se não podem ser tudo isso, é porque não se organizaram bem, não se interessaram tanto pelo poder, preferiram manter-se na mediocridade ou talvez – apenas talvez – foram hábil, mas implacavelmente convencidas a ser a metade que não manda, enquanto a outra continua ameaçando o êxito feminino com renúncia, com solidão.

# 28
## Como a identidade e a estrutura social são comunicadas a partir do gênero?

"A ideologia patriarcal se acha tão firmemente interiorizada, seus modos de socialização são tão perfeitos que a forte coação estrutural em que decorre a vida das mulheres, incluída a violência, oferece a boa parte delas a própria imagem do comportamento livremente desejado e escolhido."

– Ana de Miguel Álvarez

A teoria dos gêneros, como a chama a historiadora feminista María Milagros Rivera Garretas, proporcionou uma categoria de análise que marcou o movimento feminista. Graças à definição e à utilização da categoria gênero, ficará separado de forma contundente o biológico do cultural. O lugar da mulher nas relações sociais é tão cultural quanto o do homem. O projeto igualitário do Iluminismo, que decretava a maioridade para a humanidade, deixou na infância metade das pessoas. O sujeito universal de direitos, que os sucessivos movimentos revolucionários foram preenchendo de conteúdo, excluiu as mulheres mediante fortes resistências, mais férreas que as opostas à raça ou à classe. Por quê? E como? Os porquês sempre são discutíveis, mas parece lógica a resistência a uma mudança de ordem estrutural em que metade da humanidade, à qual pertencia a burguesia sequiosa de poder político, poderia perder seus privilégios por motivo de sexo. As mulheres são seres naturais e, portanto, seu destino deve permanecer na esfera privada; serão representadas por um homem, marido, pai, irmão, sacerdote... com exceção de algumas, as que não tem um homem que as represente. As exceções que não confirmam a regra chegaram e chegam ao poder público, tomaram e tomam a palavra para entrar no labirinto cujo mapa só os homens possuem desde o nascimento, o labirinto que conduz a uma identidade individual e à possibilidade de ser sujeito, dono das próprias decisões privadas e públicas.

Mafalda, a famosa personagem de Quino, questiona os papéis de gênero para não ter que os herdar.

Desse modo, o gênero constitui um princípio básico de organização social, não neutro, mas hierárquico e a favor dos homens. É um princípio estruturador muito rígido aquele que transforma em excepcional a passagem de um gênero a outro. Só a ruptura da presunção de naturalidade das funções sociais, associadas aos sexos, conseguirá contribuir de forma sólida para relativizá-las e mudá-las.

A igualdade de gênero é um direito fundamental. A sustentabilidade de nossas democracias depende da integração de metade da população nas estruturas de poder das quais está excluída. As relações de gênero são relações de poder e continuam alimentando discriminação no acesso a recursos por motivo de sexo: tempo, espaço e dinheiro, mas também memória, prestígio, protagonismo, capacidade de nomear, presença, voz, definição de interesses... Por isso, substituir o domínio pela cooperação e a hierarquia pela igualdade na participação pública e privada de ambos os sexos implica necessariamente uma transformação das categorias homem e mulher bem como da forma na qual o poder se materializa em nossas vidas cotidianas.

A grande utilidade do conceito de gênero, nascido no contexto do chamado feminismo da igualdade e em sua vocação para o pensamento crítico, consistiria na presteza em separar o que consideramos natural do que é aprendido e interiorizado como tal, partindo do pressuposto de que homens e mulheres são duas categorias de definição biológica que podem ser diferenciadas por seu sexo. A pessoa nasce homem ou mulher conforme os caracteres sexuais internos e externos; todavia, quando se insiste numa das duas opções, põe-se em marcha um forte e arraigado mecanismo de oposição binária pelo qual acrescentamos a cada sexo, como uma segunda pele, determinadas características psicológicas, emocionais e comportamentais. Assim, a pessoa se reconhece e é identificada em seu ambiente como homem ou mulher. De fato, as correntes pós-modernistas do feminismo defendem que o sexo é uma construção tão cultural quanto a de gênero, pois não podemos pensar no sexo sem lhe atribuir uma conotação cultural; a passagem do hominídeo ao *homo*, a capacidade de metalinguagem e de refletir sobre nossa própria reflexão, nos transforma em uma espécie de atores e público ao mesmo tempo (por isso, a improvisação nos assusta e incomoda os outros espectadores na plateia).

Almudena Hernando, antropóloga especialista em gênero, observa que o gênero é "a via de circulação binária sobre a qual se constrói a identidade", uma identidade construída tanto por imitação quanto por separação de um modelo prévio, que funciona como referência. Os modelos em derredor são convertidos em emoções e comportamentos pelos agentes de socialização e, por sua vez, se adequarão à realidade mais manifesta vivida pelo sujeito. Ou seja, o desejo de ser mãe, interiorizado desde a infância, será confirmado pelas mulheres em derredor, que aparentemente realizaram ou estão realizando esse desejo. Nesse caso, há um molde psíquico, emocional e comportamental no qual a mulher se encaixa, conforme a flexibilidade que cada contexto social e histórico permita. Por isso, logo se catalogam como excepcionais os desvios de tom no discurso de nossa identidade e é frequente acontecer que, quando as mulheres renunciam a essas referências impostas, se diga que têm muito caráter ou personalidade, são mulheres especiais ou que sofreram algum trauma na infância. Qualquer desculpa é boa para não reconhecer a ultrapassagem dos limites que determinam o gênero e que, no caso das mulheres, constituem uma aposta na liberdade subjetiva, pois, quanto mais forte é o sujeito, menos precisará de referências para a construção de sua identidade, dado que a segurança lhe virá da emancipação mental das mensagens que ele não reconhece como suas.

Desse modo, não podemos desvincular o individual do coletivo; daí a reivindicação histórica da luta das mulheres, sintetizada pela expressão "o pessoal é político" (lema que inaugura a terceira onda do feminismo, segunda na tradição anglo-saxônica). A identidade, quando depende da normatividade do gênero, constitui o veículo por onde circulam não só as diferenças, mas também as relações de poder entre os sexos numa disposição hierárquica que configura, com fortes resistências, nossos sistemas democráticos e modelos de convivência.

# 29
## O QUE SÃO OS ÓCULOS VIOLETA?

"O interesse da razão não se liberta das razões dos interesses por meios racionais, mas por força da vontade."

– Descartes

São os óculos que corrigem a miopia causada pelo androcentrismo cultural. Nós não estamos familiarizados com a neve e o gelo, por isso não conseguimos distinguir as tonalidades de branco que o olho do esquimó percebe; do mesmo modo, se não recebermos suficiente formação e informação para o pensamento crítico, seremos incapazes de notar a desigualdade por mais que nos falem dela e até se a experimentarmos em nossa própria pele. Ora, se não notamos a desigualdade, como lutar contra ela?

Os óculos violeta são uma metáfora para expressar que os sentidos começam a desvendar a realidade na qual as mulheres continuam tendo menos oportunidades e direitos que os homens. São os óculos de gênero. Através deles, a mente passa a alimentar dúvidas quanto à categoria de análise do gênero como detonador.

O bom desses óculos consiste em que (se não são "de imitação"), quando o mundo é visto através deles, a inocência passa a ser um peso incômodo, dado que provoca a pergunta sistemática sobre a origem da injustiça da subordinação das mulheres. Bem outras seriam as respostas, que, uma vez achadas, poderiam funcionar como resistência, porquanto a consciência já é uma forma de resistir.

Além disso, esses óculos servem de armadura porque não existe defesa emocional mais eficaz do que passar do *eu* ao *nós*. É o que sabiam muito bem as feministas dos anos 1970 e 1980, ao descobrirem que não estavam sozinhas na experiência desse mal-estar sem nome (título que Betty Friedan deu ao primeiro capítulo de seu livro *Mística Feminina*). Trata-se do incômodo sentido pela mulher ao constatar que o rosto visto por ela de manhã no espelho não está sentindo a alegria que lhe foi prometida por cumprir as normas não escritas em função das quais o resto do mundo a qualifica de boa: boa menina, boa irmã, boa filha, boa esposa, boa mãe... em uma chantagem coletiva contínua. Talvez por isso se insista em que as mulheres aprendam logo a chamar de amor, ou algo assim (com a permissão de Laura Freixas e seu estupendo romance com esse título), ao primeiro objeto vital que lhes tenha sido inculcado como destino. O amor (de um homem) nos converterá em protagonistas escolhidas entre iguais, embora você de repente descubra mais tarde que isso não passou de uma maneira de transformá-la, sem violência explícita, ou no pior dos casos com ela, em um ser para outros.

Os óculos de gênero não são gratuitos, custam uma crise ou mais; todavia, quando são autênticos e não simples imitação, quando iluminam de verdade as ciladas que o desenvolvimento individual das mulheres vai tecendo ao sistema patriarcal, eles proporcionam a dignidade de detectar a mentira e, portanto, de evitar, se não o preconceito, ao menos o engano.

Os óculos de gênero implicam uma perspectiva crítica que se adquire graças à sensibilidade e ao conhecimento. Sem eles, é difícil pensar causalmente nos agravos que sofrem e sofreram ao longo da história as mulheres, bem como nas diferentes manifestações de sua subordinação invisível (para as quais esses óculos são especialmente úteis).

Com efeito, chegado o momento histórico do reconhecimento da igualdade de direitos, estamos diante da árdua tarefa de conseguir garanti-los. Não é nada simples trabalhar a igualdade, sobretudo quando a declararam já conquistada. Nos países com sistemas jurídicos democráticos e fiadores dos direitos humanos, o desafio consiste em questionar o alcance e as limitações desse empreendimento. Consiste também em introduzir correções no próprio cerne dos sistemas jurídico-políticos que nasceram apenas dos homens e para os homens, de modo que se transformem em instrumento partilhado com vistas à concretização de valores universais, fruto da vontade geral, a de homens e mulheres.

Para tanto, é imprescindível renunciar à cegueira individual e coletiva ante a injustiça social de um mundo que hierarquiza os seres humanos conforme o sexo, subordinando as mulheres e negando seu direito de decidir a vida que querem levar e o mundo em que querem viver. Também é imprescindível incorporar os óculos de gênero à formação, simplesmente porque não se pode conjurar a desigualdade que não se sente, que não se vê.

A boa notícia é que, uma vez graduadas as lentes desses óculos, não se consegue mais enxergar nada sem elas, pois se integram às retinas fazendo com que a visão do mundo comece a transformar o pensamento. Os óculos violeta, de gênero, tornam-se automáticos depois de adquiridos e surge um novo reflexo que nos permite reagir não apenas às situações de desigualdade, de discriminação ou de injustiça social para com as mulheres, mas também aos sintomas que costumavam passar despercebidos e legitimam ou dão livre curso a essas situações. Suspeitaremos das imagens e das palavras, da *maior presença* de mulheres em algumas esferas e sua ausência em outras. Parece uma tarefa difícil, mas é imprescindível depois de conquistados os óculos. Para isso, fazem-se necessários não apenas o conhecimento das relações hierárquicas e desiguais entre os sexos, mas também a sensibilidade para rotulá-las de injustiças – o que equivale a querer viver, e não apenas proclamar, os valores superiores de nosso ordenamento jurídico, que são a liberdade, a igualdade e a solidariedade.

Os óculos de gênero pressupõem uma nova visão das regras de convivência, de suas permissões e proibições, escritas ou não, além de uma forma nova de nos relacionarmos com nosso autoconceito e com nossos semelhantes. Integram a perspectiva de gênero às nossas ações e, portanto, deveriam ser obrigatórios para os poderes públicos.

# 30
## A PERSPECTIVA DE GÊNERO NÃO IMPLICA A IMPOSIÇÃO DO PONTO DE VISTA DAS MULHERES?

"A vós, os mortos vos deixarão sem tempo; a nós, os sobreviventes, eles nos deixarão sem lugar."

– María Zambrano

Não, em absoluto. A perspectiva de gênero não exige que se imponha o ponto de vista das mulheres, apenas que se complete o dos homens para corrigir o viés androcêntrico sobre o qual se edificaram os sistemas de conhecimento. Constitui uma resposta ao imperialismo intelectual masculino, imposto como universal e que só com grande esforço crítico o feminismo conseguiu denunciar.

A perspectiva ou o enfoque de gênero condiz com uma perspectiva universalista, inclusiva e integradora, que critica a farsa de apresentar como humano aquilo que pertence apenas à metade da humanidade. Constitui um olhar explicativo ao tipo de relações e comportamentos que ocorrem na interação entre mulheres e homens, às funções e aos papéis que a pessoa assume em seus núcleos de convivência, e, por último, oferece uma explicação para as posições sociais das mulheres e dos homens.

Daí que a falta de perspectiva de gênero não signifique uma perspectiva neutra com respeito à interpretação ou à análise de uma parcela qualquer da realidade, pois, embora existam diferenças de fato nas relações de poder entre homens e mulheres com vantagem para os primeiros, toda teoria que não integre a perspectiva de gênero será falsamente universal. Ou seja, se o mundo é formado por homens e mulheres, não existem parcelas da realidade alheias a essa divisão e suas consequências. A ficção da neutralidade quanto ao gênero não passa de uma cegueira ferreamente mantida pela própria relação de hierarquia entre os sexos, hierarquia esta que sustenta, legitima e protege o discurso social, jurídico, político e cultural androcêntrico.

Com base nessas premissas, o que significaria a inclusão da perspectiva de gênero em nossos sistemas jurídicos, concebidos em sentido amplo?

Significaria entender o fenômeno jurídico como a normatividade de que toda sociedade se reveste graças aos mecanismos democráticos, para conseguir uma convivência pacífica, eterno fundamento do progresso de seu bem-estar. As normas são criadas e aplicadas para solucionar conflitos concretos, de acordo com princípios e valores sociais vigentes em cada momento histórico. As normas atendem a necessidades atuais e aspiram a realizações desejáveis segundo um modelo de cidadania tido como válido no pacto social. Para tanto, a análise jurídica deve ter sempre presente que a lei vai muito além da letra ou da sentença que delimita sua interpretação. Paralelamente se encontram os diversos poderes reconhecidos ou fácticos dos quais nasce, como herança determinada, a realidade que se move à sua frente ou ao seu lado, além de todo um contexto jurídico e cultural no qual ela deve se inserir para ter validade. Nesse contexto, a perspectiva de gênero permite avaliar e considerar os interesses, exigências e necessidades de mulheres e homens, até agora posicionados de forma diferente na sociedade em que convivem.

O princípio de igualdade fica assim redimensionado e, em sua evolução com base no conceito liberal, se configura em duas dimensões, uma jurídica (como direito fundamental a um trato igualitário) e outra política (como princípio vinculado ao processo democrático). É nessa última que ele adquire seu poder transformador, podendo-se falar então de um conceito de igualdade complexa, não limitada à ausência de discriminação e sequer reduzida à possibilidade de quotas ou ações positivas – pois tais medidas combatem os efeitos da desigualdade, mas não as causas existentes nas próprias estruturas do poder. É desse poder que emana o ordenamento jurídico e é dele que, como insistem as teorias feministas do direito, a mulher foi excluída como sujeito: só a perspectiva de gênero será seu remédio.

Portanto, introduzir a perspectiva de gênero na criação, na interpretação e na aplicação das normas jurídicas significa vincular o sistema jurídico à realidade social a que ele serve e, indo além de sua dimensão formal (determinada pela validade de seus preceitos), atentar para a eficácia desses preceitos e para seu conteúdo de justiça. Não se trata, então, de uma nova justiça ou de uma justiça para mulheres, mas de não conceber o direito e, em certa medida, o poder ou os poderes a que o direito dá voz como fenômenos distantes ou separados dos sujeitos aos quais está destinado.

# 31
## POR QUE NÃO HÁ HOMENS COM A PROFISSÃO DE PAI E SUAS TAREFAS?

"Está demonstrado que o problema da mulher é o da educação. Por infelicidade, na Espanha, os dois sexos ainda têm muito que fazer. [...] Um bom sistema educacional deve começar pela coeducação. [...] Nossos filhos se acostumaram a nos ver como inferiores. Será de admirar que não tardem a ver as outras mulheres da mesma maneira? Será de estranhar que se mostrem venais e caprichosos se foram educados na injustiça e na desigualdade?"

– Carmen de Burgos

Porque, embora assistamos a uma verdadeira revolução de valores, os papéis de gênero continuam resistentes nas emoções de homens e mulheres. Nelas, nos sistemas jurídicos e nas políticas públicas. Até que, em 2007, fosse aprovada na Espanha a Lei de Igualdade, se uma mulher falecia dando à luz, o pai não contava com um só dia das dezesseis semanas de licença-maternidade. Obviamente, o legislador supunha que outra mulher, parente ou contratada, se ocuparia do recém-nascido (e não seu próprio pai). Atualmente, ser pai significa ter um mês de licença remunerada do trabalho, enquanto ser mãe significa ter quatro. Não obstante, poucas vezes a maioria dos homens reivindica esse direito à igualdade nas licenças para ambos os sexos. Talvez porque, dado seu papel masculino na paternidade, seja mais importante trazer dinheiro para casa do que dar mamadeiras e trocar fraldas.

Os papéis de gênero são aqueles que representamos de acordo com o nosso sexo. Espera-se que atuemos de maneira distinta se somos homens ou mulheres, que sintamos e até que pensemos de acordo com um programa aprendido desde o nascimento, programa que varia conforme o lugar e o tempo histórico, mas está marcado pela superioridade daquilo que os homens fazem. Tradicionalmente, pensar, criar, produzir, dirigir, ganhar dinheiro bem como participar da política e da esfera pública são papéis masculinos, ao passo que o cuidado, a obediência, a reprodução, as emoções e a incapacidade de pensar e tomar decisões próprias ou coletivas se identificam com papéis femininos. Tudo isso está mudando. Mas não muito.

A ruptura dos papéis de gênero, por conseguinte, implica que a capacidade, a habilidade e o desejo dos seres humanos não dependem do sexo, mas do talento individual para desenvolvê-los e dedicar-se a eles com satisfação, podendo intercambiar-se: nenhum tem mais ou menos valor social, pois este lhes é conferido pelo indivíduo que os desempenha.

Nenhuma perspectiva foi tão silenciada quanto a de gênero, que significa contemplar homens e mulheres concretos e perceber que circunstâncias iguais se tornam desfavoráveis para as últimas sem nenhum outro motivo a não ser o sexo.

O primeiro feminismo, a justificação iluminista, teve de enfrentar a recusa às mulheres da qualidade da razão e demolir a defesa de sua categoria moral inferior. Filósofos do porte de Rousseau, Locke, Kant, Hegel e, mais tarde, Nietzsche, Kierkegaard e Schopenhauer declararam que as mulheres não podiam pensar nem agir livremente, motivo pelo qual deviam consagrar-se às tarefas domésticas e à criação da prole, não valendo a pena malbaratar tempo e recursos em educá-las: eram natureza e nesse estado tinham de permanecer.

Quando Kant exclama: "Atreve-te a saber!", dirige-se aos homens, não ao *belo sexo* ou ao *sexo sublime*, como chamou a todas as mulheres – as idênticas, no dizer de Amelia Valcárcel, o grupo, o rebanho de um modo geral, porque para o preclaro filósofo iluminista "uma mulher culta [...] precisaria, além disso, de ter barba" (Posada: 2015, 14). Sua defesa da autonomia da vontade, com base na razão, termina na anatomia e em seus privilégios, de forma que o sexo instala as mulheres numa etapa de pré-civilização que justifica a necessidade de domesticá-las. Em suas palavras, a mulher "é um animal doméstico. O homem vai na frente, de armas na mão, e a mulher o segue carregando os apetrechos do lar" (Posada: 2015, 17).

Carmen de Burgos (1867-1932), conhecida como Colombine, primeira jornalista profissional da Espanha, dedicou sua vida e sua obra a defender a igualdade e a liberdade das mulheres.

Na Espanha, intelectuais como Gregorio Marañón, Ramón y Cajal e Ortega y Gasset argumentaram que a mulher era um ser inferior ao homem, destinada por natureza (e até por direito divino) a ser esposa e mãe. Disse Ortega y Gasset: "Não existe nenhuma outra criatura que possua esta dupla condição: ser humana e sê-lo em grau menor que o homem" (Ortega y Gasset, 1946). Carmen de Burgos, uma geração antes, fizera na Espanha de princípios do século XX a seguinte defesa:

> A liberdade da mulher é uma das longas etapas que conduzem da selvageria à civilização. Privá-la de todos os seus direitos é negar emancipação à metade do gênero humano [...]. Está demonstrado que o problema da mulher é o da educação. Por infelicidade, na Espanha, ambos os sexos ainda têm muito que fazer. [...] Um bom sistema educacional deve começar pela coeducação. [...] Nossos filhos se acostumaram a nos ver como inferiores. Será de admirar que não tardem a ver as outras mulheres da mesma maneira? Será de estranhar que se mostrem venais e caprichosos se foram educados na injustiça e na desigualdade?
>
> – Carmen de Burgos, Conferência 1911, Bilbao

# 32
## O FEMINISMO PRETENDE ACABAR COM AS DIFERENÇAS BIOLÓGICAS?

"Nenhum destino biológico, físico ou econômico define a figura que a fêmea humana assume na realidade. A civilização, como um todo, é que elabora esse produto intermediário entre o macho e o castrado, chamado de feminino."

– Simone de Beauvoir

Não. Pretende apenas que elas não sejam utilizadas para justificar a imutabilidade das funções que cada indivíduo deve desempenhar na sociedade, conforme seja homem ou mulher. Imutabilidade já desmentida historicamente, mas que em seu núcleo essencial, aquele que atribui superioridade hierárquica à capacidade dos homens, continua se reproduzindo geração após geração.

A teoria dos gêneros proporcionará uma categoria de análise que marcará o movimento feminista. Com a definição e a utilização da categoria gênero, o biológico será desligado de forma contundente do cultural. O lugar da mulher nas relações sociais é tão cultural quanto o do homem. Se os gêneros não passam de uma construção cultural, a ação política com base em sua teoria deverá deslindar os mecanismos de criação do gênero e as possibilidades de ruptura com os atributos e comportamentos que eles estabelecem. Apontar os processos de socialização graças aos quais nos identificamos com um gênero é imprescindível caso desejemos transformá-los.

Não há dúvida de que mulheres e homens têm diferenças biológicas. A questão principal para o feminismo é o que temos feito com essas diferenças e quais foram os mecanismos para, ao longo da história, convertermos a diferença em injustiça. Não é que as mulheres tenham se incorporado ao mercado de trabalho sem nenhum obstáculo, fosse este erguido pela discriminação ou pela culpa (e a culpa nada mais é que a discriminação oculta, transferida para o sujeito autorizado a tomar decisões, e que sentem sobretudo as mulheres, mas apenas alguns homens), provocando com isso o abandono, por ambos os sexos, das tarefas de reprodução e cuidado. Tampouco parece uma solução razoável que tenhamos de sortear quem renunciará à sua carreira profissional para cuidar da família. O desafio consiste em que, entre homens e mulheres, cheguemos a um consenso mínimo de responsabilidade ética individual e benefício social desejável para que, dessa maneira, o cuidado dos filhos seja compartilhado por ambos os sexos, com a valorização pública e os recursos materiais e simbólicos necessários. Isso exige uma reformulação da maternidade e da paternidade como dever voluntário e consciente – mas, sobretudo, valorizado pela comunidade a que servem.

Com base nessa óptica, a transformação é revolucionária, não pela simples incorporação das mulheres, em período integral, ao mundo do emprego formal, mas porque há também a necessidade de nos reproduzirmos, de nos cuidarmos e de nos educarmos até a idade adulta. Acrescentem-se nossos eventuais períodos de dependência, afora as outras necessidades pelas quais competimos, somos reconhecidas e pagas. Conviria unir nossa capacidade produtiva com nossa necessidade e nosso desejo de reprodução sem que nenhuma das duas seja excludente para um sexo. Assim, ambas devem contribuir igualmente para o sustento da vida humana, tanto com atividade afetiva e tempo de cuidado quanto com recursos intelectuais e econômicos. Isso supõe uma mudança não só para as mulheres, mas para toda a humanidade, igual ou mais decisiva que os desafios oferecidos pelas novas tecnologias na construção da identidade e das relações humanas.

# 33

## NÃO POSSO MESMO ENTENDER UM
## MAPA PORQUE SOU MULHER?

"Época triste a nossa, em que é mais fácil desintegrar um átomo que um preconceito."

– Albert Einstein

Se o universo conspira para levá-la a crer que não é capaz de algo, então você precisa de outro universo mental para anular a profecia. Os seres humanos crescem rodeados de estereótipos e preconceitos, com os de gênero superando a todos. Esses dois mecanismos de manipulação emocional coletiva possibilitam a manutenção do sistema patriarcal e alimentam a cultura androcêntrica, a qual assume que o homem é a norma, associando a excelência à sua história, à sua forma de entender o mundo, ao seu pensamento e às suas obras, em uma atmosfera de valores que respiramos sem perceber.

Como se converte em universal um produto que não contou com o trabalho das mulheres, que as excluiu como beneficiárias em muitas ocasiões e que apagou sua presença da narrativa da breve, porém intensa, passagem pelo mundo de nossa espécie? O direito e os sistemas políticos modernos encerravam em seus princípios o imperativo da universalidade porque os defensores da democracia tinham por sujeito o ser racional. Mas esse nascimento foi deformado na etapa embrionária para negar à maioria dos seres humanos a individualidade e a capacidade de emancipação. A herança do desenvolvimento do projeto iluminista, geração após geração, manteve na caixa-preta o testemunho do atropelo, criando a sensação de que a incorporação de pobres, negros e mulheres à cidadania não implicou luta, sacrifício e sangue. Hoje, as mulheres marcam presença em todas as regiões do planeta, com seus sáris rosas na Índia ou o ativismo nas redes sociais na China, mas ainda é preciso prestar bastante atenção para vê-las e, no passado, nunca percebemos sua ausência. Nenhum processo foi menos natural e espontâneo que aquele que hoje permite (mas apenas até certo ponto e em certos países) às mulheres habitarem os espaços públicos; essa é uma conquista que continua e que, infelizmente, pode retroceder.

Estereótipos são ideias preconcebidas a respeito das características de um indivíduo ou grupo. Com elas, filtramos a realidade para produzir o chamado efeito da "profecia autocumprida", isto é, a realidade confirmará o pensamento porque este já era uma experiência fortemente arraigada e definida. Assim, a mente encaixará os fatos em um molde cognitivo prévio e a observação se fará ignorando matizes, desvios e contradições. Desde o nascimento, o ser humano vai adquirindo uma estrutura cognitiva alimentada por múltiplas mensagens, estrutura que se confirma pela própria realidade social responsável por sua formação: chegado o momento de refletir, ela endossa os esquemas de pensamento. Em vista da crença de que as mulheres choram mais, qualquer choro de mulher será a prova desse estereótipo, sem dados objetivos para comprovar se nossa realidade é muito restrita e se o contexto do pranto se justifica. Ante a convicção de que os homens nunca choram, seu pranto (por exemplo, após a derrota de sua equipe esportiva) será interpretado como sintoma de raiva contida, em uma situação que justifica o desafogo, e visto como fato excepcional, deixando incólume o preconceito de masculinidade.

Os estereótipos de gênero são crenças compartilhadas, arbitrárias e irracionais, com que atribuímos, desde a infância, determinadas características a uma pessoa em virtude de seu sexo. Sua força se baseia na inconsciência da função discriminatória contra as mulheres e na permanente adaptação dos indivíduos a seus imperativos, por meio dos mais variados mecanismos de socialização.

O preconceito não é afetado pela razão, pois, caso o fosse, se transformaria em juízo; ora, a razão é uma ferramenta do ser humano que, ao menor descuido, pode desconectar-se e deixar às escuras as frágeis qualidades da coerência e da honestidade intelectual. Estas exigem enfrentar, sem subterfúgios, as crenças mais sólidas, o processo extenuante que supõe integrar perspectivas novas de crescimento intelectual e emocional à responsabilidade de renunciar a privilégios ou à segurança. Nunca é fácil emigrar das primeiras pátrias e de suas interpretações do mundo.

Por que homens muito inteligentes defendem o sexismo? Porque, como já advertia há 300 anos Poulain de la Barre, o preconceito não passa pela mente, enraíza-se no estômago. Considerar as mulheres inferiores aos homens, inclusive depreciá-las ou odiá-las, não é consequência do maior ou menor desenvolvimento da capacidade intelectual, nem sequer do nível de cultura, é uma questão de princípios éticos e desta virtude tão pouco adequada à argumentação filosófica: a bondade. Esses pretensos sábios, na hora de legislar, chegariam às mesmas conclusões se soubessem que poderiam, por um passe de mágica, transformar-se em mulheres? John Rawls e sua defesa da teoria da justiça sempre cega aos atributos que estabelecem diferenças desvantajosas para os sujeitos responderia que sim. A prova de que esse critério estaria livre de preconceito consistiria em sentir que ser mulher é um acaso necessário, como ser homem, e não um destino ingrato.

Os estereótipos e preconceitos de gênero implantam uma espessa catarata nas retinas, fazendo sentir como perigoso o intercâmbio de comportamentos e atitudes. Uma mulher que não quer ser mãe? Um homem que quer cuidar de bebês? O progresso em sua ruptura é um terreno coalhado de minas. Sobretudo, existe a assimilação, por parte das mulheres, de que o palco do triunfo pessoal e social está nas atividades masculinas; e nas sociedades ocidentais se aceitará, com resistências, que uma mulher faça trabalhos de homem, sempre e quando não abandone de todo certos signos de seu gênero: não se vista como homem, não fale como homem, não se penteie como homem, não abandone a família como homem, não pague jantares para avançar na carreira, não possua carros de luxo e prostitutas em comemorações de êxitos profissionais importantes. Não faz muito tempo, o bar de acompanhantes D'Angelo, no centro de Madri, oferecia publicamente "putas grátis" em caso de vitória de uma equipe de futebol. O cartaz era uma mulher nua em cima de uma grande bola de futebol. Não creio que esse cartaz se dirigisse às ocupadas executivas que tentam subir por seu mérito e não por reserva de cargos para mulheres, as polêmicas quotas. Em troca, a dedicação a sério (não ocasional ou festiva) de um homem a papéis dentro do estereótipo de feminilidade tradicional é ocultada, supõe crise e sensação de fracasso pessoal, não superando, quantitativamente, a qualificação de anedota.

O principal consiste em associar o traje de gênero que nos puseram ao nascer com a relação de hierarquia entre os sexos. A relação entre os sexos não é de diferença, mas de hierarquia, e esta contamina todo o universo emocional, intelectual e comportamental que habitamos devido à sua naturalização como código único de comunicação em nossa convivência. Conjurar os preconceitos e estereótipos sexistas é tarefa urgente, longa e difícil. A sensibilização, unida à educação, é a chave – mas, de novo, se faz necessário levar a sério o trabalho pela igualdade, que precisa de continuidade, profundidade e extensão, na mesma medida que o sexismo. Deveríamos começar a registrar equações entre as vivências como homem ou mulher e perguntar-nos o que mudaria se só se mudasse o sexo. Talvez se obtivesse com isso a sensibilidade necessária para eliminar os estereótipos e preconceitos aderidos visceralmente à percepção inoculada desde o nascimento nos seres humanos. Para tanto, seria necessário empunhar duas armas argumentativas: os números e as análises. A foto e o filme. Devemos contar quantas mulheres aparecem nas esferas do poder, da autoridade e do prestígio social e descobrir quais fatores continuam mantendo-as como "minorias substituíveis", no dizer de Amelia Valcárcel.

# 34
## O QUE É TRANSVERSALIDADE DE GÊNERO?

*"Mainstreaming*: a organização (ou reorganização), o aperfeiçoamento, o desenvolvimento e a avaliação dos processos políticos, de modo que uma perspectiva de igualdade de gênero se incorpore a todas as políticas, a todos os níveis e a todas as etapas pelos atores normalmente envolvidos na adoção de medidas políticas."

– Grupo de Especialistas em *Mainstreaming*
do Conselho da Europa

A transversalidade de gênero (tradução do termo inglês *gender mains-treaming*) é uma ferramenta para trabalhar a igualdade de gênero e, ao mesmo tempo, um desafio para que esta se consolide a fim de desterrar todas as formas de subordinação das mulheres. Estabelece, assim, uma auditoria em profundidade dos diferentes sistemas normativos que inspiram nossas contraditórias democracias.

A Comissão Europeia define o *mainstreaming* de gênero como "a não restrição das políticas de igualdade a medidas específicas de ajuda às mulheres, mas sim medidas transversais que abarquem todas as políticas e as dotem de dimensão de gênero no interesse da consecução da igualdade".

Transversalidade de gênero significa, portanto, articular as políticas de igualdade a partir do cerne do resto das políticas com intuito de romper a estrutura patriarcal sobre as quais estas se erigem e, consequentemente, se reproduzem. Só assim as mudanças serão eficazes e, sobretudo, poderão ser consolidadas.

A transversalidade de gênero tem como objetivo aumentar os níveis de igualdade; mas, para isso, precisa ser integrada pelos sistemas jurídico-políticos dos diversos Estados. O artigo 15 da Lei de Igualdade espanhola consagra esse princípio, adotado internacionalmente desde a Conferência Mundial de Mulheres de Beijing (1995). Todos os poderes públicos têm a obrigação de integrar, de forma transversal, o princípio de igualdade entre homens e mulheres. Ou seja, a atuação pública deve contribuir de forma permanente para a igualdade. Dessa forma:

> As administrações públicas integrarão [esse princípio], de forma ativa, à adoção e à execução de suas disposições normativas, à definição e aos pressupostos de políticas públicas em todas as esferas e ao desenvolvimento do conjunto de todas as suas atividades.

Esse salto jurídico da igualdade formal à igualdade material exige responsabilidade pública para cobrir a distância entre a letra da lei e a realidade. Talvez por isso, dez anos depois da entrada em vigor dessa lei, a transversalidade se tenha convertido mais em um guia ou uma recomendação para a atuação dos poderes públicos do que em um verdadeiro imperativo jurídico.

Não basta, portanto, que a legislação contemple a transversalidade como princípio de atuação dos poderes públicos; é necessário, além disso, que as pessoas concretas que os integram e têm ali poder de decisão adquiram a perspectiva de gênero e estejam dispostas a transformar o enfoque e a gestão das políticas públicas que até hoje permanecem cegas ao gênero.

Outro risco da estratégia de transversalidade consistiria em que a igualdade se convertesse em um desejo generalizado de obrigações difusas pelas quais ninguém se responsabilizasse concretamente. Todos os organismos públicos, em todos os níveis, devem incorporar a igualdade. Mas como? Torna-se imprescindível uma organização capaz de dirigir o trabalho da igualdade e que avalie, diagnostique, conceba adequadamente medidas de igualdade, repartindo e exigindo responsabilidades com objetivos adaptados a cada empreendimento. Por outro lado, a transversalidade não deve nunca ser vista como um substituto das políticas específicas de gênero, destinadas a transformar realidades de discriminação e desigualdade concretas que precisem de ações hábeis e específicas no âmbito da igualdade dos sexos. A violência de gênero precisa da transversalidade porque uma sociedade mais igualitária com respeito ao gênero significa menos violência contra as mulheres enquanto tais. Mas, é óbvio, são necessárias também medidas urgentes e específicas para evitar que essa violência ocorra (pois está ocorrendo) e proteja as mulheres que não se salvarão caso devam esperar muito tempo por uma mudança de valores generalizada.

Nenhuma política pública, entendida como ação permanente e transformadora dos poderes públicos nos sistemas democráticos para benefício de sua cidadania, é concebível sem a transversalidade de gênero ou, o que dá no mesmo, sem levar em conta que as sociedades são formadas por homens e mulheres diferenciados pelo sexo e, até o momento atual, posicionados em uma relação hierárquica que subordina as mulheres, não importa a área social em que se movam ou o coletivo a que pertençam.

# 35
## TRANSVERSALIDADE DE GÊNERO E PERSPECTIVA DE GÊNERO SÃO A MESMA COISA?

"Os governos e outros atores deveriam promover uma política ativa e visível do *mainstreaming* de gênero, em todas as políticas e programas, para que, antes de se tomarem as decisões, se faça uma análise dos efeitos produzidos tanto nas mulheres quanto nos homens."

– Plataforma para a Ação de Beijing

Não se pode aplicar a transversalidade de gênero sem a perspectiva de gênero: daí a importância desse conceito, que separa o biológico (imutável) do cultural ou normativo (em perpétua mudança). Sem ele, não há ferramenta para a igualdade que funcione, pois não podemos lutar contra uma desigualdade que não reconhecemos, diante da qual estamos cegos ou não achamos interessante que desapareça porque nos favorece. Mesmo que não nos favoreça, assusta-nos assumir a voz, as decisões e a responsabilidade próprias à autoria da mudança. Não obstante, as mudanças estruturais são impossíveis sem a colaboração de cada um dos participantes na estrutura que se pretende transformar. Toda mudança de ordem implica enfrentar os fantasmas trazidos desde a infância, arrancar-lhes o lençol e comprovar que este apenas cobria o medo de que cada pessoa pense por si mesma e não em si mesma, em uma frente programática sempre atualizada contra o monopólio que, a partir do nascimento dos Estados modernos até hoje, é exercido por algumas pessoas, na maioria homens, que desfrutaram e desfrutam o privilégio herdado de pensar e falar por todos.

O conceito de transversalidade de gênero surgiu em 1985, durante a III Conferência Mundial para Exame e Avaliação das Conquistas das

Nações Unidas para a Mulher, convocada sob o tema "Igualdade, Desenvolvimento e Paz" e realizada em Nairóbi. Com base em suas conclusões, ocorre um importante ponto de inflexão que será confirmado na IV Conferência de Mulheres (Beijing, 1995): os direitos das mulheres são direitos humanos e a luta pela igualdade deve ser planetária, envolvendo todos os aspectos de nossa organização social, pois as mulheres não são um coletivo ou uma minoria, mas a metade da humanidade. Portanto, sua discriminação e falta de acesso aos centros de tomada de decisões estão ancoradas na própria estrutura dos diferentes modelos de sociedade. Nesse sentido, aprovou-se a Plataforma para a Ação de Beijing, assinada pelos vários governos participantes.

Começa-se, pois, a trabalhar segundo a óptica dos direitos humanos, cujas tutela e garantia se fazem extensivas às mulheres, e concebe-se pela primeira vez a desigualdade entre homens e mulheres como uma questão de magnitude global, não como um problema feminino. Serão, portanto, necessários a responsabilidade e o compromisso por parte dos governos de combater essa desigualdade em suas instituições político-jurídicas, para que se passe da compensação à construção de uma sociedade mais justa e democrática, que redunde em benefício de toda a sua cidadania.

Quase todos os Estados democráticos participantes haviam reconhecido, em seus sistemas jurídicos, o direito à igualdade e à não discriminação; na verdade, porém, continuavam confirmando persistentes brechas de gênero no poder econômico e político, no acesso à educação e à cultura, ao mesmo tempo que as mulheres enfrentavam tipos de violência só praticados contra seu sexo. Apenas uma perspectiva integral, que reexaminasse a relação entre os sexos, sua socialização em determinados papéis e a atribuição prévia de *status* a homens e mulheres, confundida com a estrutura político-jurídica, poderia descer à raiz da desigualdade e elaborar políticas e medidas concretas, eficazes, para combatê-la. Essa perspectiva integral é a perspectiva de gênero.

Conferência Mundial sobre a Mulher, Pequim, 1995. Os 189 governos participantes assinaram a chamada Declaração e Plataforma de Ação. Pela primeira vez, chegava-se ao compromisso, por parte dos vários países, de promover as medidas necessárias à consecução de objetivos estratégicos em doze áreas prioritárias. A igualdade não era assunto de mulheres, que se resolvesse com medidas específicas, mas devia lançar um desafio internacional, pois dele dependiam o progresso e a paz mundial.

Esse foi o começo da incorporação da perspectiva de gênero como visão crítica e necessária para detectar as causas motoras da desigualdade, causas que permaneciam em estado de inércia perante um mundo cada vez mais injusto e mais dividido entre mulheres e homens. Enquanto o progresso democrático, científico e tecnológico não implicar a incorporação das mulheres como sujeitos de direitos, com possibilidade de definir e defender seus próprios interesses e necessidades, qualquer avanço social será meramente parcial, um avanço sem as mulheres, isto é, sem a metade da sociedade.

# 36

## A PERSPECTIVA DE GÊNERO PODE NOS MUDAR E À NOSSA FORMA DE VIDA?

"O feminismo, como ideologia que pretende transformar a realidade e as expectativas vitais das mulheres, vem lutando para consolidar seus direitos."

– Alicia Miyares

Quando fiz meu mestrado sobre "Igualdade de Gênero nas Ciências Sociais", na Faculdade de Sociologia e Políticas da Universidade Complutense de Madri, uma colega comentou que, ao saber do tema, as alunas da primeira turma formaram um grupo intitulado "Injustiçadas pelo Mestrado".

Esqueceram-se de tomar alguma vacina antes de começar a refletir sobre a igualdade? Não, a vacina era o mestrado; adquiriram os anticorpos da dúvida e suas ordens interior e exterior, sempre independentes, começaram a se agitar. Trabalhar a igualdade complicara sua existência.

Não obstante, o ser humano é um ser complexo, que nunca deixou de falar e agir, pois só a complexidade torna possível a intensidade existencial e, com ela, o desenvolvimento da capacidade de refletir sobre nossos juízos e sentimentos. Panos quentes na cabeça é que deixavam Virginia Woolf pensar. A formação e a informação sobre a história do movimento feminista, negadas durante todas as nossas etapas de educação, de repente surgem em forma de terremoto, com respostas infinitas, para derrubar pilares de nossa personalidade e nossa visão do mundo. O conhecimento deve partir do autoconhecimento, das bases intelectuais e emocionais com que nos defrontamos com novas descobertas baseadas em perspectivas novas.

Sem dúvida, uma vez integrada, a perspectiva de gênero possui uma força de empuxo incontrolável, que consegue criar novos juízos e sentimentos.

A resposta exige sempre uma pergunta metódica e, somente a partir dessa interrogação transversal sobre onde estamos, o que temos feito e o que vimos pensando, as mulheres, ao longo da história e em todo o planeta, começarão a caminhar por esta terra até agora eliminada dos mapas do saber. Terra esquecida, que nossas antecessoras se atreveram a pisar há quase três séculos: a terra da crítica e da resistência, o chão comum de todas as correntes do feminismo, embora cada uma delas utilize legendas de interpretação distintas e em escalas diferentes. O importante é que todas estão abrindo brechas para futuras rupturas naquilo que, até seu triunfo, parecia invariável, parte do estado natural da ordem incômoda em que muitas mulheres e muitos homens se sentem desorientados.

O choque tectônico que abalará nossos aprendizados prévios uma vez adquiridos e adestrados o olhar de gênero, a capacidade de decifrar na realidade as relações de poder que subordinam as mulheres e a sensibilidade para rechaçá-las e combatê-las tem um detonador comum: a justiça. A justiça não é a lei, não é sequer o conjunto de normas que proíbem ou permitem comportamentos. A justiça supõe discutir o conteúdo de qualquer norma ou conduta humana e, nesse debate, para além da legalidade, estivemos envolvidos durante séculos. A reflexão sobre a justiça deve ser geral e aproximar-se do concreto porque só o impacto sobre a vida em seu contexto imediato nos permite comprovar as elaborações abstratas do bem e do mal.

Em definitivo, a justiça é um valor em constante mudança que, a partir da era moderna, permaneceu intimamente vinculado aos direitos humanos. Essa questão não está isenta de polêmica devido à sua raiz cultural ocidental e, em grande medida, porque sua exportação foi enganosa. Os direitos humanos, como um guarda-chuva para cobrir as necessidades mais urgentes (vida, educação, cultura, saúde, mobilidade, liberdade de pensamento, de crença e de opinião...), foram abertos em meio a discursos e declarações solenes em países e territórios onde a realidade do clima iria calar imediatamente seus habitantes, para os quais esses direitos só têm solidez do outro lado dos muros levantados pelos poucos países em que a chuva da escassez e do autoritarismo ainda é fina e existem mecanismos de controle da precariedade maciça.

Por conseguinte, a perspectiva de gênero supõe um tema essencial da justiça que, como valor humano, normativo e convencional, deve possuir conteúdo. Para o feminismo, não existe justiça sem o ponto de partida do direito e do dever de todos os seres humanos quando atingem a maioridade, a capacidade jurídica de exercer, juntamente com a responsabilidade correlativa, a plenitude da subjetividade, unicidade e formação de critérios na escolha de um projeto de vida.

Homens e mulheres adultos, que convivem e se relacionam, que são únicos, mas não terminam em si mesmos porque assim se extinguiriam, precisam uns dos outros numa interdependência sem dominação, implicando isso comunicação horizontal, liderança situacional, autoridade por conexão com o bem comum e troca de recursos em igualdade de posição. Mas os recursos não se reduzem à produção mercantil. A perspectiva de gênero exige que se tornem visíveis e valiosos os bens materiais e simbólicos fora do mercado: o tempo, o espaço, os cuidados, a comunicação, os afetos, a educação não formal, o ócio não produtivo etc. Também, obviamente, sem que nenhum ser humano possa se coisificar ou ser objeto de transação econômica nas mãos daqueles que, em situação de dominação, tenham a capacidade de comprar pessoas e desumanizá-las: comercialização de órgãos, compra e venda de menores para casamento, barrigas de aluguel, prostituição, tráfico de pessoas...

Trabalhar com base na perspectiva de gênero supõe mudar pessoalmente e mudar o mundo; significa tomar partido por uma existência com limites éticos impostos à liberdade individual para transformá-la em universal; implica o idealismo de evoluir do canibalismo sistemático a que submetemos o planeta, parcialmente já esgotado (e nossos semelhantes, sob o imperativo do crescimento econômico sem questionamento, como se ele fosse a lei das leis), a um consenso na direção moral do progresso humano. Essa perspectiva exigiria uma reformulação dos direitos humanos como cobertura mínima das necessidades que facultem a cada indivíduo sua liberdade, sua emancipação e sua garantia de futuro. Desapareceria então o direito de "comprar humanidade" e, assim, deformá-la em seus atributos definidores: só pertencer a si mesmo e à sua própria capacidade de autoaperfeiçoamento, de sorte que o ponto de partida permita recompensar o esforço da conquista, sem condenações pré-natais tornadas invisíveis por trás das regras do darwinismo social como modelo.

# IV
## Ingratidão histórica e nascimento do feminismo

# 37

## POR QUE GOSTAMOS TANTO DE NOS COMPARAR AOS ANIMAIS?

"As teorias científicas são como jovens atraentes que precisam ser conquistadas, mas se transformam com o tempo em velhas matronas não mais desejáveis, porém dignas de respeito."

– Richard Feynman

O rei da selva é o macho. O machismo continuará utilizando grosserias e comparações sutis com o reino animal. Embora seja a leoa que proporcione comida à manada, o rei leão e seu primogênito macho continuarão sendo aclamados no século XXI pelo resto das formas de vida, inferiores segundo a calculista hierarquização humana. A resposta não pode cair na tentação de enumerar exemplos de espécies animais organizadas em torno de fêmeas dominantes; entrar em certos debates oferece o risco de assumir as premissas da discussão em detrimento das que tanto nos custou obter.

Acaso está superada essa comparação? *Homens São de Marte, Mulheres São de Vênus. Por Que é Que os Homens Nunca Ouvem Nada e as Mulheres Não Sabem Ler os Mapas de Estrada?* Essas obras de relativa repercussão social continuam mantendo viva a grande metáfora explicativa do comportamento humano: não podemos ignorar nossa origem animal, dividida em machos e fêmeas que lutam pela vida e por sua perpetuação. Graças a esse condicionamento, o macho dominante é o líder da manada, aquele que tem poder de vida e morte, embora não possa parir: eis a justificativa para o acesso às fêmeas e a permissão para o traço cultural naturalizado da violência.

Continuamos empenhados em reforçar a divisão sexual em uma organização hierárquica da sociedade. Mulheres e homens serão por natureza de planetas diferentes, extraterrestres, e não aliados por sua grande diferença em relação ao resto das espécies: sua racionalidade. Transfere-se a história da discriminação que situou cada sexo em um código cultural distinto para a natureza, que seria inevitavelmente distinta e, sobretudo, não mudará nunca. Ignoram-se desse modo as profundas mudanças ocorridas nas relações entre os sexos e que se consolidaram na história.

O que há de suspeito na metáfora biológica, para explicar as relações entre homens e mulheres, radica-se na desigualdade a ela subjacente. O engano está na descrição feita com lente de aumento focada apenas nas diferenças biológicas, para justificar a desigualdade social e jurídica das mulheres. Não bastasse isso, quem determina as diferenças é o sujeito para tanto autorizado: o homem branco, proprietário e heterossexual. Esse protótipo excludente se converterá no ponto de referência segundo o qual se estabelecerão a anomalia, o característico, o particular, o não universal: os pobres, os estrangeiros, os negros e todas as mulheres (inclusive as brancas, proprietárias e heterossexuais). Pouco importa que elas constituam metade da espécie humana: o feminino será uma característica dentro do humano, que chamaremos "homem". Dá-se assim um salto capcioso graças ao qual se passa da descrição de diferenças naturais entre os sexos à justificação prescritiva de duas naturezas diferentes, quando não contrárias ou complementares e, sobretudo, relacionadas em termos hierárquicos.

Os seres humanos – racionais, sociais, políticos, históricos, éticos... – constituem a única espécie capaz de fazer ironia, de criar metáforas sobre o mundo que ela mesma classificou, analisou e descreveu: tudo o que não é sujeito, tudo o que se pode conhecer por sua transformação em objeto de conhecimento é abordado por nossos circuitos de pensamento com base em uma posição de domínio, mediante a qual refletimos sobre nós mesmos. Somos capazes de atuar como testemunhas de acusação para, em seguida, arrebatar o martelo e proferir a sentença que, em cada momento, queremos apresentar (a nós próprios) como imparcial.

A comparação com o mundo animal não passa de uma estratégia para ignorar o dever ético de que somos dotados como seres racionais, capazes de refletir sobre si mesmos e de radicalizar sua condição de humanos. A força e a violência costumam ser associadas à necessidade de sobreviver, como fazem os animais predadores que ocupam os escalões mais altos da cadeia alimentar em um ecossistema qualquer. O ser humano não é o maior, o mais forte ou o mais veloz. Mas ainda assim é um predador no ápice de um ecossistema sobre o qual possui a capacidade de transformação, o que constitui uma qualidade exclusiva de nossa espécie: o emprego do cérebro para atuar sobre o meio vital e o resto da vida com que coabitamos, obtendo a cooperação de grandes grupos mediante códigos de comunicação cada vez mais complexos. Nessa última potencialidade estaria a chave de nosso passado e de nosso futuro, a era da comunicação e da desinformação, do conhecimento e da deseducação.

# 38

## As comunidades pré-históricas eram mais igualitárias?

"Para que nossa espécie conquiste sua humanidade, os homens e as mulheres devem acreditar que o gênero humano possa se fazer totalmente humano."

– Tirza Eisenberg

Eis aí um debate em aberto, pois não existe homogeneidade no que podemos qualificar como comunidade pré-histórica. Mais que uma resposta afirmativa ou negativa, ao interrogante interessa sua intenção: quando e por que surge a subordinação das mulheres.

Estudos recentes sobre os povos caçadores-coletores demonstram que a divisão de funções em sociedades anteriores ao desenvolvimento da escrita e à intensificação da produção (agricultura e sedentarismo) não implicava necessariamente uma hierarquização, favorável aos homens, das funções atribuídas a cada sexo. A reprodução biológica talvez tenha determinado uma repartição de tarefas ao menos durante os estados de gestação e amamentação, mas isso não significaria a rigor uma subordinação feminina. Ou seja (o que dá no mesmo), as sociedades de caçadores-coletores eram mais igualitárias. Que processo levou ao desaparecimento dessa igualdade? Almudena Hernando (2002) estabeleceu uma relação causal entre a construção da identidade e a hierarquia mais ou menos observada entre os sexos, e nela é fundamental o acesso à escrita ou à linguagem simbólica com possibilidade de permanência e transmissibilidade do conhecimento. Poder conhecer a realidade por meio de símbolos que a representem acarreta um distanciamento dessa realidade que permite um grau de subjetividade associado à separação entre um eu incipiente e o "outro". Quando o indivíduo não existe, isto é, quando o ser humano não pode pensar-se sem a comunidade à qual está integrado e a interdependência nas possíveis funções para a sobrevivência é forte, não é possível subordinar o outro simplesmente porque o eu está disseminado naquilo que esta autora chama de "identidade relacional". Não quer dizer que homens e mulheres coexistam em perfeita e pacífica igualdade, sem papéis diferenciados, mas que não existe um eixo transversal de divisão na formação da pessoa adulta que termine por situar os sexos em universos distintos.

Não obstante, como vimos, as sociedades pré-históricas são plurais e diversas, e é preciso levar em conta que nossas percepção e avaliação de sua organização estão condicionadas ao fortíssimo "eu" identitário da sociedade contemporânea, que compara sempre com base na premissa de um conceito conotado: a igualdade como direito subjetivo e princípio possível de organização social.

Ainda trago gravadas na mente as primeiras imagens dos livros de *História Universal do Homem*. Nunca tive pudor algum em associar a universalidade aos homens. Essa apropriação se naturaliza a partir da metonímia graças à qual integramos, como totalidade, apenas os que o poder presente reconhece como ostentadores do poder passado: os vencedores. Ao mesmo tempo, projeta-se de forma sistemática a metáfora de nossa cosmovisão contemporânea sobre passados construídos com base em realizações herdadas de seus protagonistas, deixando sem voz e, portanto, sem memória a grande maioria de seres humanos varridos da história: os vencidos, fora das imagens que assumimos como verdade de nosso passado e utilizamos como argumento legitimador para explicar o presente e projetar o futuro.

Assim, as primeiras mulheres pré-históricas que surgiram diante de meus olhos infantis eram um decalque da mulher doméstica: dentro da caverna, lavando panelas, alimentando bebês, exibindo colares de ossos e belos vestidos de peles de uma só alça, colados aos corpos curvilíneos. Depois, as idades do homem começavam a narrar a evolução comparando o passado e os materiais utilizados na elaboração de ferramentas para a caça ou a guerra, conforme a tecnologia da época. Também hoje, é esta e não a moralidade que parece determinar nosso retrato coletivo contemporâneo. Não foram as mulheres que inventaram utensílios tão imprescindíveis para a sobrevivência quanto pontas de flechas e outras ferramentas que sempre vimos em mãos de homens? Elas não caçavam? Não fabricavam instrumentos para o transporte e a colheita? Não colaboravam para o progresso das técnicas de conservação e preparação do alimento? Não sabiam manter com vida criaturas de uma espécie particularmente vulnerável e, até, praticar métodos de anticoncepção para garantir a sobrevivência dos grupos nômades? É necessário desconstruir todo esse simbolismo, mergulhar a fundo na antropologia de gênero e começar a tomar consciência da grande facilidade com que o ser humano transfere seus parâmetros mentais e seus valores morais contemporâneos ao passado – e, o que é mais perigoso, ao futuro. O pior das representações do passado não é a divulgação de falsidades sobre nossa origem, e sim a apresentação de nossos destinos como inevitáveis.

Os modelos de evolução da espécie humana ignoram a diferença sexual. Parece que a passagem do hominídeo ao *Homo sapiens* foi uma questão masculina, numa clara perspectiva androcêntrica da história da humanidade.

O problema crucial é que, tanto no passado quanto no futuro, o simbólico serve para excluir as mulheres, situando-as anedoticamente na descrição e na análise de nossa evolução civilizatória. Assim, as mulheres veem frequentemente contestada sua autoridade de narradoras, não podendo impugnar a realidade que lhes é prescrita sob a aparência de descrição objetiva.

A perspectiva de gênero tenta questionar essa projeção dos esquemas de conhecimento presentes em um passado que ainda está envolto em mistério e no qual se depreciam importantes diferenças de mentalidade e condições materiais de sobrevivência dos pequenos grupos de caçadores-coletores. É lógico pensar que, nessas sociedades, a divisão do trabalho fosse pouco nítida, devido à necessidade de sobrevivência e colaboração de todos os membros do grupo. O excedente logo gerará a propriedade e, com ela, a possibilidade de domínio, o exercício de poder sobre o outro, dos homens sobre as mulheres e de uns poucos homens sobre muitos.

# 39

## QUANDO, NA HISTÓRIA, COMEÇAM A SE FORMAR RELAÇÕES DE DOMINAÇÃO ENTRE OS SEXOS?

"A mulher é, cumpre reconhecer, um animal inepto e estúpido – embora gracioso e agradável."

– Erasmo de Rotterdam

Esta é uma questão complexa para ser respondida dentro da perspectiva antropológica e histórica ligada ao surgimento da humanidade e às mudanças causadas na natureza por nossa presença como espécie pensante neste planeta. Entretanto, é no período Neolítico que podemos localizar essa mudança nas relações. Se aceitarmos a tese de que, quanto menos complexa socioeconomicamente é uma sociedade, menos hierarquia existe entre seus membros (dado que a mobilidade destes e, portanto, o âmbito da realidade com a qual se relacionam é equivalente para todos, homens e mulheres), então a desigualdade surgirá quando se produzir uma mudança qualitativa nessa relação, mas apenas para um dos sexos: o masculino.

Segundo Almudena Hernando, as categorias de tempo e espaço, como determinantes de nossa forma de orientação no mundo, eram concebidas de maneira similar por homens e mulheres das comunidades de caçadores-coletores na pré-história. Mas era irrelevante, quando não contraproducente, o aumento demográfico, dado que a falta de excedente obrigava a seu controle para garantir o autoabastecimento. Assim, podemos pensar que os indivíduos dependentes, em especial as crianças, constituíam mais um peso do que, como ocorrerá depois, uma futura mão de obra para aumentar a produção, no momento em que os seres se tornaram capazes de intervir no meio natural e provocar excedente alimentício. Só a ruptura com o autoabastecimento, por meio do que a natureza proporcionava, permitirá o exercício do poder como posse. De fato, chega um momento na infância de nossa humanidade no qual surgem bens que permanecem, podem acumular-se ou perder-se – sendo gerados, o que é o mais importante, pela ação humana. Talvez tenha sido esse o momento em que o controle sobre a procriação pressupôs o poder sobre a riqueza: rompeu-se o equilíbrio e, assim como a natureza pode e deve dar mais frutos, as mulheres devem e podem dar mais descendência. Daí uma primeira divisão sexual das funções sociais.

Contudo, reprodução e produção continuarão sendo duas etapas fortemente ligadas, e a exclusividade de um sexo na primeira não significará a exclusão do segundo. De novo, é preciso fugir de projeções etnocêntricas e levar em conta que estamos tentando explicar dinâmicas de sociedades anteriores à escrita, algumas desaparecidas e rastreadas por sua arqueologia não verbal, outras contemporâneas de nossas comunidades históricas. Estamos, pois, às voltas com tempos diferentes, que não podem ser medidos pelo mesmo relógio, isto é, explicados segundo uma perspectiva única.

Se quisermos continuar desentranhando os mecanismos que permitiram a herança, ao longo da história, da subordinação das mulheres aos homens, deveremos nos deter nos fatores materiais condicionadores que ensejaram o trânsito de sociedades sem fortes hierarquias sexuais para as que começavam a situar as mulheres em posição e funções muito mais impermeáveis, muito mais subordinadas às empreendidas pelos homens. Esse momento de inflexão se situa no Neolítico Final e na chamada "revolução dos produtos secundários". O aumento da produção possibilita organizações humanas estáveis no espaço e mais complexas, o que implica uma incipiente especialização de tarefas e uma necessidade nova: a de aumentar o número de indivíduos para garantir uma produção maior. Com efeito, em vista do limitado desenvolvimento da tecnologia, é o próprio ser humano – seu número e sua possibilidade de sobrevivência e contribuição para a produção – que determinará a geração de maior ou menor riqueza, permitindo o progresso de outras funções até o momento inviabilizadas pelo autoabastecimento. Assistimos assim ao nascimento de duas novas atividades não vinculadas à produção de alimentos: a religiosa e a defensiva ou guerreira.

Por que, no entanto, sociedades mais complexas se tornam menos igualitárias? Por que uma complexidade maior implica igualdade menor? Tentar esmiuçar esses mecanismos que constroem a identidade exige desnaturalizar os gêneros, inclusive os sexos, e explicar o processo pelo qual a divisão das divisões, o dualismo dos dualismos (como diz Celia Amorós), adquire coerência e continuidade, não permitindo que os sujeitos fiquem fora desses dois destinos identitários.

Há um processo de construção da identidade que evoluiu ao longo da história, e nessa evolução foram fundamentais a complexidade econômica e a divisão de funções hierarquizada em virtude do gênero. Se a identidade é um mecanismo que nos vincula ao mundo, que nos torna iguais a alguma coisa – pessoas, valores –, ele também nos diferencia do resto e estabelece uma fronteira entre nós e os outros seres. Nessa diferenciação, a estrutura identitária se cinde em duas opções desde o momento em que se atribui um sexo: o masculino e o feminino, o homem e a mulher, o macho e a fêmea.

Os homens, ao ampliarem seu espaço vital, ao entrarem em contato com um campo mais vasto de realidade, precisam desenvolver mecanismos por meio dos quais essa realidade seja apreensível intelectualmente, mecanismos que os façam sentir-se mais seguros quando o mundo e as possibilidades se dilatam. O sedentarismo e a necessidade de incremento da população para o desenvolvimento da agricultura, ao contrário, obrigaram as mulheres a permanecer em espaços mais reduzidos, onde a realidade era mais limitada e não precisava de referenciais não contidos nela mesma (mapas, escrita, calendários). Por conseguinte, a intensificação da produção e a progressiva complexidade econômica e social provocaram o surgimento de um mecanismo de construção da identidade diferente conforme o sexo. Enquanto os homens começavam a deslocar-se no espaço, a criar formas metafóricas e objetivas para se relacionarem com a realidade, as mulheres permaneciam em uma realidade limitada à sua experiência imediata; sua linguagem era metonímica e relacional, a separação entre elas e o mundo e os outros seres foi bem menos contundente que para os homens.

O mecanismo de construção da identidade pelo qual nos separamos do mundo equivale a um processo de individualização que, na modernidade, culmina com o sujeito cartesiano. Caberia, portanto, observar que a identidade ou a forma de nos relacionarmos com o mundo é diferente para homens e mulheres e que a destas foi construída de maneira mais relacional, sem um precipício intransponível entre o sujeito e o resto do mundo. Sem dúvida, é possível transformar esse universo simbólico androcêntrico, que perpetua a violência como ferramenta de controle social vazia de conteúdo, em igualdade jurídica caso se modifiquem esses fundamentos da pessoa, que nos dividem em dois sexos.

A reação do ser humano à ampliação de sua capacidade de conhecer a realidade, uma realidade que cresce infinitamente graças a tecnologias novas, talvez esteja eliminando uma forma de relação com o mundo baseada em outros valores que não sejam a segurança, o controle e o rendimento econômico. Mais em menos tempo. Cada vez mais longe. Mais conhecimento. E as emoções? O apego ao mundo? O vínculo com os semelhantes? No processo de individualização, vamos ficando sozinhos; os homens, até agora, se valeram das mulheres como nexo emocional com o mundo. Mas... e as mulheres? É significativo que os mitos do matriarcado, hoje superados, falassem de promiscuidade como sinal de caos quando as mulheres detinham o poder. A misoginia é multifacetada.

# 40

## QUE MÃO BALANÇOU O BERÇO NO SURGIMENTO DA CIVILIZAÇÃO OCIDENTAL?

"Aos jovens que se distinguirem por sua excelência na guerra ou em qualquer outra atividade, conceder-se-á, além de outras recompensas, a permissão de deitar-se mais frequentemente com as mulheres, para que, com esse pretexto, tenham maior número de filhos."

– Platão

A Antiguidade Ocidental abarca um longo período, situado entre as primeiras civilizações que utilizaram a escrita e o ocaso do Império Romano. Nas terras férteis a leste do Mediterrâneo, vários povos foram deixando suas pegadas e plantando o que se consideram as raízes de nossa civilização atual: a cultura greco-romana.

Grécia e Roma ainda circulam por nossas estradas e nossos idiomas, como também por nossos sistemas jurídicos. O conceito de igualdade existia nessas duas grandes civilizações, mas não podemos compará-lo ao iluminista, que é a condição de soberania de todo ser humano graças a seu atributo de racionalidade, da mesma forma que não podemos comparar outros direitos nascidos em nosso contexto científico e moral (Revolução Industrial e Protestantismo), principalmente o de liberdade individual.

O importante segundo a perspectiva de gênero se encontra, como ocorre frequentemente, naquilo que não nos contaram. A história da Grécia e de Roma parece uma sucessão de batalhas, com seus guerreiros, governantes, reis e imperadores, mais alguns legados admiráveis de desenvolvimento filosófico, artístico e jurídico-político. Democracia, liberdade, virtude e justiça iluminam a cultura clássica como uma idade de ouro que se perdeu durante os séculos da obscuridade medieval; estradas, aquedutos, teatros, templos, bibliotecas e moedas são testemunhos do gigantesco passo civilizatório que renascerá séculos depois, sob o nome mesmo de Renascimento, que foi uma nova etapa histórica na qual ressurgiu o que se acreditava morto.

Na disciplina histórica ensinada aos leigos, sempre faltaram as mulheres. Contudo, o mais significativo nessa ausência é que ela é dada como ponto pacífico, o que nos parece no mínimo discutível e confunde novamente a narrativa histórica da humanidade com a dos homens, suas façanhas, suas leis e seus pensamentos. As mulheres foram e são agentes históricos, seres sociais e políticos, pensantes e criativos; a negação dessa condição humana, as resistências e os obstáculos à sua realização e à sua memória são fatos imprescindíveis não só para entender o passado como para pensar o futuro. O caráter convencional da convivência e seus imperativos nos obriga a entender a civilização como uma frente de combate de palavras, raciocínios e consenso, que deve se manter ativa. É que a força, a violência e a discriminação não desaparecem por não serem nomeadas; ao contrário, as mulheres, como todo ser humano privado de direitos, precisam da lembrança de vitórias e derrotas no árduo caminho para converter este mundo em um lugar sustentável, de bem-estar partilhado.

Quando as histórias de Grécia e Roma nos falam do conceito de cidadania, mais tarde retomado pelo pensamento iluminista, omitem que existia um grande número de "não cidadãos" além dos escravos: as mulheres. Estas pertenciam ao pai, ao marido ou a algum homem da família e necessitavam de sua representação ou seu consentimento para realizar qualquer ato de cidadania. Se a escravidão é não ser dono de si mesmo, em lugar de duas categorias de cidadania, a dos homens e a vicária das mulheres, mães de futuros cidadãos, talvez pudéssemos construir um relato histórico no qual insistíssemos em dois graus de escravidão. A ideia não é absurda, dado que os escravos podiam ter escravos. De fato, todos os filósofos clássicos – Sócrates, Platão, Aristóteles – se veem pela primeira vez na necessidade de discutir a desigualdade, a exclusão, a discriminação por motivos de sexo. As mulheres pariam cidadãos gregos e romanos; portanto, não poderiam carecer de humanidade. Porém, sua humanidade devia ser inferior à dos homens e toda mulher pensante ou criadora como Aspásia, esposa de Péricles, Hipátia, matemática e astrônoma que fundou sua própria escola, ou Safo, a décima musa para Platão, a duras penas seria resgatada e contextualizada nas circunstâncias e na evolução das mulheres, desde a Grécia arcaica até o Império Romano.

Com efeito, o que importa salientar é a evolução da situação de fato das mulheres nessas duas civilizações, além das dificuldades para urdir leis que reconhecessem seus direitos e a insistência em encontrar brechas para o exercício da liberdade ou, mesmo, do poder.

Desde o gineceu grego, com a proibição do espaço exterior e da educação até a liberdade de ter e gerir bens, de frequentar escolas públicas e até partilhar conhecimentos, o direito ao divórcio em igualdade de condições com o homem, o desempenho de funções públicas e a honra de competir no esporte do Império Romano, todas essas conquistas foram resultado da resistência ao mero papel de reprodutoras de homens, os herdeiros legítimos, por parte das mulheres. Conquistas nada insignificantes para serem registradas ao lado das Guerras Médicas e Púnicas, que deixam amputada a memória coletiva, silenciando que também houve mulheres no berço da civilização ocidental.

O admirável dessas duas sociedades, com suas diferenças (Roma foi a civilização que se fez império), está no desenvolvimento do conceito de cidadania, assim como na construção do saber segundo a qualidade reflexiva do ser humano e sua capacidade de verbalização. A filosofia, a oratória e a poesia transformaram essas sociedades em algo passível de reflexão e, portanto, mutável, transitando pela primeira vez do *mythos* ao *logos* e, em consequência, ao exame da condição humana com sua capacidade de praticar o bem e o mal. As diferenças entre os sexos e a negação do *status* de cidadania às mulheres terão, também pela primeira vez, de munir-se de razões. O patriarcado começará a defender-se por escrito – pois só se prepara defesa ante o que pressupõe agressão. A misoginia e o ódio às mulheres implicam um salto qualitativo na resistência histórica a que as mulheres pudessem alcançar as mesmas posições de poder que seus coetâneos homens. O mal deve aparecer e sua associação ao feminino se converterá em um pano de fundo na história da humanidade que, dependendo da época, do lugar e sobretudo da necessidade estratégica em tempos difíceis de lutas pelo poder ou pela apropriação de recursos escassos, será trazido à cena com as simbologias pertinentes e os apoios na autoridade que corresponda, principalmente, a Deus ou à natureza.

Tanto na Grécia quanto em Roma, assistiremos a uma negação absoluta dos direitos das mulheres, que, entretanto, pela primeira vez, ocupam lugar nos textos da época e se tornam objeto de reflexão. Eurípides coloca nos lábios de Medeia a consciência da opressão quando ela diz: "Mente, mil vezes mente quem afirma que a mulher está mais segura em casa que o homem no campo de batalha". O coro intervém, confirmando sua queixa: "É mais fácil brandir uma espada que parir um filho", após refletir sobre a condição geral das mulheres: "Escravas que somos, temos de comprar com um dote o dono de nosso corpo".

De crucial importância é a evolução firme na posição social e jurídica das mulheres em ambas as civilizações. O patriarcado é inquestionável e a cidadania se vincula ao ofício da guerra. Não obstante, as mulheres, pela primeira vez, são seres históricos e algumas têm acesso à educação, isto é, à escrita e à possibilidade de marcar sua passagem pelo mundo e sua ânsia de transcendência. O matrimônio e a maternidade obrigatórios começam a ser questionados e mesmo evitados pelas mulheres romanas que, por experiência, deviam considerar esses destinos limitadores de sua liberdade pessoal. A instituição do divórcio, que podia ser reclamado por ambas as partes, era decisiva; também se ressalte a lei da adoção como meio juridicamente válido de obter herdeiros legítimos. Desvincula-se assim o papel biológico da mulher procriadora da função social da maternidade. A sociedade vai se tornando mais complexa, e os meios de controle social sobre as mulheres, principalmente as que possuíam bens e recursos econômicos, se flexibilizam e permitem sua incorporação à vida pública, antes negada pela tradição e pelas leis. Podemos pensar que o poder econômico das mulheres e sua presença nas cidades quando os homens ficavam durante longas temporadas na guerra lhes davam a oportunidade de pagar por uma educação que lhes permitisse realizar outras atividades além das domésticas, privadas. As mulheres deviam ser educadas e fortes porque seriam mães de cidadãos homens; mas essa permissão não se estendia ao despertar da vontade de querer decidir por si mesmas. Além disso, como bem mostra este texto de Sêneca, quando umas desobedeciam às normas destinadas a seu sexo, outras captavam a mensagem de que era possível mudar sua sorte:

> Haverá acaso alguma mulher que se envergonhe ao ser repudiada, vendo certas damas de linhagem nobre e ilustre contarem seus anos, não pelo número dos cônsules, mas dos maridos, divorciando-se para casar-se e casando-se para divorciar-se? Isso infundia respeito, mas era coisa rara; mais tarde, como não havia páginas nas atas do Senado, dos sacerdócios e dos colégios sem um divórcio, aprenderam a fazer o que não cessavam de ouvir.
>
> – Sêneca, *Benefícios*, 3,16

# 41

## A IDADE MÉDIA FOI MAIS OBSCURA PARA AS MULHERES QUE NÃO ERAM DAMAS, RAINHAS OU SANTAS?

"A diferença mais importante entre a heresia e a bruxaria é que esta última era considerada um crime feminino."

– Silvia Federici

Sim, definitivamente para as mulheres camponesas e das classes mais pobres das cidades foi muito mais obscura. E para as que viviam de forma "independente", fora dos padrões estabelecidos ou que contestavam suas "existências invisíveis" e seus direitos perante a sociedade. A letargia na qual caiu a sociedade ocidental em razão do paulatino desaparecimento da vida urbana e, sobretudo, do triunfo da fé com a concentração do poder político e econômico na instituição eclesiástica transformou a Idade Média em um período de sombras, embora não de obscuridade completa. Com efeito, a tradição clássica filosófica, literária e jurídica foi conservada por escribas disciplinados de ambos os sexos que dedicaram a vida a redigir volumosos códigos em que se preservava a memória do saber e de seus protagonistas, para que séculos mais tarde ocorresse o despertar cultural e o surgimento da ciência moderna conhecidos como Renascença. Contudo, essa ressurreição cultural, científica e civilizatória não foi tão luminosa como nos contam, muito menos para as mulheres.

Talvez o maior consenso na análise desse longo período de nossa civilização se ache no predomínio da religião monoteísta e sua hierarquia tanto sobre as pessoas quanto sobre os modos de organização da sociedade, dos quais só muitos séculos mais tarde se desvincularia o poder da pessoa que o exercia, quer por sua riqueza, quer por seu sangue. Do reino terrestre de um deus masculino, as mulheres – filhas, irmãs e mães – foram excluídas quando o cristianismo e sua mensagem igualitária passaram de fé subversiva a religião oficial e excludente e intolerante de um império romano em agonia. No entanto, já suficientemente contaminados pela ambição humana, converteram os perseguidos em perseguidores. O cristianismo não tardou a esquecer que seu reino não era deste mundo, talvez porque a salvação se legitimasse pela violência e não pela piedade e pelo perdão preceituados no Novo Testamento.

A ânsia de poder político por parte dos vigários de Cristo na Terra prossegue até nossos dias, persistindo em nossos sistemas jurídicos e políticos – talvez porque seus santos guerreiros tenham suspeitado, como as feministas, que o pessoal é político. Por conseguinte, deviam controlar as escolas, as cortes, os conselhos, os parlamentos ou assembleias, os tribunais de justiça, as alianças matrimoniais, os tratados de paz e as declarações de guerra, a colonização de novas terras e almas e, é claro, os corpos, sobretudo os das mulheres. Pela primeira vez, o poder submete a intimidade à sanção pública, aliada da força religiosa; o pecado passa a ser delito por meio do controle da sexualidade, num unânime cerrar de fileiras contra as mulheres, as tentadoras naturais e as pecadoras originais. O controle da intimidade ocorreu por meio tanto da confissão individual, que desempenhou um papel importante na ruptura dos laços comunitários, quanto da presunção de culpa do sexo feminino. Todas as mulheres passaram a ser consideradas pálidas sombras da inalcançável virtude de Maria (mulher sem desejo, mãe sem sexualidade), além de um perigo potencial de atrair o Diabo e, com ele, os mais diversos males cuja origem (a natureza feminina) podia ser identificada e castigada de forma exemplar. Assim, a fome e a violência da massa campesina contra seus senhores, ou os receios dos incipientes comerciantes, deviam ser atribuídos a uma insurreição em suas próprias fileiras: a das mulheres. Elas protagonizaram revoltas quando os preços as impediram de alimentar seus filhos, se organizaram em grêmios específicos como profissionais de ofícios que ensinavam a outras mulheres, entre eles a tecelagem e a fabricação de cerveja, mas também trabalhavam lado a lado com seus maridos, pais ou familiares em qualquer função que permitisse a sobrevivência da família em sentido amplo ou da comunidade em que se integravam. Elas se erigiram em "terceiro estado do terceiro estado" com um único poder exclusivo: o conhecimento da reprodução, da anticoncepção e da interrupção da gravidez, ao qual acrescentaram técnicas curativas ou paliativas dos males frequentes de uma sociedade exposta às forças da natureza.

Não pode ser mera casualidade que a grande cruzada midiática, coincidindo ideologicamente de maneira suspeita em países tanto protestantes quanto católicos, contra as mulheres pobres e solitárias, transformadas de repente em bruxas poderosas e de forte ameaça social, tenha sido ignorada ou relegada à anedota histórica na análise da construção da nova ordem econômica e moral que estava gestando a Revolução Industrial e o primeiro liberalismo mercantilista. O assassinato de milhares de mulheres, metade quantitativa e qualitativa das massas pobres (e, não obstante, mais autossuficientes que suas futuras gerações assalariadas), não pode ser considerado fruto do obscurantismo e da superstição: aquele era justamente o momento, no final do século XVI e início do XVII, em que a sociedade começava um lento, mas inexorável avanço rumo à ciência, à tecnologia e à individualidade, usando a razão em lugar da fé como mediadora do mundo. Sem dúvida, era preciso neutralizar a inquietação crescente do povo, germe de possíveis revoluções, mediante mecanismos efetivos para o controle da riqueza necessária à expansão de uma nova mentalidade e nova postura: o progresso. Isso graças ao domínio da natureza e de outra humanidade animalizada ou destituída de razão: os pobres, os camponeses e suas terras comuns, pois agora eles eram necessários nas fábricas, as mulheres como reprodutoras da força de trabalho para a acumulação e não para a sobrevivência, e os escravos que o humanismo levou séculos para considerar pessoas e, portanto, para diferenciar seu sexo na hora de explorá-los produtiva e reprodutivamente.

A perseguição sistemática das mulheres implicou uma ruptura nas massas empobrecidas, mas muito superiores em número à recém-nascida classe burguesa comerciante e profissional, bem como à aristocracia decadente. Camponeses e artesãos teriam conseguido reconhecer seu poder *de facto* e utilizá-lo, em um momento histórico no qual se acelerava a passagem da sociedade rural para a incipiente sociedade industrial. Para isso, o poder secular, que tinha armas, necessitava da autoridade religiosa em uma sociedade ainda mais assustada com a natureza não humana que com seus semelhantes. As mulheres não eram perigosas; as bruxas, sim, e qualquer mulher podia ser uma bruxa. Nesse sentido, basta contemplar os pórticos das catedrais e sua iconografia monstruosa, propaganda dissuasória da época e proteção simbólica contra eventuais contestações da ordem estabelecida. Desse modo, produziu-se a resignação mental e material apropriada ao reinado de uma fé construída sobre o medo do castigo, em que, excluídos de um mínimo de educação e cultura, as mulheres e os homens da Idade Média deviam sentir-se peças minúsculas de um quebra-cabeça que não logravam vislumbrar em toda a sua dimensão. As mulheres e os homens eram fortes fisicamente para sobreviver, mas fracos na capacidade de questionar seu destino marcado por leis que não eram deste mundo. Essa será a diferença entre as revoltas desordenadas da Idade Média, mais ou menos intensas dependendo da fome e da penúria do momento, e as revoluções da Idade Moderna, que anteviram as possibilidades de mudança de ordem, com a importante passagem da queixa para a reivindicação. Essas revoluções necessitam dos conceitos de individualidade e sujeito que os pensadores ingleses e franceses proporcionaram durante a passagem da economia de subsistência medieval ao mercantilismo primitivo. Contudo, no caso das mulheres, nada impediu que esses pensadores defendessem e apoiassem por escrito sua perseguição e seu massacre, ainda que elas não houvessem causado nenhum dano: confessavam sob tortura ser culpadas de qualquer desgraça das classes menos favorecidas.

As mulheres e os homens medievais se sentem na mão da providência; são incapazes de controlar a natureza, que temem porque não dominam. Por isso, não será difícil transformar a heresia e, mais tarde, a bruxaria na explicação dos males que não se originam do humano, e sim da desobediência às leis divinas. Somente o castigo na Terra poderá recuperar o favor do Todo-Poderoso no céu, que sempre coincide com a preservação dos privilégios de seus fiéis neste mundo. As seitas, os hereges, os judeus e, por último, com toda a artilharia religiosa e científica disponível, as mulheres.

Os grandes processos públicos de queima de mulheres ocorreram na Baixa Idade Média e no advento da modernidade. Todas as mulheres, especialmente as que viviam sozinhas, exerciam a religiosidade fora da igreja ou gozavam de certa influência graças a seus conhecimentos médicos e podiam ser bruxas por denúncia anônima. A caça às bruxas se tornou profissão, e o fogo passou a ser a maior das ameaças contra qualquer dissidência ou desobediência ao poder político. O medo e o policiamento dos corpos eram ferramentas eficazes de controle social.

Justamente no momento em que o sistema medieval agonizava, e essa não é uma questão menor, as mulheres que ousavam reivindicar-se como sujeitos de direitos ou haviam encontrado caminhos de individualidade fora da sociedade (ascetas, monjas, eremitas, místicas e beguinas) começaram a ser encaradas, por parte dos novos poderes emergentes, como um perigo potencial para a sujeição de uma grande massa de povo – e isso em pleno Renascimento. Poderes, todos eles, cada vez mais impessoais, cada vez menos reconhecíveis e, portanto, crescentemente imunes ao enfrentamento dos muitos que não tinham nada contra os poucos que tinham tudo. Impôs-se um novo reinado, que começou a desvincular-se do cultivo da terra e da troca de bens artesanais. Começariam a erguer-se aí barreiras imateriais, mas férreas, às promessas da nova ordem da modernidade. Cunhou-se assim, paralelamente à moeda, a "ascendência", um passaporte restrito ao sexo masculino, à raça branca e à riqueza monetária, pois essas qualidades, imprescindíveis para que se fosse sujeito de direitos, seriam superiores *de facto* à teoria revolucionária de soberania do indivíduo em sua condição de ser racional. A repressão implacável, arbitrária e irracional às lutas incipientes das mulheres, primeiro por pão, mais tarde por conhecimento e direitos, se transformará na válvula de escape do conflito social na passagem da Idade Média para a modernidade. As mulheres serão convertidas no bode expiatório que desviará o alvo da subversão sociopolítica para seres que não são deste mundo: as bruxas. Mulheres sozinhas, curandeiras em concorrência com os primeiros médicos formados, parteiras que sabiam tanto fazer nascer como evitá-lo, beguinas que se organizavam em comunidades autossuficientes e prestavam serviços a seus vizinhos como alternativa à instituição heterossexual da família: todas eram identificadas com instrumentos mágicos e perigosos (por exemplo, vassouras voadoras e gatos possuídos), todas eram ameaçadas com a fogueira sob a acusação de copularem com o Diabo, matarem crianças, provocarem abortos, arruinarem colheitas. A única clemência a elas concedida era serem enforcadas antes de irem para a fogueira, caso confessassem sua natureza demoníaca em julgamentos públicos custeados pelas próprias famílias das vítimas. Houve 28 tratados sobre bruxaria e como lidar com ela, tendo como referência o *Malleus Maleficarum* ("O Martelo das Feiticeiras"), publicado dois anos antes da bula papal de 1484 em que Inocêncio VIII condenava a bruxaria como a nova ameaça à cristandade. Surgem assim a figura dos demonólogos e as primeiras campanhas de misoginia que o alemão Hans Baldung divulgou com imagens assustadoras de mulheres possuídas pela força sobrenatural do demônio. A denúncia pública e a perseguição transformaram a solidão da noite na principal ameaça às mulheres, com a serpente voltando a vencer a batalha contra a mãe do Salvador.

Tem início uma longa guerra, que continua até hoje, em torno do perigo da independência das mulheres e do controle da reprodução humana. Esta, enquanto a tecnologia não a evite (para o bem ou para o mal, nunca se sabe), continua dependendo do corpo feminino, objeto de expropriação pela Igreja, os juízes, os médicos e esses novos modos de produção, as fábricas, em princípio dependentes de uma reposição gratuita de mão de obra, que não se pode deixar nas mãos das mulheres. Pouco a pouco, a maternidade irá sendo idealizada para se converter em destino obrigatório a serviço gratuito da pátria. Meninas e mulheres parirão sem descanso, umas menos, outras mais, ao mesmo tempo que se lhes proíbe o acesso às instituições educativas e, é claro, ao poder social e político. Parirão outras meninas, que logo serão mães, e meninos que não tardarão a tornar-se produtivos em troca de dinheiro, que diferentemente das terras comuns não depende mais do esforço, do clima ou dos impostos dos senhores para cobrir necessidades; é um intercâmbio no qual só uma das partes determina o valor da mercadoria. Tanto o trabalho quanto a natureza são considerados objetos sob o jugo de um sujeito dominador; o ser humano nunca foi tão dono de pessoas, natureza e essa coisa intermediária que se classificou como mulheres quanto nos anos durante os quais foi desaparecendo o regime senhoril.

# 42

## AS MÍSTICAS, BEGUINAS OU BRUXAS FORAM AS PRIMEIRAS FEMINISTAS?

"Tanto ela quanto as outras que viveram em reclusão não se submetem a nenhuma obediência e a nenhuma sujeição, mas continuam voluntariamente sua obra."

– Brígida Terrera

O fato de, nos livros de história, encontrarmos mulheres que conseguiram escapar de sua condenação por nascimento a um destino que repugnava a seu espírito e de essa repugnância constituir, fortuita ou voluntariamente, uma alternativa ou resistência a viverem dentro da normatividade de seu sexo não significa que fossem feministas. Ser diferente e viver de forma diferente não basta para se deduzir uma consciência individual voltada para combater a subordinação das mulheres na ordem patriarcal medieval. Não podemos extrapolar o conceito de sujeito individual nem de direitos pessoais inalienáveis, necessários para o nascimento do movimento político e moral do feminismo, ao Antigo Regime com sua estrutura social de classes legitimada pela divindade e por seus desígnios.

Recuperar a memória histórica das mulheres, sua importância em cada uma das etapas de nossa civilização, e romper os estereótipos sobre o papel que desempenharam no progresso da humanidade constituem, sem dúvida, uma entre as muitas tarefas do feminismo. Não obstante, o fato de as mulheres, de maneira individual e coletiva, terem sido silenciadas, apagando-se seu protagonismo anônimo ou com nome próprio, sua importância, sua resistência e seus sacrifícios na paz e na guerra, na arte e na ciência, no trabalho e no pensamento, não nos deve induzir a considerar feministas as poucas mulheres resgatadas do esquecimento, mas sim a considerar imprescindível o feminismo para reduzir os danos que a narração masculina de nosso passado geraram e continuam gerando para metade da humanidade.

A negação do passado sempre produz a sensação de impotência, de desorientação no presente, como se o caminho percorrido só tivesse sido desbravado pelos homens – e, portanto, segui-lo quisesse dizer aprender mal e tarde a projeção futura que só o saber de onde viemos permite captar. Como a história falará de nós é uma pergunta inseparável das respostas que dermos a nós mesmas sobre nosso futuro. Não podemos descartar os percursos de nossas antecessoras, do contrário as próximas gerações continuarão se sentindo inseridas em um tempo que não lhes pertence; só conquistando sua importância histórica, as mulheres garantirão seu significado presente e sua proteção futura.

Disfarçar-se de homem, esconder-se atrás de cortinas para ouvir conhecimentos negados, aprender clandestinamente e como autodidata são ações inevitáveis no apriorismo segundo o qual, desde o princípio da humanidade, nasceu igual número de mulheres e homens pensantes, e a resistência é sempre um ofício da opressão. Não: místicas, bruxas e beguinas não foram as primeiras feministas. Foram as primeiras mulheres que sofreram uma vasta campanha misógina, de ódio direto à sua condição de mulheres e não por seu poder real, que era pequeno, mas porque a desobediência, por minoritária e inócua que pareça, sempre se mostrou perigosa. É necessário apenas aguardar as condições adequadas para que a exceção se torne exemplo. Por isso, o poder e seu sistema de privilégios devem sempre se adiantar à possibilidade de que a resistência individual se transforme em luta coletiva. Ora, não há nada mais eficaz para neutralizar a transgressão privada e inofensiva (que se supunha nas parteiras, curandeiras, viúvas ou solteiras autônomas independentes de qualquer autoridade masculina mundana, pensadoras e escritoras que podiam lançar sementes de perguntas futuras) do que as investir do poder que não tinham, mas podiam gerar, e arrojá-lo contra seus iguais, homens e mulheres. O castigo da reclusão, a inviabilização ou a morte ganharam foros de mecanismos dissuasórios sistemáticos para quem ousasse imitá-las ou respeitá-las. A clausura e a fogueira serão prova de perigo, ainda que não se comprove infração alguma. Nada mais eficaz para a blindagem do poder que fabricar exemplos de ameaças, pois a ameaça de perigo difuso, e nesse caso divino, é muito mais útil para o controle social do que a infração já materializada. O medo dirigido para a identificação de um inimigo próximo, corpóreo e facilmente verificável (aqui, as mulheres) dispara a irracionalidade coletiva dos dominados, incapazes de entender de forma racional o sistema de poder que os subordina em tudo. Bruxas, beguinas e místicas serão símbolos de coesão emocional para a massa destituída de poder de organização coletiva, mas suscetível quantitativamente de se insurgir contra os poderosos quando o mal-estar social atingir o nível suficiente para detonar a subversão. Ora, esse limite é muito flexível, tanto quanto a capacidade de resistência do *statu quo* de cada momento histórico, com seus privilégios.

Deve-se levar em conta que a vida religiosa supunha talvez a única alternativa ao matrimônio como destino natural da mulher na Idade Média ou à sua dependência vitalícia de algum homem da família, caso não conseguisse se casar. Por conseguinte, os conventos acolhiam mulheres ricas e pobres que, fortuita ou voluntariamente, encontravam na causa religiosa a possibilidade de não serem esposas e mães. Embora, em teoria, a mulher pertencesse a um Deus pai e esposo ao mesmo tempo, ser de alguém do outro mundo supunha não ser de um homem do mundo real e, de certo modo, pertencer-se mais a si mesma. A cela das religiosas não era o aposento próprio de Virginia Woolf, mas, em alguns casos, propiciava solidão, tempo e espaço para que a mulher vivesse sob a respeitável consagração à reza e ao trabalho. Assim, como a maioria das mulheres mandadas à fogueira eram solitárias, pobres, mendigas, curandeiras e parteiras, isto é, distantes do modelo de mãe e esposa, as místicas buscavam os muros e os véus que lhes dessem acesso à leitura e à escrita, ferramentas valiosíssimas para a reflexão individual. Decerto, nem todas as mulheres que optavam pela vida nos conventos tinham acesso ao saber: a classe social funcionava também nas casas consagradas ao Senhor, por mais iguais que fossem seus filhos e filhas ao nascer. As mulheres de famílias prósperas podiam optar por uma vida sem privações excessivas caso sua contribuição ou seu dote de ingresso no convento lhes assegurassem esse privilégio. Assim, parece mais lógico que para elas essa fosse uma alternativa à vida conjugal ou à viuvez solitária, enquanto, no outro extremo, a carência de dote convertia a necessidade de cama e comida em vocação religiosa, que seria convenientemente cobrada.

De qualquer modo, a ameaça da formação de indivíduos distanciados da voracidade associada à classe social e ao sexo não tardou a alarmar a hierarquia eclesiástica. Ela logo proibiu os conventos mistos, existentes de forma aberta à sociedade até o século XIV, que recebiam visitas de familiares e prestavam serviços à comunidade. Na Alta Idade Média, também eram permitidos os conventos dirigidos por mulheres, de sorte que estes se converteram em um espaço de autonomia e exercício de poder autossuficiente por parte das internas.

Um fenômeno histórico sem precedentes foram as beguinarias, comunidades de mulheres organizadas em espaços autogeridos democraticamente dentro das próprias cidades. Essas mulheres renunciavam ao matrimônio e à maternidade para viver de forma independente de toda autoridade religiosa ou secular masculina. Reclusas voluntárias, chegaram a formar cidades comunais – as beguinarias –, consagrando a vida à oração e tendo como seu único mediador com Deus a leitura das Escrituras, que traduziram e transmitiram às línguas românicas. Procuraram criar uma vida alternativa à clausura ou à família heterossexual, baseada na espiritualidade ativa. Dessa forma, conseguiram erigir-se em uma autêntica assistência social: ofereciam serviços de caridade aos necessitados, acolhiam mães solteiras sem recursos, fundavam escolas para meninas pobres, as chamadas "amigas", e visitavam, aliviando seus sofrimentos, os doentes e moribundos da comunidade onde se integravam. Tampouco iria passar despercebida para o poder essa possibilidade de independência feminina, embora as comunidades estivessem à margem da sociedade, pois escapavam ao controle da hierarquia eclesiástica, e logo começaram a receber ofertas e doações testamentárias, infringindo o monopólio da Igreja. A autonomia física possibilitava o desenvolvimento de certo grau de autonomia de critério; o fato de as mulheres pensarem constituiu sempre uma ameaça ao poder, que lutou com unhas e dentes para elas não terem acesso ao conhecimento.

As beguinas viviam em comunidades independentes, ou beguinarias, declaradas patrimônio da humanidade pela UNESCO em 1998. A irmã Marcella Pattyn, falecida em 14 de abril de 2013, aos 92 anos, foi a última representante de uma das experiências de vida feminina mais livres da história. Na Idade Média, em meio à rigidez do sistema religioso, começaram a aparecer comunas dessas mulheres que para lá iam voluntariamente, tinham valores democráticos e trabalhavam para obter seu próprio sustento, além de fazer obra de caridade. Eram comunidades de mulheres espiritualizadas e leigas, entregues a Deus, mas independentes da hierarquia eclesiástica e dos homens.

Para ter acesso ao conhecimento e aos bens materiais que começavam a assumir preponderância na época mercantilista, era imperioso pertencer a uma classe social. Nada mais lógico, pois, que se quisesse condenar uma grande massa da população, as mulheres, independentemente de riqueza, classe, raça ou condição, à menoridade perpétua e à dependência da autoridade masculina. Desse modo, consolidava-se uma organização social hierárquica na qual uns homens mandam em outros homens e todos os homens mandam em todas as mulheres. A posição social destas será a posição social do homem do qual dependem: pai, marido, irmãos mais velhos... de sorte que sua individualidade só possa existir em uma relação com alguém não humano, Deus, atrás dos muros de um convento. Neste, logo se decretou que a clausura fosse obrigatória e, em qualquer caso, que ali a autoridade ficasse nas mãos de religiosos homens, pois, desde o século XIV, os conventos governados por mulheres estavam proibidos.

Parece que as mulheres medievais nunca existiram. Sobreviveram ao esquecimento os nomes de algumas rainhas, santas e damas da corte. Contudo, a metade da humanidade parece alheia à construção de catedrais, à descoberta de novas terras, à conquista de novas tecnologias e conhecimentos científicos, à evolução da normatividade religiosa, à gestação do novo mundo urbano e ao comércio, à conservação da memória histórica bem como à criação literária e artística. Fato curioso: na época em que a palavra "anônimo" aparece substituindo a autoria do legado intelectual e artístico, não se indaga o sexo das mãos e mentes que tornaram possível a luz na sombra da Idade Média. Não se pode falar de sombra sem reconhecer a luz que em toda época histórica brilha nos seres humanos que por ela transitaram com ou sem protagonismo, com ou sem nome escrito para a história (sempre narrada pelos vencedores): neste caso os poucos, em sua maioria homens, com acesso à escrita.

# V
## O FEMINISMO DA CIDADANIA: A LUTA PELO SUFRÁGIO

# 43
## As mulheres participaram da Revolução Francesa e exigiram ser cidadãs?

As mulheres sempre participaram de todos os processos revolucionários desde o início da história. A Revolução Francesa, como símbolo da queda do Antigo Regime, significou pela primeira vez, para as mulheres, a oportunidade de unir à causa revolucionária comum, que era acabar com o absolutismo monárquico, a de sua própria libertação. Os ideais ilustrados lhes forneceram as armas teóricas, que durante décadas fermentaram nos salões da alta burguesia e da aristocracia. Por isso, sua participação na luta armada não foi espontânea nem casual. As mulheres, pela primeira vez, empunharam espadas e levantaram a voz reivindicando direitos que haviam sido formulados como universais e defendendo a democracia como uma causa própria: obter a cidadania em igualdade com os homens. Embora a revolução traísse suas filhas, elas jamais deixariam de exigir a emancipação. O feminismo havia nascido com a pena e a palavra nas tribunas, a ação e o valor nas ruas.

A Revolução Francesa se alimentou das mulheres não apenas nas ruas, mas também nas tribunas. Mulheres ilustradas empunharam a pena e tomaram a palavra em público para reivindicar o direito de todas a terem direitos.

Em 1793, fundou-se a Sociedade de Cidadãs Republicanas Revolucionárias, encabeçada por duas ativistas defensoras da cidadania universal: Claire Lacombe, que ganhou o apelido de "Capitã dos Subúrbios", e Pauline Léon, feminista e socialista. Ambas, como suas compatriotas, acreditavam firmemente na Revolução Jacobina de Robespierre, que prometia o fim da escravidão nas colônias e a libertação de todas as classes na metrópole, entre as quais se encontravam as mulheres. Outra grande figura revolucionária que não hesitou em empunhar a espada e a pistola, colaborando ativamente com os jacobinos na queda do monarca absoluto, foi Théroigne de Méricourt, mulher educada na corte inglesa que passou à ação criando um clube revolucionário e fundando a Associação de Amigas da Lei, semelhante ao Clube dos Cordeliers, à qual entregou todas as suas joias para garantir a sobrevivência da entidade. Essa revolucionária apoiou o uso da violência, que ela mesma protagonizou, e defendeu a igualdade das mulheres guiada pela bússola da justiça social para os mais pobres. A "Amazona da Liberdade", como passou a ser conhecida, foi acusada de traição, desnudada e, com a cabeça raspada, espancada em público: pagou com o manicômio sua ousadia e acabou condenada ao esquecimento por sua capacidade de transgressão e sua coragem.

O solo francês parecia ter se convertido, nas últimas décadas do século XVIII, no palco obrigatório para os combatentes de ambos os sexos que queriam um mundo novo no qual tudo fosse possível, os pobres tivessem pão, as mulheres governassem, todos os seres humanos pudessem ser educados de acordo com os novos valores iluministas. Théroigne de Méricourt viajou de sua Bélgica natal a Londres e dali a Paris para abraçar a Revolução Francesa como causa de sua luta. A mesma atitude tomou Mary Wollstonecraft, a quem devemos um dos textos fundamentais do feminismo. Sem apoiar ações violentas como Théroigne, provocou grande impacto social quando se atreveu a denunciar abertamente, por escrito e nos círculos políticos masculinos mais radicais, como era inaceitável a manutenção dos privilégios dos homens sobre as mulheres, pois eles se transformavam, destronado o rei, em aristocratas tiranos dentro de sua própria família. Sua obra *Reivindicação dos Direitos da Mulher* (1792) se difundiu rapidamente, como réplica ao comportamento desapropriado dos racionalistas que tão pouco razoáveis se mostravam ao defender que tudo mudasse, menos a sujeição da mulher ao homem. Wollstonecraft pensava e escrevia com base nos mesmos pressupostos revolucionários que consagraram o princípio segundo o qual cada indivíduo só pertence a si próprio: o ser humano é sujeito da ação porque não pode pertencer a ninguém e é o senhor único dele mesmo. Não obstante, esse domínio individual será proclamado por homens para homens; as mulheres conservarão seu *status* natural de submissão porque seu sexo as prende à animalidade: elas serão fêmeas, mamíferas. A humanidade permanecerá reservada aos homens dotados de razão e, portanto, de capacidade para ser donos de si mesmos, de pertencer a si mesmos. Consequentemente, sem nenhum escrúpulo moral ou impedimento dentro da lógica do igualitarismo viril e proprietário, poderão possuir outros seres humanos: mulheres, menores de idade, escravos e escravas... ou seja, a servidão de um modo geral. Os homens manterão intocável uma esfera de poder pessoal, aquele que exerciam na família como monarcas absolutos, e isso permitirá o pleno desenvolvimento de sua autonomia. O novo Estado e suas leis protegerão a esfera privada para que só o *pater familias* tenha a possibilidade de interlocução com o novo espaço de poder pactuado.

Mary Wollstonecraft, em seus escritos, revela uma profunda indignação com a usurpação da humanidade que os filósofos do Iluminismo não hesitaram em perpetrar contra as mulheres; o contrário suporia uma verdadeira mudança da ordem social em que o público e o privado, o reprodutivo e o produtivo, além das relações familiares, teriam de ser negociados e pactuados do mesmo modo que se pactuou o sistema de governo no espaço público. Para a pensadora feminista, a questão de fundo não se limitava ao sufrágio universal, mas implicava repensar as relações entre homens e mulheres, partindo-se de sua "equipotência", na expressão de Amelia Valcárcel, e sua equivalência moral, de modo que mulheres e homens recebessem a mesma educação, fossem livres e iguais na instituição do matrimônio e participassem por igual no governo da República. Para essa fundadora do pensamento feminista iluminista, a emancipação das mulheres depende de que se lhes permita instruir-se e obter o conhecimento até agora reservado aos homens. Escreve ela:

> Na luta pelos direitos da mulher, meu argumento principal se baseia neste princípio fundamental: caso ela não seja preparada com a educação para se tornar a companheira do homem, o progresso do conhecimento e da virtude será interrompido. Com efeito, a virtude deve ser comum a todos ou não terá eficácia para influir na prática geral.

Mary Wollstonecraft aceitou, em sua vida e em sua obra, o desafio lançado pela razão iluminista, o feminismo, que algum receio deve ter despertado em seus contemporâneos porque a chamaram de "Serpente Filosófica" ou "Hiena de Saia"; mas a grosseria sempre é um recurso quando se carece da estatura intelectual para rebater argumentos.

Outra estrangeira que aderiu à causa revolucionária, a holandesa Etta Palm, criou a Sociedade Patriótica da Beneficência e das Amigas da Verdade e, diante da Assembleia Geral de 1791, discursou com total lucidez dizendo estas palavras: "Devolvestes ao homem a dignidade de seu ser quando reconhecestes seus direitos. Não deveis permitir que a mulher continue sofrendo sob uma autoridade arbitrária".

Femmes à la tribune. Déclaration des droits de la femme : Art.X : "... La femme a le droit de monter sur l'échafaud ; elle doit avoir également celui de monter à la tribune...".

As mulheres participaram da Revolução Iluminista e lutaram para que seus direitos fossem reconhecidos. Organizaram-se em associações e clubes, saindo armadas à rua porque queriam ser cidadãs sem restrições de direitos e deveres. Dois séculos e duas guerras mundiais se passariam até que suas herdeiras conseguissem a igualdade legal na França.

Pela primeira vez, a igualdade se converte em um desafio coletivo contra o privilégio masculino. As mulheres não pedem favores, mas sim apenas reconhecimento de direitos. Mulheres de todas as classes começam a lutar por intermédio das numerosas associações ou dos clubes femininos, que o ambiente revolucionário da França de fins do século XVIII permitiu proliferar (em 1793, contavam-se mais de cinquenta). Mulheres com nome próprio e centenas de anônimas falam pela primeira vez com sua voz, protagonizando a possibilidade de mudar seu destino. Pela primeira vez, emerge uma consciência coletiva emancipadora com base na mesma raiz revolucionária que declara todos os seres humanos iguais e livres em direitos. Pela primeira vez, as mulheres lutam para nascer e crescer como sujeitos históricos, que querem conquistar a individualidade negada por sua redução ao âmbito do lar e ao exercício obrigatório do matrimônio e da maternidade. Pela primeira vez, as mulheres contestam seu destino, traçado pelo poder masculino, reivindicando educação e trabalho como direitos imprescindíveis para a participação política a partir da maioridade mental e material. Pela primeira vez, as mulheres desejam lutar por seus direitos e pela revolução à qual confiaram sua salvaguarda futura. Trezentas parisienses, lideradas por Pauline Léon, reclamaram na Assembleia Legislativa seu direito a empunhar armas para defender a pátria. Os anjos do lar escondiam espadas sob as asas para defender seus voos futuros mais além do âmbito doméstico.

Foram também as mulheres que protagonizaram a grande marcha para Versalhes, quando, organizadas nos mercados, 6 mil parisienses obrigaram Luís XVI a voltar a Paris no dia 6 de outubro de 1789. Se os homens tomaram a Bastilha, as mulheres tomaram o rei e a rainha três meses depois. Camponesas, comerciantes, burguesas e aristocratas se apinharam nas ruas e participaram das assembleias, enquanto vinham à luz os primeiros textos fundacionais do feminismo, um movimento revolucionário nascido da mesma raiz do pensamento iluminista que mesclava ação e filosofia para exigir coerência a esse pensamento em seus pressupostos de universalidade. O humanismo, a democracia, o contrato social e a vontade geral não podiam deixar fora as mulheres sob pena de traição a seus princípios fundadores.

Não podiam fazer isso, mas fizeram. Logo ao nascer, o feminismo é vítima de deslealdade por parte daquele que, no papel, parecia um bom companheiro e com o qual somou forças, entregando-lhe vidas. O pensamento iluminista foi sequestrado e cerceado em sua potencialidade de mudança para as mulheres; cidadania e democracia se entrincheiraram a serviço do poder emergente da burguesia proprietária, que enrolou no torso nu de uma mulher a bandeira da liberdade para guiar o povo e, uma vez alcançado o poder, excluiu a metade desse povo do rol de privilégios da nova ordem. As primeiras leis da República falavam pela boca da nova elite, varonil, branca e proprietária, que atraiçoou o ideal de universalidade em normas que protegiam seus interesses de classe e sexo.

# 44
## O QUE ERAM OS CADERNOS DE QUEIXAS?

"Acrescentarei que, apesar das carências de nossa educação, podemos citar várias mulheres que deram a público produções úteis e brilhantes. Acaso não se viram algumas tomar as rédeas do governo com tanta prudência e previsão quanto majestade?

De que mais necessitamos para provar que temos direito a nos queixar da educação que recebemos, do preconceito que nos torna escravas e da injustiça com que somos despojadas ao nascer, pelo menos em certas províncias, do bem que a natureza e a equidade parecem dever assegurar-nos?"

– Madame B. B.

Os cadernos de queixas (*cahiers de doléances*) foram o instrumento da França absolutista do século XVIII que permitia chegarem ao poder monárquico opiniões, sugestões, agradecimentos e queixas. Desse modo, na época, a corte recebia pesquisas particulares de opinião – que obviamente não tinham nenhum valor vinculante. Havia uma seleção em um único livro para cada classe (nobreza, clero e terceiro Estado). Quando Luís XVI, em um rarefeito ambiente de mal-estar social, convoca os Estados-Gerais, que não se reuniam há mais de um século, nesses documentos aparecem pela primeira vez vozes de mulheres, a maioria anônimas ou assinadas com iniciais. Queixavam-se de sua situação: fome, dificuldade para manter empregos ou conseguir trabalho remunerado, mas também, pela primeira vez, do *status* injusto que lhes era imposto por motivo de seu sexo. As mulheres exigiam sufrágio, educação, acesso a cargos públicos, reconhecimento parental de filhos e filhas naturais e até divórcio. São, pois, as primeiras vozes a cruzar a ponte decisiva que vai da queixa à reivindicação de direitos e à abolição de privilégios masculinos. Por isso, vemos nesses escritos os primeiros passos teóricos e os primeiros propósitos de voz coletiva do feminismo. Eis um exemplo de queixa sobre a dupla moral legal relativamente ao adultério:

> O adultério da mulher, isto é, uma fraqueza quase sempre única, ainda hoje implica a morte civil. A culpada tem a cabeça raspada, é condenada à prisão perpétua, perde a capacidade de sobreviver e seu dote passa para as mãos do marido. Este, ao contrário, pode impunemente esbaldar-se na libertinagem mais desenfreada, até diante dos olhos da esposa, em casa; se quiser, manterá ali sua concubina; vive em adultério público e escandaloso, mas a mulher não tem direito a queixar-se, pois a lei não lhe permite levar sua causa ao tribunal. Ela só pode ser acusada, nunca denunciar.
>
> – *Queixas e Denúncias das Mulheres Malcasadas*, 1790

Mas como as mulheres conseguiam tomar consciência de sua discriminação em uma férrea sociedade patriarcal em que a classe condicionava o pensamento e as aspirações de seus membros? Simplesmente porque, nesse momento histórico único, o peso da classe era maior que o do sexo. Nem a nobreza, nem o clero nem a plebe haviam alcançado ainda poder suficiente para lutar contra o monarca absoluto; não bastasse isso, ao mesmo tempo essa normatividade de classe começava a diluir-se pelo surgimento de uma burguesia incipiente, com poder econômico real, e de profissões liberais nas cidades, cada vez mais importantes. Nos anos finais da Baixa Idade Média, nobreza e clero desfrutavam de um relativo bem-estar físico, de tempo livre e de acesso às obras e à cultura da Antiguidade, conservadas em palácios e mosteiros. Chegado o momento, parte dessas classes minoritárias e privilegiadas, juntamente com a nova aristocracia do dinheiro (a alta burguesia, que não hesitou em associar-se a títulos arruinados, mas respeitados), geraram e precipitaram a Revolução Iluminista, processo no qual estiveram presentes as mulheres. Com efeito, damas nascidas ou acolhidas na corte, religiosas que contribuíram economicamente para a manutenção de mosteiros e beguinarias, proibidos mas sobreviventes em uma clandestinidade tolerada, assim como mulheres de condição ambígua (professoras, governantas, damas de companhia etc., que não se haviam casado, mas conquistaram um certo nível de formação e autonomia física) obtiveram, graças ao vazio de autoridade direta do pai ou do marido, ou mesmo incentivadas por estes, formação nas artes e ciências clássicas. Apesar das zombarias de Molière, existiram então, como ao longo de toda a história, mulheres cultas, escritoras profissionais, consultoras de assuntos de Estado, artistas e sábias. O fato distintivo talvez seja sua tolerância e mesmo sua defesa por parte de alguns homens poderosos, que cultivaram a amizade dessas mulheres e naturalizaram sua presença e sua influência em uma época de acirrado debate sobre a direção da sociedade e o lugar de seus membros.

As mulheres, durante o Renascimento, se dedicaram durante décadas à arte da palavra; os salões de damas ilustres se transformaram em locais de debate e intercâmbio entre homens e mulheres. Tertúlias literárias, reuniões de intelectuais e artistas da época contaram com anfitriãs famosas, que aproveitaram bem esse pequeno espaço de pensamento e cultivo da palavra propiciado pela transição da Baixa Idade Média à modernidade. Foi silenciado, apesar de sua característica principal ser a eloquência, um movimento que gestará as ideias e a ação revolucionária posterior em benefício das mulheres, um movimento que jamais apareceu nos livros de história, o "movimento das preciosas", situado no Barroco europeu, que pela primeira vez permite, no seio da alta sociedade, a existência de uma coabitação intelectual produtiva entre mulheres e homens. Célebres anfitriãs da intelectualidade iluminista como madame d'Épinay, amiga influente de Diderot; madame de Tencin; madame Necker e sua filha madame de Staël; madame du Châtelet, amiga de debate de Voltaire, juntamente com madame de Lespinasse e madame Geoffrin, constituíram epicentros de questionamento da inferioridade moral e intelectual de seu gênero. A mistura dos sexos, que tantos esforços e décadas custou e continua custando ao feminismo, sendo um pressuposto da coeducação, existiu em algumas bolhas concretas; poucas, mas decisivas durante um breve período de transição, suficiente para gerar uma consciência coletiva entre as mulheres e alguns homens da época sobre sua condição de sujeitos e seu direito à participação política. Personagens do porte de Olympe de Gouges ou Théroigne de Méricourt, com seu pensamento e sua vontade inquebrantável de ação, não nascem espontaneamente. Toda mudança de paradigma, supondo um movimento nas constelações que guiaram as ideias das gerações anteriores, precisa de um microclima propício para que surjam pioneiras e pioneiros convictos e empenhados em convencer, que se dediquem ao afã de tornar possível o pensável, de fazer nascer, crescer, amadurecer e disseminar uma nova cosmovisão da realidade que antes haviam questionado.

A misoginia da Baixa Idade Média, apoiada por intelectuais de renome que chegaram até a defender a morte de bruxas na fogueira, transcorreu paralelamente a espaços onde se cultivava a amizade alimentada pelo amor ao conhecimento e onde foi possível que homens e mulheres, damas e cavalheiros da época falassem e se escutassem mutuamente, valorizando-se uns aos outros. Foi um momento decisivo, no qual as mulheres da classe alta tiveram acesso à cultura e às obras mais relevantes da época. A instituição acadêmica ainda não havia estabelecido restrições e, embora fossem poucos, quase todos homens, os que alcançavam o saber, algumas mulheres aproveitaram sua posição social para estudar e, sobretudo, para refletir sobre sua condição.

Foram necessários uma revolução e o peso dos valores iluministas para que as mulheres parassem de se queixar e começassem a exigir o reconhecimento de serem tão humanas quanto os homens. Fizeram, pois, isso com suas próprias palavras, ideias e sobretudo ação. A razão não tinha dono e muito menos sexo. Poulain de la Barre, no século XVII, seria o primeiro feminista ou o primeiro iluminista igualitário, democrata e coerente com o princípio de universalidade dos tempos modernos.

As mulheres iluministas também não se resignaram a ficar excluídas das lojas maçônicas, associações prestigiosas com controles estritos de seleção de seus membros. A Candor foi uma famosa loja de adoção, fundada em 1775, pelo marquês de Saisseval, para mulheres, da qual seria grã-mestra a duquesa de Bourbon, sucedida pela princesa de Lamballe em 1780, pela própria imperatriz Josefina em 1805 e outras damas ilustres, entre elas madame de Villete, amiga de Voltaire e membro da loja das Nove Irmãs.

O importante é que podemos falar de toda uma tradição de reflexão e debate, conhecida como "Querela das Damas", por ocasião das primeiras luzes renascentistas. Quando eclodiu a Revolução, as mulheres europeias contavam com elites formadas e cultas, preparadas para integrar os valores iluministas, delatar os ladrões de sua universalidade e mobilizar o resto das mulheres por uma causa comum: a emancipação de seu sexo. Nesse contexto é que devemos situar os cadernos de queixas. As mulheres têm, pela primeira vez, objetivos próprios de mudança social, reivindicações só delas e para elas; estão preparadas para adquirir direitos e ser livres, querem sê-lo; porém, os homens iluministas que acabaram orientando os passos da revolução não seguiram o mesmo caminho.

Os cadernos de queixas não ficaram alheios à polêmica. A história oficial os sepultou e, quando foram resgatados do esquecimento, duvidou-se de sua autoria, pois muitos eram anônimos ou só estavam assinados com iniciais. É certo que a escrita era um saber recente, a que tinham acesso pouquíssimos indivíduos na França de finais do século XVIII, e nesses cadernos se recolhiam as petições de camponeses analfabetos que seguramente seriam escritas por uma burguesia desejosa de remover o monarca absoluto. Entretanto, não é despropositado supor que as mulheres contavam com representantes cultas que bem poderiam expressar o sentimento de todo o seu sexo, refugiando-se no anonimato porque, como observou a autora de *Reivindicação dos Direitos da Mulher*, Mary Wollstonecraft, as francesas desdiziam na alcova o que demandavam nas ruas. Esse era o teor de muitas cartas que as mulheres intelectuais da época trocavam entre si, petições, projetos de lei, discursos e reflexões que requeriam o espírito de representação da condição de seu sexo. Isso supõe um salto qualitativo da reflexão individual para a luta coletiva. Mademoiselle Jodin dedica seu *Projeto de Legislação para as Mulheres Dirigido à Assembleia Nacional* "ao meu sexo, pois nós também somos cidadãs". Da mesma forma, são eloquentes as palavras de Mary Wollstonecraft: "[...] advogo por meu sexo e não por mim mesma. Há muito tempo que considero a independência a grande bênção da vida, a base de toda virtude".

Cerimônia de iniciação em uma loja maçônica feminina. Candor, Contrato Social e Clio são três famosas lojas de adoção (fundadas por homens e dirigidas por mulheres, as grã--mestras). À última pertenceu Catarina II, da Rússia, que entretanto decretou medidas contra a maçonaria em 1794.

Não obstante, em um clima cada vez mais conflituoso de luta e divisão do poder, as mulheres organizadas em centenas de associações por toda a Europa começaram a parecer uma ameaça ao monopólio masculino da cidadania. Isso explica por que alguns cadernos de queixas de mulheres foram manipulados para descrédito de suas autoras. É o que pensa Alicia Puleo sobre *A Petição das Damas à Assembleia Nacional*, em que se defende o direito de usar calças, hábito ridicularizado pela propaganda misógina da época, que o usava contra as feministas, além de insinuar a superioridade do sexo feminino, o grande fantasma da igualdade desde a Roma clássica, quando Marco Pórcio Catão advertia: *"Extemplo simul pares esse cœperint, superiores erunt"* ("Tão logo comecem a ser iguais, serão superiores"). O poder construído sobre a força mantém fracos os que, em liberdade e com recursos, poderiam crescer e fazer-se fortes. Ele sempre precisará da violência para manter a máscara dos que se sabem medíocres e o ocultam, dos que vivem dissimulando o medo da carência de autoridade, pois esta só pode nascer do mérito que nos escolhe como os melhores para determinadas tarefas em uma comunidade de iguais reconhecidos e capazes de reconhecer o valor da dignidade, e não do orgulho. Nas palavras das próprias revolucionárias:

> Homens perversos e injustos! Por que exigis de nós mais firmeza do que vós mesmos tendes? Por que nos sujeitais à lei da desonra quando, com vossas manobras, soubestes nos tornar sensíveis e conseguistes que não o confessássemos? Que direito vos assiste de pretender que precisamos resistir às vossas alucinantes impertinências quando vos falta a coragem de pôr freios às vossas próprias paixões? Ah, semelhante preconceito é sem dúvida indigno de uma boa constituição; escandalizaria uma nação menos frívola e mais consequente em seus princípios. Se os dois sexos "foram formados do mesmo barro", "experimentam as mesmas sensações", "são prova de que a mão do Criador nos fez um para o outro", "adoram o mesmo Deus", por que é necessário que a lei não seja uniforme para eles?

> – Alicia Puleo, *O Iluminismo Esquecido. A Polêmica dos Sexos no Século XVIII*, 1º de junho de 1789.

# 45

## POR QUE ROUSSEAU NEGOU A RAZÃO ÀS MULHERES?

"Dia virá em que os homens eminentes que sustentam a incapacidade intelectual da mulher serão citados como prova do tributo pago às vezes pelas grandes inteligências e se lerão seus escritos com o assombro e o desconsolo com que vemos, nos de Platão e Aristóteles, a defesa da escravidão."

– Concepción Arenal

Como bem nos lembra Celia Amorós, uma leitura feminista das ideias iluministas em seu despertar deve repelir o argumento vazio, mas persistente, de que a elite intelectual masculina eram homens de seu tempo e, portanto, não se pode exigir deles a transgressão dos valores patriarcais. O célebre Rousseau, grande igualitarista, elaborou toda uma teoria sobre o sujeito civil, sua autonomia individual, sua capacidade de autogoverno por intermédio da cessão dessa autonomia no chamado contrato social para a formação da vontade geral. Além disso, atreveu-se a contestar os imperativos morais e políticos do Antigo Regime, com todos os seus pressupostos de apanágio e privilégios de sangue. No entanto, o mesmo célebre Rousseau, quando abordou a emancipação das mulheres, optou pela continuidade com base em sua condição de homem privilegiado, exigindo que tudo mudasse, exceto a situação daquele que em seus escritos denominou galantemente o "belo sexo".

Sofia, símbolo em Rousseau da feminilidade, não tem vontade própria. Sofia são todas as mulheres, todas idênticas. Como observa Amelia Valcárcel, nem ela nem, consequentemente, sua educação e seu papel social lembram Emílio, representante de cada homem individual e livre. Daí a necessidade do contrato social, que pressupõe autonomia de vontade e legitima, subscrita em liberdade e capacidade, a obediência às leis, filhas da vontade geral. As mulheres não têm o que contratar, pois não são donas de sua vontade: seu governo será o do pai ou o do marido; seu destino, o de filha, esposa e mãe. O homem moderno nasce com a necessidade expressa de uma mulher pré-moderna. Por isso, os insignes pensadores iluministas nem sequer se deram o trabalho de refutar, com argumentos racionais, o pensamento igualitário das feministas de seu tempo, que o defenderam nas tribunas e nas ruas, em voz alta e por escrito, até o cadafalso, o cárcere, o desterro ou o manicômio. Os iluministas, em seus escritos, não perguntaram se as mulheres deviam fazer parte da cidadania e se a resposta impugnava os princípios da teoria democrática ou não; foi bem mais eficaz criar e justificar um *status* para certos seres humanos cuja condição natural (sexo, raça, carência de propriedades) os definia como ineptos para a liberdade. Assim, a liberdade nasceu limitada porque, caso contrário, o desenvolvimento coerente de sua potencialidade se voltaria contra os interesses de seus progenitores, uma elite bastante restrita que não podia se expor a uma vontade verdadeiramente universal, a um contrato social para o qual concorresse com o mesmo valor a vontade de cada habitante decidido a ter um governo para o povo e com o povo.

Em consequência, podemos afirmar que nossos sistemas democráticos são fundados, paradoxalmente, no temor dissimulado e, ao mesmo tempo, manifesto em suas restrições participativas, à sua própria natureza impregnada da pólvora da igualdade. Cumpria, pois, proteger o novo sistema institucional de fagulhas que fizessem saltar pelos ares os novos privilégios. O grito de liberdade e igualdade se submeterá, em sua descida à realidade, a uma forte dependência de relações de dominação – e entre elas a mais poderosa, sem dúvida, será a masculina. Os escravos e escravas podem ser substituídos por operários e operárias, mas o espaço doméstico e a dedicação gratuita à reprodução da espécie, bem como o cuidado da família, só cabem às mulheres, gratuita e abnegadamente, sempre e quando acabem aceitando como "destino privilegiado" a jaula de vidro substitutiva de direitos. De dentro dela, verão o mundo sem intervir, exceto em seu destino natural: ser esposas e mães. O homem nascido da modernidade se proclamará livre e autônomo por sua condição de ser racional, mas erigirá essa autonomia sobre uma dependência invisível, controlada. Com efeito, a cidadania viril exige, para seu exercício na esfera pública, que as mulheres não obtenham a mesma individualidade e apenas se identifiquem com a manutenção da vida, sua reprodução e o cuidado. As mulheres serão uma massa homogênea, todas idênticas entre si, competindo umas com as outras para ser escolhidas segundo os cânones de beleza de cada época (a mais bela e mais jovem, nas histórias infantis), enquanto os homens só serão idênticos a si mesmos, destroçando o destino classista do Antigo Regime, condição *sine qua non* para sua liberdade.

Poulain de la Barre dedicou um tratado à defesa da razão contra o preconceito, citando e deslegitimando as teses que sustentavam a inferioridade física e moral das mulheres. Sua obra anterior à Revolução será refutada por Rousseau e alimentará o primeiro feminismo iluminista.

Assim, a mulher carece de vontade própria – e aqui começa a incoerência dos grandes teóricos do Iluminismo, bem como a amputação da memória dos pensadores e pensadoras que não renunciaram a ela. Rousseau, Voltaire, Locke e Montesquieu romperam com sua época, que os submetia como homens e lhes negava a condição de indivíduos irrepetíveis, capazes de se autogovernar; mas se mostraram também conservadores em se tratando dos privilégios de seu sexo, os quais eles defenderam fora da lógica da razão que os proclamava livres.

Poulain de la Barre, discípulo de Descartes, escreveu *De l'Égalité des Deux Sexes, Discours Physique et Moral où l'on Voit l'Importance de se Défaire des Préjugés* ("Sobre a igualdade dos sexos, discurso físico e moral sobre a importância de se desfazer dos preconceitos"), de 1763. Ele teve a coragem pessoal e a lucidez intelectual de considerar a inferioridade das mulheres um preconceito ancestral. Demonstrou em suas argumentações que a superação dos estereótipos e crenças não depende tanto da força da razão, pois estamos no terreno do automatismo emocional e da irracionalidade naturalizada, quanto do esforço constante da vontade, que habitualmente é movida por recompensa e castigo. Explica-se assim a dificuldade de debelar o preconceito nas relações entre os sexos, pois o efeito imediato de reconhecer as mulheres como sujeitos civis iguais aos homens pressupõe a perda de poder de cada homem sobre as mulheres que ele domina e o desaparecimento de seus privilégios materiais e simbólicos.

A Revolução Francesa ensejou a primeira reivindicação de cidadania igualitária para ambos os sexos. Olympe de Gouges, em sua *Declaração de Direitos da Mulher e da Cidadã* (1791), defendeu o acesso e a participação política de homens e mulheres. Apesar do título no feminino, esse não foi um texto complementar à *Declaração de Direitos do Homem* de 1789, mas um projeto emancipatório universal e compartilhado. O artigo primeiro rezava: "A mulher nasce livre e permanece igual ao homem em direitos. As distinções sociais só se podem fundamentar na utilidade comum". Olympe de Gouges não exclui os homens da cidadania, equipara-os às mulheres; mas, diferentemente da declaração de 1789, alude a distinções sociais, conceito mais amplo que as distinções civis, que requerem o prévio *status* de cidadania sancionado pelos iluministas em termos muito restritos, e sustenta que elas só se justificam pela utilidade comum, de novo ampliando à comunidade, e não só aos cidadãos, a projeção dos direitos e seus limites. Não há aqui distinção entre espaço público (reservado aos homens) e espaço privado (que se começa a atribuir às mulheres), oposta ao conceito de utilidade pública, contemplado pela declaração oficial. Esse texto vitorioso implicou, paradoxalmente, a derrota das mulheres porque com ele se iniciará a modernidade despojada de seu atributo fundador: a universalidade. A cidadania ficará circunscrita à esfera pública e as mulheres ao âmbito privado ou doméstico, deixando sem luz a interseção de ambos, esse espaço de exercício material dos direitos: o espaço social.

A razão iluminista não nasceu androcêntrica, mas, na luta para que seu sujeito civil não tivesse sexo, foi derrotada pelo preconceito patriarcal, embora não vencida. A partir desse momento, a evolução do pensamento iluminista não poderá evitar o confronto com a coerência de entender a razão como qualidade inerente a todo ser humano: homens e mulheres. O feminismo insistirá, desde então até hoje, em denunciar o preconceito que arma os argumentos de exclusão contrários à mesma lógica que permitiu o discurso democrático e a organização do espaço público ocupado por sujeitos iguais. Poderíamos concluir, após a codificação napoleônica e a legalização da perpétua menoridade das mulheres, que a ordem nascida da modernidade é androcêntrica, mas a existência dessa ordem e sua essência discutível é o que permitirão a mudança social. Nas palavras de Celia Amorós, se nos negarmos a condição de sujeito racional constituinte porque a qualificamos de masculina, sancionaremos a coerência de nossa exclusão e abandonaremos a possibilidade de alternativas emancipatórias coletivas.

O filósofo, político e cientista iluminista Nicolas de Condorcet não poderia ser mais claro quando perguntava repetidamente a seus contemporâneos: "Existe acaso prova mais contundente da força do hábito, inclusive nos homens esclarecidos, que ver como se invoca o princípio de igualdade de direitos em favor de 300 ou 400 homens, antes discriminados por um preconceito absurdo, e se esquece desse mesmo princípio com respeito a 12 milhões de mulheres?" E respondia: "Portanto, essa exclusão é um ato de tirania. Para que não o fosse, seria necessário fundamentar um dos seguintes preconceitos: ou as mulheres não têm os mesmos direitos naturais ou, mesmo tendo-os, não são capazes de exercê-los" (*Sobre a Admissão das Mulheres ao Direito de Cidadania*, 1790).

Precioso momento histórico perdido para sempre é o da Revolução Francesa, com homens e mulheres convencidos de que se podia criar uma sociedade onde ambos os sexos conviveriam em paz e igualdade de direitos! Que as mulheres contassem com as mesmas possibilidades vitais dos homens deixava indubitavelmente sem álibi quem teria de abandonar seus privilégios e ser consequente com aquilo que em tão altas vozes defendia nas tribunas. E haveria melhor recurso que a irracionalidade do preconceito, como já prevenira Poulain de la Barre, para manter em segurança uma superioridade transversal, a dos homens sobre as mulheres? A descriminalização do adultério feminino, a possibilidade de divórcio, a livre escolha do marido, o desempenho de qualquer tipo de profissão e o acesso ao conhecimento sem distinção de sexo assustavam demais os homens autossuficientes, impedindo a eclosão do verdadeiro humanismo e deixando para trás a metade dos seres humanos que ele vinha dignificar.

# 46

## AS NORTE-AMERICANAS FICARAM MAIS LIVRES DEPOIS DA DECLARAÇÃO DE INDEPENDÊNCIA EM 1776?

A Guerra das Treze Colônias pela independência foi uma guerra de homens contra homens na qual as mulheres desempenharam um papel fundamental, como em todos os processos revolucionários e contendas bélicas, mas não coexistiu, como na França, com um processo de luta das mulheres por sua emancipação. Mulheres e escravos de ambos os sexos continuariam em sua condição colonizada, os últimos na mais absoluta desumanização, mas algo aprenderam da possibilidade de conquistar a liberdade quando para isso se está preparado.

As revolucionárias europeias lutavam contra o absolutismo de um monarca de direito divino e, com os mesmos argumentos, contra a tirania dos homens sobre as mulheres, também de direito divino ou lei natural. Sabiam que, caso não lograssem aceder à cidadania, sua presença, sua participação e seus sacrifícios na luta revolucionária seriam esquecidos quando a fumaça da batalha se dispersasse e elas fossem de novo convocadas para outras fileiras, as fileiras do contrato sexual que Carole Pateman, em pleno século XX, denunciaria argutamente. As mulheres deviam voltar-se ao casamento, à reprodução e à administração do bem-estar da família no novo modelo econômico que mitificou a feminilidade burguesa, passando por alto as proletárias das fábricas e minas, as empregadas domésticas, as comerciantes, costureiras, professoras, governantas, intelectuais, cientistas, escritoras, artistas, escravas, prostitutas... Todas estas se desviavam do caminho a seguir, o caminho do anjo do lar.

Do outro lado do Atlântico, o opressor era o "Estado-pai britânico", do qual suas treze colônias queriam romper toda dependência e fundar um

Estado próprio, um Estado de Estados que precisou da força aglutinadora de todos os habitantes para começar sua jornada histórica com base em um sentimento de adesão inspirado pelo sacrossanto direito à propriedade. Possuir é possuir-se, por isso defender as propriedades equivale a salvaguardar a pessoa, o sujeito, o cidadão identificado como proprietário. É evidente que, durante a guerra de Independência, a era dos grandes Pais, os nascentes Estados Unidos tiveram de enfrentar a construção de um sentimento de identidade que se superpusesse ao sujeito iluminista europeu, já dotado de uma tradição nacionalista patriótica que devia mudar de ordem, mas não começaria do zero. É preciso levar em conta que toda consciência patriótica requer símbolos irracionais a serem partilhados, não com base na individualidade racional, mas na equiparação das oportunidades ao simples título de propriedade da nacionalidade americana. Esta será elaborada a partir do zero e cosida em treze barras, brancas e vermelhas, e em treze estrelas de cinco pontas sobre fundo azul pela famosa Betsy Ross, como poderosa imagem de uma causa comum de conteúdo negativo: não continuarem os habitantes na condição de servos (servas) dos ingleses e, a partir dessa negação, realizarem uma afirmação que irá adquirindo sentido: serem americanos ou americanas, amarem a América e defendê-la como se defende a família, valendo-se do direito de empunhar armas caso ataquem o que lhes disseram que lhes pertence – não tanto o direito de decidir o próprio destino, mas de ser feliz (diferença importante).

Nesse nascimento, as mulheres abraçaram a causa patriótica e não se opuseram a seus novos Pais Fundadores: George Washington, Benjamin Franklin, Thomas Jefferson e John Adams, entre outros. Mas vale assinalar: deu-se como ponto pacífico que a vida, a liberdade e a busca da felicidade foram declaradas por homens para homens, embora as mulheres mantivessem a economia do país a todo vapor enquanto os homens faziam a revolução. Muitas delas participaram das batalhas como esposas, seguidoras dos acampamentos e até como combatentes. Deborah Sampson resolveu disfarçar-se de homem e lutou durante mais de sete anos na quarta companhia do regimento de infantaria de Massachusetts, com a falsa identidade de Robert Shirtliff. Ferida em combate em várias ocasiões, teve de lutar na volta à vida civil por uma pensão militar de invalidez que lhe permitisse levar adiante a criação de seus filhos e a manutenção de sua fazenda. Esse direito nunca fora reconhecido a uma mulher; mas a uma mulher também nunca se dera permissão para combater. Os fatos consumados se superpuseram ao direito e Deborah obteve sua pensão – bem como o esquecimento histórico imposto às mulheres que não costuram bandeiras nem acompanham os maridos para que, em campanha, não precisem procurar sustento, afeto, sexo e roupa limpa.

Porém, não era só na frente de combate que se desenrolava a guerra: a participação das mulheres foi decisiva também para arrostar a carestia e o desabastecimento dos produtos de primeira necessidade devido ao boicote britânico. Talvez nem soubessem que estavam demonstrando capacidade de organização e subsistência sem homens que as protegessem. Muitas décadas se passarão até que a independência se converta em causa própria para as americanas, mas o caminho estava aberto. Existem testemunhos privados como a carta de Abigail Adams a seu marido John Adams, na qual ela se mostra irritada com a condição de subordinação das mulheres num momento em que tanto estas quanto os homens arriscavam a vida pela liberdade. Também foi registrada uma menção pública às liberdades das mulheres no documento de 1641 intitulado "As Liberdades de Massachusetts". Talvez não se possam pôr em circulação os sentimentos e valores de independência ou liberdade sem que estes contemplem toda a sociedade que contribuiu para torná-los realidade. O importante é, sem dúvida, que nada permaneça igual quando se abala em profundidade um sistema político e moral, como ocorreu em 1776 no processo de independência das treze colônias. Começa a tecer-se uma aliança contra a exclusão de direitos do primeiro constitucionalismo norte-americano, que unirá escravos e escravas a mulheres brancas de todas as classes. Somados, eles serão muitos, bem mais que os homens brancos, protestantes e ricos; a mecha da liberdade não tardaria a incendiar os fortes construídos em torno de uma maioria de população oprimida.

Molly Pitcher acompanhou seu marido à frente de combate durante a guerra de Independência dos Estados Unidos. Esposas de soldados e mulheres voluntárias proporcionaram alimentação, roupa limpa e primeiros socorros aos combatentes. Além disso, carregavam água em plena batalha, tanto para os soldados quanto para o resfriamento dos canhões. A história de Molly Pitcher provavelmente representa a participação negada às mulheres na primeira linha de fogo. Ela não hesitou em manejar o canhão quando uma bala matou seu marido, em plena batalha de Mouthmount, em 1777, mantendo-se firme até a vitória.

Para tanto, os salões da aristocracia europeia e as congregações religiosas femininas que permitiram o surgimento de uma elite de mulheres cultas, prontas a contestar sua condição de subordinação a um poder masculino, serão substituídos nessa parte do mundo pelo florescimento de uma religiosidade plural, menos hierárquica que a europeia e nascida da reforma protestante. A nova doutrina, exigindo uma relação direta entre o crente e a divindade, propiciará a extensão da alfabetização básica à maioria da população, que tinha o dever de ler e interpretar os textos sagrados. Os novos valores democráticos, sustentáculos do processo de independência, se tornarão acessíveis a mulheres de todas as classes e condições. Talvez por isso, a primeira pedra do edifício emancipatório feminista terá como cenário uma pequena paróquia quacre, com seus fiéis – mulheres, mas também homens – cantando no coro. Amelia Valcárcel observa que a luta pela autonomia individual das mulheres necessita, paradoxalmente, de um "nós" e esse "nós" será aqui propiciado pelo triunfo da autonomia diante da colonização e da institucionalização dos valores políticos e econômicos liberais, no contexto da reforma protestante.

# 47
## QUE MANIFESTO REVOLUCIONÁRIO, APROVADO EM 1848, MUDARIA A VIDA DE MILHÕES DE MULHERES?

"DECIDIMOS: é dever das mulheres deste país assegurar-se o sagrado direito ao voto."

– Declaração de Sentimentos

O século XIX é o século das revoluções. O Ocidente começa a percorrer o caminho, não sem encruzilhadas e labirintos, dos valores iluministas. A liberdade, a igualdade, a fraternidade e a busca da felicidade se insurgem contra a dinâmica de exclusão das elites político-econômicas dos Estados nacionais emergentes. O progresso tecnológico e das comunicações permite a mobilidade das pessoas e, com ela, a circulação de ideias humanistas, de diferentes formas de vida, de novos sentimentos, de sonhos de bem-estar material, de possibilidade de autonomia individual e, sobretudo, de causas políticas transfronteiriças nascidas de situações de subordinação comuns. O triunfo individual e a responsabilidade social começam a impor-se à resignação do vale de lágrimas católico, que se vê pouco a pouco relativizado por uma laicização progressiva, imprescindível ao desenvolvimento científico e à consolidação da democracia, um precário sistema de governo que contém grandes promessas para este mundo e, graças ao qual, pela primeira vez, ao menos na teoria, o poder pertence a todos e não é lícito a uns poucos se apropriarem dele em virtude do direito divino.

A escolhermos um ano para este século de profundas mudanças, seria seguramente 1848, o ano das revoluções e do Manifesto Comunista de Marx e Engels que lançaria a semente da luta por uma nova ordem. Sem embargo, deveríamos gravar 1848 na história da humanidade por outro acontecimento que afetaria de forma direta milhões de pessoas, embora sua vitória, após obstinada luta de palavras, manifestações, desobediência civil e sacrifício pessoal de três gerações, só fosse alcançada mais de setenta anos depois.

A 19 e 20 de julho de 1848, o jornal local de uma cidadezinha têxtil a oeste de Nova York chamada Seneca Falls convocou uma reunião oficial a que primeiro assistiriam apenas mulheres e no dia seguinte, o público geral para debater sobre a situação jurídica, política, social e religiosa de mais da metade da população americana: as mulheres, que as responsáveis pela convocação decidiram representar. Como todo acontecimento histórico, decisivo para uma virada no futuro coletivo, essa reunião aparentemente modesta respondia a um longo processo de gestação no qual as protagonistas, chegado o momento, decidiram converter o trabalho de conscientização e luta de décadas em um lance de efeito público. As americanas, alimentadas pelos próprios valores da Declaração de Independência e curtidas nas lutas da oratória e da participação pública graças a uma igreja independente da hierarquia masculina clerical, decidiram proclamar ilegítimas todas as leis que ignorassem sua condição de cidadãs livres. Se a Declaração de Independência ancorava sua legitimidade no direito natural de ninguém se submeter a um poder não eleito livremente, as pioneiras e fundadoras do primeiro feminismo norte-americano exigiram a extensão coerente desse princípio a todas as mulheres, como condição existencial e princípio constituinte do novo sistema político democrático, pois estavam convencidas previamente de que eram tão filhas da América quanto seus irmãos, maridos e pais.

Após três anos de luta solidária para a abolição da escravidão, as norte-americanas firmaram em uma pequena capela um documento consensual para corrigir a discriminação da primeira redação da carta magna dos Estados Unidos. Ali, 68 mulheres e 30 homens assinariam a "Declaração de Sentimentos", também conhecida como Declaração dos Direitos e Sentimentos – primeiro programa feminista liderado por Elizabeth Cady Stanton e Lucrecia Mott, que não se contentavam com a conquista de seu objetivo: ampliar a legalidade vigente para ser aplicada igualmente a mulheres e homens.

Essa declaração pressupunha uma denúncia pública e, de novo, tal como em sua hora as revolucionárias francesas compararam o poder dos homens sobre as mulheres à tirania da nobreza sobre o povo, as norte-americanas redigiram 31 denúncias contra sua situação moral, social e política, identificando a opressão que sofriam com a do Império Britânico, há pouco combatida na Guerra de Independência. De fato, a Declaração de Independência de Jefferson e a consagração dos direitos inatos de todo ser humano à vida, à liberdade e à busca da felicidade serviram de marco teórico legitimador para a redação do documento fundacional do ativismo feminista norte-americano, que considerou esses direitos naturais também para as mulheres, as quais deviam ser protegidas pelo governo, não por seus pais e maridos.

A Declaração de Seneca Falls compõe-se de doze "decisões". Sua difusão foi imediata e ela se transformou em documento-chave que aglutinou em todo o país os movimentos pela igualdade entre os sexos, até então desarticulados. Apela-se aí para a legitimação da lei natural como fundamento de uma profunda reforma legal e constitucional, por uma nova interpretação das sagradas escrituras que permita às mulheres orientar a moralidade de suas congregações. Estamos falando do primeiro programa feminista a incluir objetivos claros. As norte-americanas, nas palavras de Amelia Valcárcel, se esforçaram para converter a igualdade em liberdades concretas, em poder e não em poder fazer, em suma, em decidir individualmente por meio da legitimidade do "nós, mulheres": poder votar, poder educar-se, poder governar, poder decidir sobre a maternidade, poder ganhar a vida com o fruto do próprio trabalho, poder se casar, poder não se casar, poder se divorciar – e que tudo isso fosse ponto pacífico, sem outra justificativa que a integração ao mesmo gênero, o gênero humano. Nesse sentido aprovaram por unanimidade, entre outras, as seguintes declarações:

DECIDIMOS: que todas as leis que impedem a mulher de ocupar na sociedade a posição ditada por sua consciência ou a situam em uma posição inferior à do homem são contrárias ao grande preceito da natureza e, portanto, não têm nem força nem autoridade.

DECIDIMOS: que, embora o homem pretenda ser superior à mulher intelectualmente, mas admita que ela o seja moralmente, é seu dever imperioso animá-la a falar e pregar em todas as reuniões religiosas.

DECIDIMOS: que, na mesma proporção, os atos de virtude, delicadeza e refinamento que se exigem da mulher na sociedade sejam exigidos do homem, assim também que as mesmas infrações sejam julgadas com igual severidade em relação tanto ao homem quanto à mulher.

No dia seguinte, os jornais consideraram escandalosa e ridícula a "Declaração de Sentimentos", afirmando que suas seguidoras eram loucas, desnaturadas ou mesmo solteironas despeitadas e amarguradas. Liberais e republicanos cerraram fileiras, temerosos da entrada das mulheres no cenário político, o que sem dúvida acarretaria também a perda de poder na esfera privada.

Não obstante, haviam nascido um sonho, um objetivo e uma ambição que não refluiriam até ser conquistados. Fundou-se a Associação Nacional pelo Sufrágio da Mulher (NWSA), liderada por Elizabeth Cady Stanton e Susan B. Anthony. O caminho não foi fácil, elas adotaram a estratégia de lutar pelo voto feminino em todo o país, indo de Estado a Estado para abrir brechas. Lucy Stone chefiou essa última luta e criou a Associação Americana pelo Sufrágio da Mulher (AWSA). Em ambos os grupos, a batalha se baseou em força sem violência física, gota a gota se agregando em uma tempestade coletiva para erodir a pedra de um sistema político e uma moralidade usurpadores do princípio da universalidade. As integrantes da frente pacifista feminista deviam (e queriam) voltar todas as noites para casa a fim de dormir e manter a família que haviam formado com seus adversários políticos, adversários e amantes, maridos, amigos íntimos, pais e irmãos, aos quais hipotecavam fidelidade e amor, mas dos quais exigiam o reconhecimento de seu direito a ser livres e decidir sobre suas próprias vidas, tanto quanto sobre o destino da nação que as havia menosprezado como cidadãs.

Elizabeth Candy Stanton (1815-1902) e Susan B. Anthony (1820-1906) fundaram a Associação Nacional pelo Sufrágio da Mulher (National Woman Suffrage Association), primeira associação feminista dos Estados Unidos. Era independente de partidos políticos e movimentos de reforma.

Talvez devido ao inevitável conflito da luta contra os homens em geral, enquanto tiranos em sua posição coletiva de sexo opressor, e ao fato de continuarem se relacionando com eles diariamente, compartilhando com um em especial teto, comida, filhos e projetos pessoais, as armas do feminismo nunca dispararam senão desobediência, provocação e resistência coletiva, o que, aliás, não é pouco. A insurreição civil e pacífica foi a estratégia do feminismo: manifestações, encarceramentos, interrupções sem descanso quando conseguiam introduzir-se nas reuniões políticas masculinas, solidariedade econômica para cuidar das famílias das mulheres presas, greves de fome e, sobretudo, insistência, constância, fé coletiva em que sua causa era a causa da democracia, da justiça, de um futuro coerente para um novo Estado ao qual não se permitiria deixar de lado as mulheres. Os anjos do lar já não regressariam às suas jaulas domésticas: saíram à rua e se organizaram em voo infatigável rumo a seu alvo visado: o direito à igualdade civil.

Entre aquelas mulheres quacres reunidas em Seneca Falls e unidas pela firmeza compartilhada de acreditar na emancipação de seu sexo, só uma, que tinha então 19 anos, conseguiu votar em uma eleição presidencial. Após o fortalecimento e a ampliação do movimento sufragista nas últimas décadas do século XIX e em princípios do XX, com o apoio do presidente Woodrow Wilson, em 1920 foi aprovada pela Câmara dos Deputados a 19ª Emenda ao texto constitucional, reconhecendo o direito das mulheres ao sufrágio.

# 48

## POR QUE, NOS ESTADOS UNIDOS, OS ESCRAVOS NEGROS LIBERTOS VOTARAM ANTES QUE AS MULHERES DE QUALQUER RAÇA OU CONDIÇÃO?

> "Regozijo-me, pois estou convencida de que aos direitos das mulheres, tal como aos dos escravos, bastará serem analisados para serem compreendidos e defendidos, mesmo por alguns dos que agora tentam asfixiar os irreprimíveis desejos de liberdade espiritual e mental em efervescência no coração de muitas mulheres que mal se atrevem a expressar seus sentimentos."
>
> – Sarah Grimké

Porque o abolicionismo traiu as mulheres que combateram com a firme convicção de que a liberdade não podia se limitar aos homens livres, sendo, pois, a causa antiescravagista a sua causa. A discriminação dos seres humanos por condições inatas como raça ou sexo bem como sua segregação social ou seu *status* jurídico de incapacidade civil e política supunham uma traição aos valores liberais revolucionários que haviam triunfado sobre a servidão colonial. Como subtrair à maioria da população direitos declarados naturais e, portanto, inerentes à condição humana sem desdenhar profundamente sua dignidade? Os Pais da Independência das treze colônias deixaram bem claro: só podia ser livre quem conseguisse se manter; nem mulheres nem escravos possuíam essa capacidade por natureza, pertenciam a outro tipo de seres humanos e, dessa maneira, o primeiro liberalismo era mesmo compatível com a escravidão e a negação de direitos civis às mulheres.

As irmãs Sarah e Angelica Grimké, tendo crescido em uma família proprietária de escravos, compreenderam, a partir de sua condição de mulheres com destino obrigatório de serem mães e esposas, que sua exclusão da cidadania, por motivo do sexo, as aproximava dos escravos e escravas destituídos de quaisquer direitos em virtude de sua raça. Todos ficavam desumanizados, todos eram vistos como mercadorias, não pessoas, sobre as quais tinham direito de propriedade outros seres humanos – pais, maridos e senhores – também desumanizados na posição de donos do que não podia ser possuído: a vida, a liberdade e a busca da felicidade, que não passaram da teoria à realidade cotidiana após a promulgação da Declaração de Independência. Assume-se assim um compromisso ativo contra a escravidão por parte de mulheres de todas as classes e condições. O ideal da mulher dócil e carente de proteção começa a desfazer-se nas ruas e nas reuniões políticas, primeiro porque ninguém achou que o sexo, nas escravas, supunha vulnerabilidade e, portanto, necessidade de livrá-las dos trabalhos mais pesados e, segundo, porque as mulheres da classe alta, educadas na sujeição doméstica, descobriram-se capazes de lutar por uma causa comum, organizar-se, falar em público, fazer-se ouvir e ser reconhecidas pela sociedade independentemente de seu *status* familiar. O ativismo das mulheres contra a escravidão levou a seu empoderamento pessoal e social; elas mostraram a si mesmas, às suas famílias e às comunidades onde atuavam que podiam ser agentes de mudança política, ou melhor, não apenas podiam, mas queriam e achavam que deviam fazê-lo – começando a se sentir orgulhosas por isso.

Esse sentimento épico, jamais imortalizado em monumentos e estátuas em nossas ruas ou praças, jamais transmitido com fervor nas aulas de história, surge em um escrito apaixonado da feminista inglesa Ida Alexa Ross Wylie, cujas palavras confirmam que as mulheres nunca foram tão individuais como quando se uniram em um "nós, mulheres" para a conquista coletiva de seus direitos:

> Durante dois anos de loucas e às vezes perigosas aventuras, trabalhei e lutei ombro a ombro com mulheres sensatas, vigorosas, que riam com gosto em vez de disfarçar o riso, que caminhavam livremente em vez de conter-se, que podiam jejuar mais que

Gandhi e sair do transe alegres e brincalhonas. Dormi sobre chão duro com velhas duquesas, robustas cozinheiras e jovens vendedoras. Muitas vezes ficávamos cansadas, machucadas ou assustadas. Mas éramos mais felizes do que jamais havíamos sido. Compartilhávamos com júbilo uma vida que nunca tínhamos conhecido. Quase todas as minhas companheiras de luta eram esposas e mães. Também ocorreram situações insólitas em sua vida doméstica. Os maridos chegavam em casa, à noite, ansiosos como nunca... Os filhos trocaram rapidamente sua atitude de condescendência afetuosa para com a "pobre e querida mamãe" por uma postura de perplexidade cheia de admiração. Quando a fumaça do amor materno se dissipou – pois a mãe estava demasiado ocupada para se preocupar com eles mais que uma vez ou outra –, os filhos descobriram que ela era simpática, que era "uma grande pessoa". Que tinha garra.

As mulheres, assim, exerceram a política de fora da política, bateram às portas de entrada insistentemente e o sangue dos nós de seus dedos permitiu que muitas, das quais hoje sequer nos recordamos, entrassem no espaço público.

Deste lado do Atlântico, teve especial relevância a permissão, da parte da religião, para que as mulheres se empoderassem. Com efeito, o delta no qual a antiga e a nova ordem confluíram a fim de desembocar na modernidade estaria marcado pela nova orografia do terreno religioso (até o século XV monopolizado por um cristianismo não livre de pecado) desde sua transformação, no século III, de Igreja perseguida em religião imperial. A instituição católica e sua igreja oficial, não sem resistência por parte dos crentes de base, logo esqueceu a mensagem igualitária e solidária dos evangelhos, normatizou a moral dupla e a compra de passaportes dourados para o paraíso que queria desfrutar neste mundo, permitindo que seus vigários empunhassem o cetro e a espada sob a cúpula de templos erguidos com o ouro que neste reino mantinha famintas milhões e milhões de almas. Mas o nascimento do sujeito individual e da razão não podia remover essas terras de hipocrisia e cinismo clerical: no movimento, sempre se ouvem as vozes dos que estavam aparentemente adormecidos e só aguardavam espaço histórico para aparecer. Assim surgiram as mulheres e seu pensamento, primeiro questionando, depois pedindo respeito e bom tratamento e por fim exigindo direitos e repudiando sua condição existencial como adubo para os privilégios dos homens. Para essa jornada revolucionária, democrática e feminista, foi necessária uma certa atmosfera, compartilhada por alguns núcleos da alta sociedade no fim da Baixa Idade Média. Foi necessário também o aparecimento do novo espírito humanista igualitarista, com a consequente oposição à ditadura de um clero ao qual se insurgiram novas formas de religiosidade leiga, herdeiras das heresias medievais e mais tarde aglutinadas na Reforma de Lutero. Daí apareceram doutrinas que cruzaram o Atlântico, como a dos quacres, que não viam obstáculo algum à participação por igual das mulheres e dos homens nas cerimônias do culto.

As mulheres norte-americanas lutaram pela igualdade, uma igualdade que incluía a das populações negra e branca (não podem existir dois tipos de igualdade em presença de um valor autêntico). Essa luta mostrou que, se o feminismo não podia, por uma questão de coerência, ser racista, o absolutismo podia de seu lado ser machista; dessa forma, optou por manter o sistema patriarcal em vez de pagar o favor às centenas de mulheres que haviam dedicado sua vida à causa antiescravista.

Lucrecia Mott, eminente ativista feminista, não hesitou em fundar uma das primeiras sociedades contra a escravidão, e sua casa serviu de refúgio a escravos e escravas que fugiam em busca da liberdade. Ela e muitas outras mulheres se uniram solidariamente em defesa da igualdade, abraçaram os valores do humanismo iluminista e promoveram um importante aprendizado, que sempre acompanharia a luta feminista, em uma guerra particular de guerrilhas sem artilharia contra quem lhes negava a liberdade. As reuniões e o debate clandestino, a organização e coordenação de ações de desobediência civil, as manifestações, as passeatas e coletas de fundos de porta em porta para sua causa, a interpelação que às vezes se tornava irritante para os líderes políticos do movimento, a propaganda, a tomada de palavra na imprensa da época, a renúncia a seus privilégios de classe e seu bem-estar material em prol de uma causa em que acreditavam e em que queriam que seus contemporâneos acreditassem – isso não é pouca coisa para pessoas que as leis declaravam incapazes e menores de idade. Assim, quando chegou o momento da traição, em 1840, as duas mulheres líderes do movimento abolicionista nos Estados Unidos, Elizabeth Cady Stanton e Lucrecia Mott, foram humilhadas com a proibição de ser interlocutoras no primeiro Congresso Antiescravista celebrado em Londres. Elas já haviam provado sobejamente sua capacidade de luta e atuação social, mas só tomaram consciência da solidão da causa feminista diante de outros baluartes erguidos contra a igualdade. A discriminação das mulheres se mostrava enraizada numa ordem primitiva e impermeável aos valores iluministas: o patriarcado. Para mudá-lo, elas precisariam antepor sua causa a qualquer outra, por mais justa e próxima da igualdade dos sexos que parecesse.

Oito anos depois da provocação internacional, veio à luz a "Declaração de Sentimentos de Seneca Falls", que fundou o primeiro movimento organizado pela e para a emancipação das mulheres. Este não esmoreceu até que, em 1920, todas as norte-americanas pudessem votar. Pelo caminho, as mesmas mulheres que defenderam a liberdade de escravos e escravas, que lhes deram voz e lhes prestaram ajuda material e moral, viram em 1866 o Partido Republicano aprovar a 14ª Emenda, pela qual o direito ao voto era reconhecido aos escravos negros libertos, mas negado às mulheres de todas as classes e condições. O movimento antiescravista votou contra a inclusão das mulheres porque esqueceu rapidamente as dívidas do passado contraídas com quem o apoiou na luta. Além disso, receou que o espaço da liberdade, com suas cadeiras em número limitado, lhe negasse o assento caso se atrevesse a sancionar o direito universal a ocupá-las, como ocorreu com Lucrecia e Elizabeth.

# 49

## O DIREITO DE VOTO FOI A ÚNICA REIVINDICAÇÃO DO FEMINISMO ILUMINISTA?

"O feminismo pretende simplesmente que as mulheres alcancem a plenitude de sua vida, isto é, que tenham os mesmos direitos e os mesmos deveres dos homens, que governem o mundo junto com eles e que, em perfeita colaboração, procurem todos sua própria felicidade e o aperfeiçoamento da espécie humana.

– María Lejárraga

Como observa Mary Nash, se algo se pode dizer do feminismo é que ele é uma estratégia de resistência, o que acarreta, como postula Celia Amorós, a existência de um sujeito reivindicador, um agente histórico com capacidade de se autodefinir como indivíduo e, em consequência, provido de direitos e responsável em seu exercício comunitário, que necessariamente gera deveres pactuados na passagem da autonomia para a convivência sustentável. Por isso, o feminismo nunca poderá ficar limitado à reivindicação de direitos políticos e educativos, pois implica uma mudança de ordem política e moral que integra a perturbadora ideia da igualdade, como salienta Amelia Valcárcel.

Desde os primeiros textos fundadores do feminismo iluminista, o exercício reivindicado da cidadania não está reduzido ao sufrágio. A negação às mulheres do direito ao voto supunha sua dependência jurídica de um homem, fosse pai, marido, irmão ou autoridade eclesiástica. A justificativa era sua inferioridade moral, física e intelectual. As mulheres se encarregariam de transformar as filhas em mães ou esposas à sua imagem e semelhança, e os filhos em futuros cidadãos que, como o pai, encontrariam primeiro na mãe, depois na esposa, a infraestrutura necessária e gratuita para exercerem a cidadania. Os homens serão chamados a participar produtivamente do espaço público, sustentados, como diz a economista feminista Cristina Carrasco, pela mão invisível de um exército esforçado de mulheres que vão parindo, criando, lavando, cozinhando, enfeitando e enfeitando-se. Os sonhos e projetos de vida das mulheres são contidos, anestesiados ou amputados, colocando-se em seu lugar essa instituição abstrata na qual elas se diluem como pessoas e que constitui o ideal enganoso da família burguesa.

Talvez desde o século XVIII, a reivindicação mais premente das mulheres tenha sido o acesso à educação, ao conhecimento e, por meio deste, à emancipação econômica. Assim, se as mulheres conhecessem, poderiam também materializar o que conheciam na criação e no trabalho próprio em troca de dinheiro, o qual, pouco a pouco, se transformaria no único termômetro contemporâneo de valor e reconhecimento. A primeira fase da Revolução Industrial implicou uma progressiva especialização do trabalho, de modo que os bens comunitários e a economia autárquica de pequenas comunidades, com vínculos de vizinhança e parentesco, começaram a ser substituídos pela manufatura emergente e pelo trabalho nas fábricas. Essa mudança logo impediria a subsistência sem dinheiro. Paulatinamente, vai desaparecendo a troca de produtos e serviços, cujo valor de uso é relativizado. As mulheres e os jovens ou dependem do salário do novo e herdado *pater familias* nas classes abastadas ou se veem coagidos a trabalhar por uma remuneração muito inferior à dos homens em funções determinadas ou próprias a seu sexo. Começam desse modo a plasmar-se uma segregação vertical (mulheres e menores ocupam postos subalternos, mal pagos, sem possibilidade de ascensão profissional e com alta rotatividade) e uma segregação horizontal (mulheres e menores ficam com determinados ofícios: amas, professoras primárias, lavadeiras, domésticas, costureiras, cozinheiras) de um mercado de trabalho no qual o esforço humano produtivo é só mais uma mercadoria, quantitativa e qualitativamente menos valiosa e, portanto, mais barata quando provém das mulheres. Estas, em qualquer caso, devem continuar reproduzindo e cuidando de forma gratuita de toda a espécie humana. É certo que essa crítica por parte das feministas socialistas não chegaria até as revoluções da segunda metade do século XX; mas, já nos cadernos de queixas das revolucionárias francesas, lemos petições de proteção dos ofícios femininos, de reconhecimento legal a disporem de seus bens, de igualdade jurídica entre os cônjuges e de proteção jurídica contra os maus-tratos e os abusos físicos ou sexuais. O feminismo iluminista deixa bem claro que seu objetivo é o direito ao voto, mas também que isso é uma parte concreta do exercício da cidadania em igualdade com os homens. A ele devem juntar-se a educação média e superior, com o mesmo currículo para ambos os sexos, e a liberdade de desempenhar qualquer profissão ou ofício. Faz já três séculos que as mulheres lutam para ser pessoas e corrigir a parcialidade com que a razão patriarcal vem substituindo a universalidade humanista do Iluminismo, boicotada pela nova aristocracia do sexo, da raça e do dinheiro.

Nem mesmo na Espanha, onde o direito ao voto foi defendido por uma só mulher e alcançado em razão de sua vontade férrea, sua coerência democrática e sua valentia pessoal, o feminismo era concebido apenas como luta pelo direito ao sufrágio. Basta reler as palavras de Clara Campoamor:

> [...] toda mulher que, em um ou outro aspecto, saiu do raio de ação que outrora a circunscrevia ao lar e vive na órbita social reservada à inteligência é feminista e defende a causa da libertação da mulher. Toda mulher, pelo simples fato de agir acertadamente nesse terreno revolucionário, transforma a sociedade e é feminista.
>
> – Clara Campoamor, 1936, pp. 143-44

Josefa Amar e Inés Joyes foram duas iluministas que defenderam publicamente, na Espanha, a igualdade de direitos das mulheres, insistindo na importância de sua educação. A primeira escreveu, em 1786, o *Discurso em Defesa do Talento das Mulheres e de sua Aptidão para o Governo e Outros Cargos Exercidos pelos Homens*; já sua companheira de causa escreveu

Mary Somerville (1780-1872). Seu esforço autodidata transformou-a na "rainha das ciências do século XIX". Astrônoma e matemática, primeira sócia honorífica da Real Sociedade de Astronomia, essa escocesa apaixonada por cálculos e problemas comprova a capacidade feminina, tão desperdiçada ao longo da história.

e publicou o ensaio "Apologia das Mulheres". Não creio que nenhum livro de história relate a extraordinária evolução do pensamento feminista iluminista na Espanha de finais do século XVIII. Também não creio que, na luta contra o analfabetismo em nosso país, explique que a conhecida Lei Moyano de 1857 proibia às meninas estudarem matérias como Ciências Naturais, Geometria, Comércio ou História, considerados estudos masculinos. Em lugar dessas matérias, é claro, as mulheres deviam ser instruídas em "trabalhos próprios a seu sexo, elementos de desenho aplicados a esses mesmos trabalhos e leves noções de higiene doméstica". Não se sabe se a Lei Moyano matizou deliberadamente como "leves" as noções de higiene. Talvez temesse que qualquer conhecimento profundo fosse perigoso para as mulheres, pois perigosa era toda mulher que não aceitasse sua subordinação. Na França, sem ir mais longe, permitiram que uma menina chamada Marie, nascida na Polônia apenas dez anos depois dessa lei, estudasse Física e Química: ela ganhou o Prêmio Nobel nas duas disciplinas. A educação é a munição da liberdade; por isso, convém dar às meninas balas de festim, como denunciava no século XIX a escritora feminista Emilia Pardo Bazán, que com sua querida Concepción Arenal clamou no deserto pela necessidade de educação igualitária entre os sexos a fim de promover o progresso da sociedade.

# 50

## POR QUE AS MULHERES NUNCA QUISERAM IR À GUERRA?

"Toda opressão cria um estado de guerra."

– Simone de Beauvoir

As mulheres participaram e participam de todas as guerras deste planeta empenhado em autodestruir-se. Em todos os momentos históricos, receberam uma missão, mas esta nunca foi passiva e tampouco elas a aceitaram por unanimidade. Os períodos excepcionais representados por guerras e revoluções, se algo demonstraram, foi que o inimigo não tinha sexo – e, se tinha, o corpo e a vida das mulheres eram considerados parte das conquistas e dos danos a serem infligidos ao inimigo. Violações, torturas, destruição de lares e assassinatos em massa dos senhores da guerra contra os desarmados – e, principalmente, as desarmadas.

Às mulheres não foi consentido até hoje, nem mesmo como exceção, empunhar armas porque a defesa armada é uma extensão da associação de virilidade com força e, por oposição, a confirmação da feminilidade pela vulnerabilidade e pela necessidade de proteção masculina contra a violência de outros homens, que por sua vez protegerão suas mulheres em um círculo de masculinidade traçado sobre o território de conquista do corpo das mulheres. E se nenhum homem atacasse nenhuma mulher? Estas não deixariam de achar-se em perigo? O que importa não é o perigo real, é a ameaça, o grau de insegurança em que tanto mulheres quanto homens nos encontramos.

Ir à guerra não significa apenas alistar-se e lutar na frente de combate: à guerra vão todas as criaturas por onde ela passa. Todas as mulheres, de todos os tempos, foram à guerra porque seus povos e cidades estavam guerreando. Muitas empunharam armas em revoluções, guerras, guerrilhas e resistências à tomada de cidades, ao lado dos homens ou em igualdade de condições com eles. As mulheres foram e são guerreiras, caçadoras, navegantes, aviadoras, na paz e na guerra, dentro ou fora da lei; as mulheres foram e são espiãs, contrabandistas, ladras, assassinas, mafiosas, terroristas e, obviamente, vítimas tanto quanto os homens de massacres, genocídios, torturas, fome, doenças e destruição.

Parecem excepcionais as imagens de mulheres em conflitos bélicos, como combatentes protagonistas ou participantes, ao lado dos homens, em lutas armadas corpo a corpo. O mais das vezes, aparecem preocupadas ou temerosas pelos homens que querem guerrear e dos quais depende sua sorte futura; ao mesmo tempo, deixam entrever seu orgulho pelo marido, filho ou irmão corajoso, sem outra manifestação, quanto aos motivos e à possível solução da luta, que a dor quando a morte alcança os seus. Não desejam que o bem prevaleça sobre o mal, estejam eles do lado que estiverem, e sim que essas criaturas amadas, seus homens, regressem vivos e tudo volte à normalidade, pois elas mesmas não podem se defender nem ficar sozinhas. Os homens marcham para a guerra e as mulheres ficam sós: eis uma imagem que se cristalizou em nossa representação da história. Quantas vezes já lemos que uma cidade ficou vazia, só com as mulheres, as crianças e os velhos! Mas, com certeza, não estavam tão sós quanto alguns de seus familiares homens na frente de combate.

Ao mesmo tempo que se negou a participação das mulheres nas guerras, como se elas desaparecessem ou se afastassem das lutas formais legitimadas pelo poder, também a literatura e o cinema, principalmente desde o início do século passado, começaram a associar as mulheres com a violência, mas não com uma "violência de Estado" (a das guerras, coletiva e por uma causa), e sim com uma violência individual, suscetível de se aninhar na alma de qualquer mulher e trazer a perdição aos homens caídos em suas garras. Essas mulheres eram consideradas transgressoras da normatividade feminina da época, que incluía sobretudo a docilidade, a abnegação e a entrega aos outros como mães e esposas. Mulheres rebeldes que fumavam, bebiam, dirigiam, usavam cabelo curto, vestiam roupas que lhes permitiam mobilidade bem como pareciam tratar seu corpo e sua vida conforme queriam, podendo, ainda assim, ser desejáveis, mas não possuídas; elas é que decidirão onde, quando e com quem vão ficar. Inesperada geração de mulheres de princípios do século que não queriam imitar suas mães, que ainda não tinham conseguido o direito ao voto, mas se atreviam a cruzar o Atlântico pilotando seu próprio avião!

De novo, a vida se adianta ao controle normativo e o deixa para trás; as mulheres que haviam conduzido tratores e caminhões na Grande Guerra, que haviam vestido calças e camisas para poder trabalhar nas fábricas, onde no final do mês recebiam um dinheiro que antes só ganhavam de um marido trabalhador e generoso, não voltarão facilmente a aceitar sua condição decorativa ou subalterna, como empregadas domésticas ou trabalhadoras de segunda categoria. Milhares de mulheres ousam desobedecer à tradição de negar seus corpos, sonhos e desejos em benefício dos homens com quem deveriam se casar às cegas. Surge um perigoso movimento de mulheres independentes, as "mulheres modernas", que implicará uma clara ameaça à estabilidade da hierarquia familiar. Aparentemente, sem mulheres que anteponham os homens e seus filhos do sexo masculino a si mesmas, não há família; em consequência, não demorou a chegar uma resposta sistemática por parte do poder político, dessa vez com a inestimável ajuda dos meios de comunicação, que culminaria com a "mística da feminilidade" após a Segunda Guerra Mundial.

O exército americano precisava testar e conduzir seus aviões de guerra das fábricas até as bases militares. O programa WASP (Women's Air Force Pilot) apelou sem hesitar para as mulheres e a resposta foi maciça. Mais de mil mulheres se graduaram e pilotaram todos os tipos de aeronaves, sendo que muitas delas sequer haviam dirigido um automóvel. Trinta e oito morreram em serviço.

Com efeito, era preciso desarmar essa desobediência e insistir no modelo correto de feminilidade; as mulheres que não o seguiam caladas eram más e, obviamente, infelizes. Esse é o mito da mulher fatal, a vampira, a loba, a garota andrógina, mas sensual, sem marido, filhos ou a intenção de tê-los, entregue ao próprio prazer, egoísta, sozinha ou mal acompanhada e, embora não o soubesse, triste, atormentada, presa entre não poder ser homem e querer agir como um deles, não aceitando o papel da mulher tradicional. Mulheres valentes, astutas, belas e cheias de desejo de fins do século XIX e começos do XX, mas – devia, é claro, haver um "mas" – cruéis, crudelíssimas e, por natureza, sem glória nem pátria que justificassem seu perpétuo afã de aventura e sua resistência a ser mulheres como Deus manda. Sua desobediência traía os homens que caíam em suas redes – desgraça!

As mulheres podiam ser frágeis e pouco aptas a arriscar a vida no campo de batalha, mas, ao mesmo tempo, eram perigosas, fonte de males para outras mulheres a quem odiavam, não se sabia bem por quê, e sobretudo para os homens que não se prevenissem contra suas artes, as quais, como sempre, estavam associadas à sedução. Para que mais uma mulher utilizaria a inteligência unida à beleza?

As mulheres nunca foram como Hitler ou Stalin, embora muitas houvessem queimado judeus e torturado presos políticos. A violência utilizada pelas mulheres se dissociará do poder. A violência das mulheres sobrevoará como um fantasma, como as "bruxas da noite" soviéticas que lançavam bombas de seus aviões, e, portanto, nenhuma lógica conseguirá combatê-la. As mulheres serão vampiras, bruxas, feiticeiras de intenções tortuosas e coração insondável. Sim, as mulheres podem ser más; o interessante, porém, é a fonte de sua maldade: elas mesmas.

Sem dúvida, as mulheres são seres humanos com tanta potencialidade de destruição e autodestruição quanto os homens. A imagem do sexo frágil, de mulheres indefesas rodeadas de crianças, de mulheres sozinhas quando não têm por perto a segurança ou a proteção de um homem, sua incapacidade para a guerra, as armas, a defesa pessoal e o ataque violento – eis uma construção simbólica poderosíssima que cada exceção, embora negada, lança por terra. É e sempre foi conveniente que as mulheres amem e que desse amor nasça o dever moral de cuidar, atender, curar, proteger, assistir e consolar gratuitamente, para que desse zelo pela vida humana brote a inclinação a respeitá-las. Mas há mulheres que abandonam seus filhos, que os matam ao nascer, que os maltratam, que batem em idosos... A semente da violência é humana, não é masculina. Só a educação recebida por um ou outro sexo faz com que o dever ético seja mais débil para os homens do que para as mulheres na hora de praticar a violência. Por enquanto.

# 51
## As mulheres recorreram à violência para conquistar o voto?

"Não mais acataremos vossas leis [...]. Ainda que tenhais poder para nos encarcerar, não apenas por seis meses, mas por seis, dez anos ou o resto de nossas vidas, não deve o governo supor que possa deter esta insubmissão. Estamos aqui não para infringir a lei, mas para nos convertermos em quem faz a lei.

– Emily Pankhurst

Elas conquistaram o voto a despeito da violência, da violência real e simbólica do sistema patriarcal. O feminismo é a luta da razão iluminista e da democracia radical contra a dominação de seres humanos sobre outros, de todos os homens sobre todas as mulheres e de alguns homens sobre muitos, com base em uma suposta inferioridade moral, física e intelectual dos dominados diante dos dominadores.

À medida que a democracia foi tomando corpo e ser homem, de qualquer raça ou classe, se tornou a única exigência capacitadora, mais injusta se mostrou a negativa de considerar as mulheres cidadãs de pleno direito.

Após mais de um século argumentando, apresentando petições por escrito, pensando em uma maneira de mostrar que podiam refletir, as mulheres, em luta pelos direitos mais elementares, só encontraram negativas. Foram 2.588 vezes que o Parlamento britânico disse "não" ao voto das mulheres desde a primeira petição, em 1832. Essas mulheres se organizaram durante décadas, tecendo redes de solidariedade para militar sem descanso na causa feminista e continuar à frente de seus lares ou cumprindo as intermináveis jornadas nas fábricas. Eram mulheres a quem se dizia que precisavam de proteção e deviam consagrar-se ao embelezamento e ao bem-estar de suas casas, com risco de catástrofe social, quando na verdade permaneciam doze horas de pé nas fábricas e nos estabelecimentos comerciais ou pariam filhos enquanto aravam ou ceifavam os campos como escravas. Todas eram mulheres, aristocratas, burguesas, operárias, escravas – todas formavam um exército, mas só algumas entraram para as fileiras do feminismo quando não podiam renunciar a ser tidas como pessoas. Pessoas eram os homens, não as mulheres, porque a liberdade delas significaria a possibilidade de perda de um espaço de privilégio que só os homens possuíam, independentemente de sua condição: ter a mulher sob seu jugo, sob seu poder exclusivo. Por baixa que fosse a posição do homem na escala social, ao chegar em casa ele encontraria outro ser em posição ainda mais baixa – sua mulher e, iguais a ela, quaisquer mulheres.

Não, as feministas, nos diversos países por onde essa consciência se expandiu, não formaram um exército, não abandonaram seus lares para lutar contra os homens até conseguir que eles as considerassem pessoas. As feministas buscaram apoio e solidariedade de homens e mulheres que acreditavam em sua causa, dedicando-se a fortalecê-la e transformá-la em convicção, em fé. Defenderam essa fé nas tribunas, em encontros políticos, organizaram marchas e manifestações que em Londres chegaram a reunir 150 mil pessoas, fundaram jornais e veículos de propaganda, organizaram reuniões clandestinas, interromperam ministros com apartes públicos para conseguir a atenção da imprensa, pregaram cartazes... e, sobretudo, fomentaram o orgulho pela causa.

As sufragistas começaram apresentando petições por escrito, com cortesia burguesa, no século XIX; mas, no começo do XX, perderam a paciência e decidiram que não eram obrigadas a obedecer a leis que não lhes permitiam votar. Surge assim, na Grã-Bretanha, o chamado feminismo radical; suas militantes, as *suffragettes*, passaram da palavra à ação e pela primeira vez se atreveram a realizar atos de desordem pública até o momento impensáveis para a "natureza feminina". As *suffragettes* incendiaram imóveis, atiraram pedras, ocuparam lugares públicos, queimaram com ácido campos de golfe para que se pudessem ler do alto seus lemas e, sobretudo, contagiaram a sociedade de seu país e dos países vizinhos com sua fé na causa feminista. Foram ridicularizadas, desprestigiadas, taxadas de solteironas, homossexuais... mas nada as deteve. As *suffragettes* se sentiam orgulhosas de ser tudo isso, declaravam-se culpadas pelos atos de vandalismo nas ruas e foram presas, embora jamais tenham causado nenhum dano físico. A prisão, em vez de desanimá-las, lhes deu força e os governos acabaram transformando em mártires quem queriam dissuadir pela violência. Americanas e britânicas se acorrentaram em edifícios públicos, promoveram ferozes greves de fome, foram torturadas e alimentadas à força; algumas adoeceram, outras morreram por isso. Era um exército de fé na justiça, que só na Inglaterra, nos momentos de luta mais acirrada, recorreu à truculência contra edifícios, instituições e a casa vazia de algum ministro, mas nunca causou a ninguém mais prejuízo que a si mesmo. Apesar disso, a líder feminista e anarquista Emma Goldman chegou a ser chamada "a mulher mais perigosa do mundo", enquanto Emily Pankhurst e suas filhas Christabel e Sylvia pagaram com o cárcere a irreverência de querer os mesmos direitos dos homens.

Foram essas mesmas mulheres, consideradas incapazes e selvagens por exigirem autonomia, que organizaram o recrutamento de emergência nacional quando a Grã-Bretanha entrou na guerra. O presidente Wilson não hesitou em conceder anistia a todas elas. Finda a contenda, o voto feminino britânico pareceu mais um agradecimento que uma conquista, mas, ainda assim, se adiantou a outros países europeus, cujos governos resistiram em sua discriminação até o fim da Segunda Guerra Mundial.

O feminismo tem o mérito de jamais ter desumanizado quem negava sua humanidade. Esforçou-se na tentativa de demonstrar que as mulheres pensavam, sentiam e queriam a mesma coisa que os homens: liberdade de jogar com as cartas que lhes coubessem por sorte e que estas não estivessem marcadas de antemão com as palavras "maternidade" e "matrimônio".

As mulheres queriam decidir sobre suas próprias vidas e o futuro de seu país, mas, sobretudo, poder utilizar seus cérebros e mãos sem ter de pedir licença.

Foram muitas as mulheres sem medo da palavra e da ação. A maioria pagou o preço da desobediência. Se o feminismo nos ensinou algo é que não devemos perder de vista o valor da vida humana, mesmo tendo de sacrificar a nossa própria em luta tenaz, fracassando uma ou outra vez. Se a desobediência civil e a insistência na mensagem política são uma forma de luta, quem as inventou foi o feminismo, que só fez vítimas em suas próprias fileiras. Emily W. Davison arrojou-se sob as patas do cavalo do rei em 3 de junho de 1913, cumprindo a triste profecia que previamente havia publicado em um artigo seu com o título de "O Preço da Liberdade". Seu funeral se transformou num símbolo da luta e do sacrifício feminista.

Momento em que a *suffragette* Emily W. Davison se lança contra o cavalo do rei Jorge V no Derby de Epson, como ato de protesto contra a negativa do governo britânico de conceder o voto às mulheres. Morreria quatro dias depois, em consequência dos ferimentos.

Jamais o feminismo adotou formas de luta que atentassem contra a vida das pessoas. Foi sempre um movimento essencialmente pacifista, que inventou e reinventou métodos de luta não armada, mas isso não quer dizer que não tenha utilizado a força. Talvez, ao longo da história, não tenha existido nenhum outro movimento que, na época, se mostrasse tão resistente à frustração e à traição de aliados nos quais acreditou e com os quais combateu ombro a ombro pelas causas deles, para logo ver a sua própria, a da libertação das mulheres, adiada. Força não significa necessariamente violência; há violências "bumerangue", que se voltam contra os próprios agressores, embora seus efeitos sejam sofridos pelas vítimas. Esse é claramente o caso das greves de fome que puseram em cheque os governos britânico e americano, temerosos da responsabilidade pela morte de mulheres que podiam ser suas esposas, mães, filhas e irmãs. Elas apenas pediam a palavra pública para fazer parte do país que, como os homens, sustentavam com seu trabalho e, anos mais tarde, não hesitaram em defender contra o fascismo.

# VI
## Revolução e feminismo, encontros e desencontros

# 52

## COMO O LIBERALISMO, ANSIOSO POR ACABAR COM OS PRIVILÉGIOS DE SANGUE, JUSTIFICA A PERPETUAÇÃO DOS PRIVILÉGIOS DE SEXO?

"A liberdade só é verdadeiramente bem-vinda para os mais idealistas."

– John Stuart Mill

Se todo ser humano, dotado de razão, podia com esforço e trabalho chegar a ser dono de seu destino, independentemente de origem social, sangue nobre ou plebeu, como foram excluídas as mulheres dessa possibilidade, se existiam mulheres cultas, que trabalhavam por conta própria e foram aliadas fiéis na luta que arrebatou os privilégios à nobreza?

Simplesmente com artimanhas, graças ao boicote à universalidade do humanismo iluminista. Mas como? Declarando-se que as mulheres não eram dotadas de razão e que, portanto, não havia exclusão, mas respeito à ordem natural. Assim, reprodutoras da espécie, elas deviam obedecer ao homem. Rousseau derrotava – por enquanto – Wollstonecraft, De Gouges e Condorcet. A montagem das novas teorias morais e políticas só reconheceu uma minoria de atores para sua primeira encenação. Todos homens. Assim, não só impediu que as mulheres tivessem direitos políticos como lhes negou a individualidade, de modo que todas eram Sofias, conforme a descreve Rousseau em oposição ao novo homem livre, encarnado em Emílio. O grande pensador iluminista fundamentou o sistema que permitirá um dia, às mulheres, governar e governar-se, mas cuidou de atribuir-lhes um lugar subalterno de grande utilidade para as pessoas de seu próprio sexo (não há preconceito sem interesse ou medo para sustentá-lo). Nas palavras de Rousseau:

> Toda a educação das mulheres deve gravitar em torno dos homens. Agradá-los, servi-los, zelar para que as amem e honrem, educar os jovens, cuidar dos adultos, aconselhá-los, consolá-los, fazer com que a vida deles seja agradável e grata – tais são os deveres das mulheres em todos os tempos.

O primeiro liberalismo era patriarcal, classista e racista, mas já continha a semente da universalidade de Poulain de la Barre, Olympe de Gouges, Mary Wollstonecraft e Nicolas de Condorcet. O segundo liberalismo, do século XIX, teve de reconhecer a potencialidade dos valores de liberdade e igualdade, em um contexto de revolução tecnológica e mudança nos sistemas de produção, de sorte que, pouco a pouco, se viu obrigado a incorporar ao pacto de soberania rousseauniano todos os homens, sem distinção de classe. As mulheres, porém, continuaram de fora apesar das utopias, de sua solidariedade nos movimentos revolucionários, da organização do movimento feminista e de seu paulatino acesso à educação. Como? A misoginia romântica apelou novamente para o essencialismo biológico, que incapacitava a mulher para a liberdade. Assim, ante o risco real de que as mulheres participassem da vida pública, sua autonomia seria negada em virtude não só daquilo que são (a natureza e Deus não as criaram para ser livres) como daquilo que devem ser (a sociedade precisa se organizar com base na subordinação da mulher ao homem, para felicidade de ambos). As mulheres não podem ser livres e, mesmo que pudessem, prefeririam não o ser; sua realização pessoal dependerá do homem que as proteja e ao qual sirvam como mãe e esposa, para seu próprio bem, num audacioso salto lógico capaz de transformar a necessidade em virtude.

Por que os privilégios de sexo resistiram tanto desde que surgiu, em nosso sistema político e moral, o valor da igualdade? Porque estes estavam enraizados, não em uma concepção aristocrática ou elitista de governo, mas no sentimento de cada homem, rico ou pobre, negro ou branco, mas homem e, portanto, superior a qualquer mulher, uma vez que as mulheres não podiam individualizar-se, eram todas a mesma coisa, natureza bruta à mercê da sorte ou da condenação do homem mantenedor.

Para John Stuart Mill, em sua obra *A Sujeição das Mulheres* (1869), não há democracia sem sufrágio universal – e universal se refere a homens e mulheres. Seus contemporâneos não pensavam da mesma forma, havendo cientistas e filósofos de primeira linha que justificaram a menor (quando não inexistente) racionalidade no sexo feminino. Hegel, Schopenhauer, Nietzsche e Kierkegaard explicaram a carência de individualidade das mulheres, criaturas inferiores e sem categoria, como sentenciou Napoleão, no sentido de serem intercambiáveis entre si; fêmeas, rebanho, gado, corpo coletivo só existente para reproduzir a espécie e, no máximo, preservar o bom nome do homem que as protege.

Por que tanto desprezo? As mulheres eram, por um lado, uma válvula de escape nos momentos de maior pressão social, dado que todo homem podia governar outro ser, sua mulher, e isso o solidarizava com seus iguais, os homens. Por outro, se elas fossem reconhecidas como sujeitos civis, com permissão para participar dos assuntos públicos, quem faria as vezes de mãe e esposa? Tudo iria pelos ares.

Ou cidadãs ou mães e esposas. Era preciso escolher e estava clara a necessidade de impedir a catástrofe social provocada pelo fato de as mulheres se transformarem em companheiras, colegas, sócias, iguais. Esse medo se reflete em toda a literatura misógina dos séculos XIX e XX, bem como no silêncio das vozes corajosas que tentaram combatê-lo.

O senhor, o patrão e o Estado podiam ser opressores dos escravos, dos servos e dos operários. Entretanto, nenhum homem achava que a posição social das mulheres, sem direito à educação, sem direito ao voto e, portanto, ao de mudar as leis, sem direito à propriedade e à administração de seus próprios bens, sem poder de decisão até sobre sua própria descendência, configurava uma tirania alimentada em todos os lares e protegida pelas leis. O curioso é que essa tirania, como insinuavam Mill e sua esposa, a feminista Harriet Taylor, era mediada pelas relações afetivo-sexuais, que ao longo dos séculos haviam obtido uma "servidão voluntária" das mulheres aos homens, antecipando que a emancipação delas deveria acompanhar-se de uma mudança de mentalidade em ambos os sexos.

A prostituição se converteu em uma forma de sobrevivência para mulheres sós e pobres na Inglaterra vitoriana. Os bordéis, a rua e os salões eram locais de comércio sexual, e as doenças venéreas se tornaram um problema de saúde pública que levava à hospitalização forçada das mulheres.

A nova ordem alicerçada nos valores da liberdade e da igualdade não podia pertencer às mulheres, da mesma forma que na Idade Média um servo não podia ser senhor. A mobilidade social do primeiro liberalismo se reduziu a um clube varonil privilegiado: era uma fraternidade blindada aos cromossomos. Para isso, foi necessária uma aliança masculina da nova autoridade secular – biólogos, médicos, estudiosos políticos, cientistas, antropólogos – em conivência com o poder religioso, sem dúvida ainda influente, de viés tanto católico quanto protestante, que construiria uma forte mentalidade convicta da imutável inferioridade das mulheres. A natureza e Deus, representados por cientistas racionais fiéis à demonstração empírica e por intérpretes das sagradas escrituras, respectivamente, deviam concordar e concordaram: a mulher estava mais perto do animal que do humano, sua função reprodutiva determinava sua função social, de sorte que pouco ou nada se podia fazer contra a lei natural e divina, salvo aceitá-la ou cair em desgraça.

Assim, essa análise teórica se traduziu em uma nova dicotomia mãe–prostituta, em um contexto tão precário para a população feminina que forçou a intervenção dos governos no controle da sexualidade, criminalizando, é claro, a necessidade das mulheres mais desfavorecidas de vender seus corpos e ignorando a liberdade dos homens de pagar um preço por eles. As leis de prevenção de doenças contagiosas aprovadas pelo governo britânico entre 1860 e 1870 refletem a dimensão que o comércio sexual cobrou da puritana sociedade vitoriana, na qual qualquer mulher suspeita podia ser forçada a submeter-se a um exame médico ou encarcerada imediatamente caso a isso se negasse. Os salários das mulheres, abaixo da possibilidade de sobrevivência, e a maternidade fora do casamento produziram um aumento sem precedentes da prostituição em toda a Europa. Eram as mulheres públicas, da rua, transformadas em exemplo comprobatório de que só as paredes do lar e a dedicação à família lhes garantiria proteção. As mulheres de "má fama" iam para a rua e assumiam os riscos da violência retratada pela literatura da época: assassinos em série ou loucos que rondavam as que não deviam andar sozinhas após o toque de recolher à noite.

O progresso tecnológico e científico do século XIX não acarretou o progresso moral nas relações entre os sexos. O valor para questionar os paradigmas de conhecimento, existentes até então, não se estendeu à crítica de uma organização social injusta que nem por um instante hesitou em atribuir, convenientemente, às mulheres, uma condição jurídica de menores de idade, de despersonalização, porque elas não podiam contribuir em nada para a sociedade; bens, corpo, descendência e trabalho eram propriedade do pai ou do esposo, pois nada pode possuir quem não possui a si próprio, quem não tem liberdade.

# 53

## POR QUE O *HOMO ECONOMICUS* PRECISA ESTAR CASADO?

"Em minha infância, era costume dos homens que fumavam jogar as pontas de cigarro no chão, apagando-as com a sola do sapato. Entre a ponta de cigarro e o caroço de azeitona, há uma continuidade óbvia. Ambos são parte da mesma atitude diante do trabalho daqueles que têm de recolher a sujeira do chão, porque quem suja e desorganiza não espera encontrar o lugar desorganizado e sujo quando volta, mas em ordem e limpo. O que o guardanapo de papel amassado e a ponta de cigarro no chão significam é que quem os joga tem poder sobre quem os recolhe."

– María Ángeles Durán

Porque o *Homo economicus* é um ente abstrato e, como tal, não precisa mamar, comer, vestir-se, aprender a falar ou andar ou ser levado à escola e acompanhado nos estudos. Não precisa que se cuide dele quando adoece, que se celebre seu aniversário, que seja acompanhado a casamentos e funerais, que se organizem para ele as ceias de Natal e se comprem os presentes, que se façam suas malas para nada lhe faltar em viagem – que, em suma, se mantenha seu lar e sua família como um lugar seguro para quando volte exausto do competitivo mundo exterior, encontrando aí um ambiente afetuoso de paz, bem-estar e alimento.

O que queremos destacar é que as teorias econômicas clássicas, desde sua origem, se esqueceram de estudar o comportamento humano e o contexto real, a posição de poder e as circunstâncias heterogêneas, ou mesmo opostas, que cercam os indivíduos na hora de agirem nesse espaço que chamamos mercado. Esse espaço de intercâmbio não fez mais que assumir características de enteléquia que cresce, adoece, revive e se transforma por seu próprio movimento interno. O mercado parece ter se convertido no único lugar no qual podem ser satisfeitas as necessidades que classificamos, sempre dentro de determinado paradigma, como "humanas". Quando alguém se refere às leis do mercado, seu discurso não é muito diferente do utilizado em climatologia, como se a melhor solução fosse abrir o guarda-chuva, como se o futuro econômico dependesse dos caprichos de uma inevitável atmosfera civilizatória, fora da qual se corre o risco de não respirar.

As hipóteses econômicas não são fatos, são fundamentos não imunes à ideologia. Neste caso, partimos do modelo baseado em um homem, que atua no espaço público competindo com outros homens em idêntica posição, todos eles incomunicáveis e independentes do espaço privado ou doméstico – ignorado ou tido como irrelevante –, guiados exclusivamente por suas necessidades e seus desejos individuais. Presume-se então um ânimo egoísta universal na tomada de suas decisões, que, segundo essas premissas, serão eficientes e eficazes, redundando em benefício de toda a sociedade. Não obstante, para que possa ser egoísta e perseguir unicamente seu interesse, o homem econômico precisa chegar à idade adulta e prover-se em outro mercado, o matrimonial, da adequada mulher doméstica que lhe assegure a satisfação de suas necessidades de sobrevivência básica, inclusive seus desejos sexuais e de procriação.

Portanto, o homem econômico é um Dr. Jekyll e um Mr. Hyde, na medida em que responde a um modelo teórico não alcançável, mas explicativo das relações de produção e troca, que foram se consolidando durante todo o século XIX sem em nenhum momento levar em conta o valor da manutenção da vida humana, que milhões de mulheres não econômicas, de carne e osso, garantiam. Essas mulheres se casavam jovens, muitas vezes sem amor; caso pertencessem à burguesia, podiam dedicar-se à coordenação de um lugar aconchegante e organizado, que deviam povoar de filhos, pois, como procriadoras, seu papel era trazer ao mundo outros homens econômicos e outras mulheres domésticas para que a acumulação de riqueza e sua transmissão por herança tivesse lógica (proibindo-se o divórcio e a investigação de paternidade, é claro). Quando não tinham a sorte de pertencer a famílias abastadas, perdiam a condição de "anjos do lar", de mulheres caseiras, para se submeter a qualquer tarefa que lhes garantisse a sobrevivência, nada impedindo que saíssem de dia ou de noite para ganhar um salário muito inferior ao dos homens.

As mulheres, legalmente alijadas do *status* de sujeitos civis, dependerão da posição que no novo sistema econômico tiver o homem que representar sua vontade. A imposição da família nuclear, devido ao exílio maciço da população para as grandes cidades, arrebata à mulher seu papel de adulta. Com efeito, na era pré-industrial, as mulheres, embora subordinadas no seio de um sistema patriarcal, se achavam, não obstante, presas com o resto dos adultos a uma determinada classe e careciam igualmente de direitos. No seio da família-comunidade agrária, suas tarefas diferenciadas eram menos valiosas, sobretudo porque o resultado dessas tarefas não era diretamente um salário, mas a cobertura de necessidades: semeadura, colheita, manutenção da horta, venda de produtos artesanais, principalmente têxteis e alimentícios, conhecimento de remédios, controle da natalidade, prática de partos e abortos, cuidado de crianças, velhos e doentes, aleitamento para crianças sem mães ou mães sem leite... E nas mulheres aristocratas ou da incipiente burguesia próspera, essa posição, igualmente subordinada, encontrava seus espaços de poder na coordenação do doméstico por meio de um trabalho mais ou menos extenso de mulheres e homens, além da possibilidade de ócio e acesso à cultura. Isso, sem dúvida, fez com que as primeiras mulheres a reivindicar seus direitos de uma ou outra forma conseguissem aprender a ler e a escrever, dispondo de tempo para refletir sobre o que liam.

É significativo que, em plena Revolução Francesa, com a Assembleia Nacional sobrecarregada de petições das mulheres, que exigiam ser consideradas filhas legítimas da nova ordem, surgissem projetos de lei para proibir a elas o ensino da leitura e da escrita. Vê-se então que o fato de as mulheres terem conseguido acesso a esses dois instrumentos de autonomia começava a ser considerado perigoso, medo cristalizado no Código Napoleônico, modelo de direito civil para o resto dos países europeus. As leis passaram a negar a possibilidade de acesso das mulheres à vida pública e, de forma paralela, sua autonomia econômica. O direito de família, em todo o Ocidente, declarou as mulheres incapazes, todas elas: intelectuais, professoras, viúvas que geriam os negócios herdados foram transformadas em menores de idade perpétuas, só podendo atuar legitimamente na esfera pública e, portanto, na econômica com o consentimento de um homem. A *manus* do direito romano revive, a *patria potestas* como poder do chefe de família sobre os bens incluía seres humanos e objetos materiais, de maneira que a mulher podia ser arrendada pelo marido a outro homem em troca de dinheiro ou impedida de exercer qualquer atividade fora do lar. Isso era o que a lei dizia; outra coisa se dava na realidade, com uma série de exceções, insubmissões e resistências. Os seres humanos, felizmente, sempre tiveram a capacidade de elaborar e fazer valer, pela autoridade mais que pela força, códigos não escritos nos quais as emoções, a solidariedade, o altruísmo, o idealismo, a empatia, a desobediência e a rebelião inseriam a contestação individual ou coletiva em um modelo teórico de *laissez-faire*. A semente feminista lançada pela modernidade, longe de secar, soube se proteger e crescer até que a emancipação das mulheres se convertesse em um internacionalismo existente ainda hoje.

Em 2017, existem ainda sérias restrições ao direito à educação das meninas, que continuam destinadas à função reprodutiva e são casadas precocemente com pretendentes escolhidos pelos pais. No Paquistão, calcula-se que só uma entre dez meninas é alfabetizada nas zonas rurais.

# 54

## MULHERES OCIDENTAIS, BRANCAS E DE CLASSE ABASTADA: QUANDO O FEMINISMO COMEÇA A ROMPER AS FRONTEIRAS DE SUA PÁTRIA?

> "O feminismo é também um internacionalismo e o foi desde suas origens, como disseminador da universalidade iluminista e sua dupla vertente, como pan-movimento baseado em um universalismo político-moral."
>
> – Amelia Valcárcel

A luta das mulheres por sua emancipação seguiu e continua seguindo caminhos diversos. O feminismo como correção democrática do primeiro liberalismo moderno prossegue, na atualidade, questionando as escamoteações à igualdade como princípio político e direito subjetivo.

O advento dos sistemas constitucionais democráticos se expandiu por todo o Ocidente, ampliando a participação dos homens de todas as classes e condições até que só ficassem excluídas da cidadania as mulheres. Essa discriminação mundial levou o feminismo a uma rápida internacionalização, com sua luta se estendendo a ambos os lados do Atlântico. Foi uma luta de diferentes características, conforme o país e suas circunstâncias sociopolíticas. Assim, o sufragismo anglo-saxão se caracterizou pela beligerância e pelo caráter generalizado, ao passo que em nosso país foi um processo de elites, devendo-se sua vitória à garra e à coerência ideológica de um punhado de mulheres. Em regiões como México, América Central e América do Sul, esteve ligado aos processos de independência e condicionado pelas ditaduras que surgiram após os primeiros anos de vigência de suas frágeis e perigosas democracias, no contexto da Guerra Fria. Da mesma forma, na Ásia e na África o movimento se viu às voltas com árduos processos de descolonização, instauração de regimes pseudodemocráticos, elevados níveis de pobreza, analfabetismo e nenhum interesse da comunidade internacional em trocar petrodólares por pão e escola. Não obstante, todas essas lutas tiveram e têm nós de interseção e pode-se identificar uma rede feminista transfronteiriça cada vez mais cerrada. Na Europa, seria decisivo o internacionalismo defendido pelas socialistas feministas Clara Zetkin e Rosa Luxemburgo, que não hesitaram em abandonar a proteção burocrática da cúpula do Partido Social-Democrata alemão a fim de lutar pela solidariedade operária mundial e evitar a matança entre operários e operárias na Grande Guerra, com seus interesses capitalistas e de expansão territorial. A Primeira Conferência Internacional de Mulheres Socialistas, organizada por Clara Zetkin em 1907 conseguiu, em menos de uma década, que as mulheres atingissem uma massa crítica de militância tanto no partido quanto nos sindicatos, chegando a constituir 30% de suas bases. O feminismo logo se estendeu por todo o planeta. Hoje, é o único internacionalismo sobrevivente que vai da Índia à República Dominicana, dos Estados Unidos ao Japão, servindo-se de diferentes estratégias e de um sólido núcleo compartilhado: que nenhuma mulher, pelo fato de sê-lo, tenha menos valor humano que um homem.

É certo que a geografia da pobreza preserva uma tremenda desigualdade nesse valor de humanidade do qual derivam os direitos humanos mais imprescindíveis para que ninguém desapareça como pessoa: a vida, a integridade física, a saúde, o alimento, a educação e o trabalho. Contudo, enquanto existirem mulheres no último escalão da hierarquia, sem acesso a esses direitos; enquanto a mulher e sua condição de humanidade forem a condição de humanidade da sociedade na qual se integra, porque o último homem, graças a seu valor, está acima dela, o feminismo continuará vivo, será necessário, importante e sobretudo internacional, e por isso, sem dúvida, complexo em sua atividade e sua reflexão. Ora, como o mundo é complexo, tanto quanto as circunstâncias paradoxais de suas regiões, ricas e pobres, em paz e em guerra, conhecidas e esquecidas, ameaçadoras ou protetoras, não pode ser simples um feminismo obrigatoriamente global, pois global é a discriminação das mulheres, embora com formas bem distintas. No entanto, esse internacionalismo foi e é silenciado na análise das grandes mudanças planetárias. A opinião pública padece de uma desinformação intencional sobre o papel do feminismo nos desafios que a humanidade enfrentou nos últimos três séculos e que, atualmente, tem diante de si.

A tecnologia aplicada às comunicações torna possível, há dois séculos, a comunicação transnacional, que é impossível limitar ao âmbito econômico e comercial e serve de plataforma involuntária para a circulação de ideias e a difusão tanto de ameaças quanto de conquistas. Uma dessas poderosas ideias será a de igualdade, que atravessará o capitalismo transfronteiriço, a Internacional operária, as revoluções ocidentais do século XIX, as duas grandes guerras mundiais, a oposição pacifista a elas, os processos de descolonização, a luta contra a segregação racial e o fim do regime do *Apartheid* na África do Sul, a causa ecologista planetária, a erradicação de enfermidades, fome, analfabetismo e pobreza mundial, a intervenção nos campos de refugiados, o diálogo das religiões, o conflito árabe-israelense, o impacto da globalização e os processos migratórios. O feminismo ou a consciência, por parte das mulheres organizadas em redes de associações e organizações não governamentais, da necessidade de participação e inclusão de suas exigências e seus interesses em todos esses processos internacionais, elaboraram roteiros e mapas de resistência à exclusão de sua voz, protestaram e protestam contra o silêncio em torno de sua atividade nos congressos internacionais de alto nível, patrocinados pela ONU e seus organismos especializados (OIT, OMS, PNUD) ou pela União Europeia. A participação das mulheres na política internacional sempre foi um fato negado pelos donos dos meios de comunicação e poucas vezes enfatizado nos relatórios e em suas conclusões.

Pouco ou nada se ouviu falar do chamamento ao pacifismo internacional das feministas em princípios do século XX, quando da criação da

Liga Internacional de Mulheres pela Paz e pela Liberdade (LIMPL). Desde o início da Primeira Guerra Mundial, organizou-se um feminismo antibelicista que apelaria ao respeito internacional pelos direitos humanos. A socialista e *suffragette* britânica Emmeline Pethick-Lawrence preceituava com as seguintes palavras a solidariedade entre as feministas das diferentes nações da terra:

> Não havíamos escrito e falado sobre a solidariedade das mulheres, cuja maior vocação em cada país foi a mesma, como guardiã e provedora da raça humana? Poderiam as mulheres do mundo permanecer em silêncio enquanto os homens, na flor da idade, eram oferecidos em sacrifício por inúmeras nações? Sacrifício para quê?

Junto com outras militantes feministas de outros países, inclusive os Estados Unidos, elas conseguiram organizar o Congresso Internacional de Mulheres pela Paz, celebrado durante a Primeira Guerra Mundial. Apesar dos obstáculos logísticos a um congresso em pleno conflito, a 28 de abril de 1915 reuniram-se 1.136 delegadas procedentes de Alemanha, Áustria, Grã--Bretanha, Canadá, Dinamarca, Hungria, Itália, Holanda, Noruega, Suécia e Estados Unidos. Contaram também com o apoio de países neutros como Espanha, Índia, Brasil, Sérvia, Polônia e África do Sul. A imprensa da época não tardou a ridicularizá-las e acusá-las de traição à pátria. Mais tarde, a história se encarregaria de esquecê-las.

O feminismo, ainda assim, não hesitou jamais em unir a seus objetivos mais importantes e urgentes (neste caso, o direito ao voto, que ainda não havia sido alcançado na maior parte das democracias ocidentais) outras causas existentes em suas origens. Nelas, sem dúvida, encontrava--se a paz porque, como observava Aletta Jacobs, presidenta da Associação Holandesa para o Sufrágio da Mulher: "Nós, mulheres, julgamos a guerra de maneira diferente dos homens. Estes consideram, em primeiro lugar, os resultados econômicos, o custo monetário, as perdas e os ganhos do comércio nacional, a expansão do poder [...] Nós, mulheres, levamos em conta antes de tudo o prejuízo causado à raça pela aflição, a dor e a miséria que a guerra engendra".

As Black Sash ("Faixas Pretas"), assim conhecidas pela faixa preta que usavam em seus atos públicos, juntaram-se às mulheres sul-africanas brancas e negras, ricas e pobres, para lutar contra a segregação racial.

Nelson Mandela, no dia de seu discurso para a multidão após reconquistar a liberdade, agradeceu o esforço infatigável das mulheres sul-africanas, brancas de classe média e, obviamente, negras, unidas na Federação de Mulheres Sul-Africanas, assim como das chamadas Black Sash ("Faixas Pretas") em sua luta tenaz contra a segregação e as condições de vida dos menos favorecidos. Estas últimas, assim chamadas por causa da faixa preta que usavam para se identificar publicamente, foram a "consciência branca da África do Sul durante os sombrios anos do *apartheid*". Seu ativismo não esmoreceu durante décadas e elas prestaram ajuda direta ou assessoramento a qualquer cidadão ou cidadã, mantendo um firme protesto contra as decisões que consideravam injustas e discriminatórias. Seu esforço foi reconhecido em 1995 com o Prêmio Nobel da Paz. Não obstante, poucos terão ouvido falar da aliança de mulheres brancas e negras para a abolição do *apartheid*.

O feminismo é um humanismo; a discriminação e a injustiça social sempre incluirão o sexismo. Isso não quer dizer que não seja necessário um exercício de iluminação empática com as circunstâncias, a maioria das vezes terríveis, que cercam as mulheres não brancas e de escassos recursos econômicos. O diálogo entre o feminismo e a interculturalidade está aberto e deve ser aprofundado. Qualquer empenho em tornar este mundo mais pacífico e com menos sofrimento para os que o habitam é uma luta feminista porque a metade da raça humana são mulheres; elas precisam e devem conviver com a outra metade, os homens. O feminismo, então, tem de ser considerado um desafio para o mundo todo e seus bens, que são os bens daqueles que o habitam, bens que devem deixar de ser banais se quisermos aprofundar seu significado e recuperar a fé intrínseca necessária para alcançá-los graças ao esforço individual e à organização coletiva. Não poderia tê-lo expressado melhor Ama Ata Aidoo, ex-ministra da Educação de Gana:

> As pessoas estão sempre me perguntando se sou feminista. Não só respondo que sim como insisto em que todas as mulheres e todos os homens sejam feministas, especialmente se acreditam que os africanos devem tomar conta da terra africana, da riqueza, das vidas africanas e do peso do desenvolvimento africano. Não é possível defender a independência para o continente africano sem também acreditar que nós, as mulheres africanas, devemos ter o melhor que o meio possa oferecer-nos. Para algumas de nós, esse é o elemento crucial de nosso feminismo.

# 55
## Pode-se falar em movimento sufragista na América Latina?

"Mulheres da minha Pátria, recebo neste instante, das mãos do Governo da Nação, a lei que consagra nossos direitos civis. E recebo-a diante de vocês com a certeza de que o faço em nome e representação de todas as mulheres argentinas."

– Eva Duarte Perón

"Que mundos tenho dentro da alma para que, há tempos, venha pedindo meios para voar?"

– Alfonsina Storni

Sim, podemos. A América Latina deve ser considerada muito mais que um continente costumeiramente visto na Europa como uma unidade de análise. Sua realidade histórica e presente se parece e se diferencia, em cada um dos países e territórios; no âmbito de suas fronteiras, desde o sul dos Estados Unidos até o extremo antártico chileno, a mestiçagem, a sobrevivência de parte da população indígena e a variada colonização territorial, econômica e cultural, de ocidentes, nortes e centros, fazem de seu estudo uma soma necessária de busca de raízes próprias e matizes definidores.

O movimento feminista, sobretudo a partir da década de 1970 e não obstante sua pluralidade, pode ser abrangido tendo-se em mente as características compartilhadas pelas diferentes realidades de suas mulheres. O movimento das mulheres na América Latina constitui-se de forma mais ampla pela crítica ao imperialismo cultural e o feminismo da igualdade. O feminismo da diferença e o feminismo radical adquirem identidade própria desse lado do Atlântico; a necessidade de sobrevivência se choca com a crítica da cidadania e seus direitos formais, ao mesmo tempo que torna inevitável o debate sobre a dupla opressão das mulheres: a do patriarcado e a do imperialismo econômico, cultural e político-militar. Todos esses fatores determinarão a solidariedade com a soberania sobre os recursos e o destino dos povos, das gentes, e, dentro delas, a própria reivindicação feminista da autonomia de suas mulheres. Desse modo, as formas próprias de discriminação das mulheres nos diversos territórios da América Latina, seus contínuos e infatigáveis esforços de resistência e exigência de direitos adquirirão personalidade própria na convulsionada metade do século XX para toda a região, que ao contrário da Europa inaugurará uma época de recuperação e águas tranquilas, mais propensa à revolta na paz que à revolução na guerra.

Prova da vontade de uma frente comum de mulheres latino-americanas serão os Encontros Feministas Latino-Americanos e do Caribe, realizados sem interrupção desde os anos 1980 até hoje. Forja-se assim a consciência da necessidade de solidariedade transnacional no contexto compartilhado de convivência entre o novo e o velho mundo, contexto plural, complexo, dinâmico, mas que há séculos determina a idiossincrasia da realidade latino-americana.

Contudo, as mulheres da América Latina não adiaram a luta por seus direitos políticos nem diante da incerteza e da vulnerabilidade que pareciam ameaçar os diferentes governos democráticos nem devido à precariedade de bens e recursos de primeira necessidade que eram negados a toda a população, não só às mulheres. A liberdade e a independência como direitos haviam acendido sua mecha em todos os países da região e as mulheres não iriam permanecer na expectativa de que os homens resolvessem o problema para só depois levantar sua voz.

Nas primeiras décadas do século XX, pode-se falar de um contundente e bem-sucedido movimento sufragista na América Latina inteira. Da década de 1930 à de 1960, os vários países consagraram em suas constituições o direito ao sufrágio universal e reconheceram a igualdade entre mulheres e homens – antes da Suíça, por exemplo. E não foram concessões, foram reviravoltas, conquistas, vitórias das mulheres da América Latina, que contaram com suas próprias porta-vozes.

A brasileira Bertha Lutz, formada na Sorbonne de Paris, regressou ao outro lado do Atlântico para fundar, em 1922, a Federação Brasileira pelo Progresso Feminino e a Universidade da Mulher, em 1929; seu país, em 1932, foi dos primeiros a adotar o sufrágio feminino sem restrições, antes de Espanha, Inglaterra ou França. Cinco anos antes, em 1927, no Uruguai, as mulheres votavam pela primeira vez em eleições locais, o famoso Plebiscito de Cerro Chato, tendo de esperar mais de uma década, até 1938, para participar de pleitos estaduais. A constituição desse país seria pioneira ao incorporar a igualdade dos sexos já em 1917.

A conquista do voto, em muitos países da América Latina, ocorreu de forma parcial, às vezes interrompida, como no caso de Cuba, que em 1934 reconhecia o direito de sufrágio universal, em vigor até o golpe de Estado de 1952. Na República Dominicana, paradoxalmente e mais como um gesto conciliador ante as pressões da comunidade internacional, foi a ditadura de Trujillo que reconheceu o voto feminino em 1942. Na Guatemala, o direito ao sufrágio universal só será incorporado à constituição em 1985, embora desde 1945 pudessem votar todas as mulheres que soubessem ler e escrever (essa circunstância alimentava a discriminação de grande parte da população indígena); só em 1965 se eliminaram as restrições ao voto feminino nesse país. O Equador reconheceu o voto feminino sem restrições apenas em 1967, dado que em 1929 só votavam as equatorianas capazes de crer em sua capacidade para votar. As mulheres do Peru também precisaram esperar décadas, concretamente até 1979, para que fossem eliminadas as barreiras a seu direito de voto, reconhecido em 1955, mas unicamente para as que soubessem ler e escrever em um contexto de elevados índices de analfabetismo. Da mesma forma, embora com menos tempo de espera, Porto Rico não eliminou o requisito de alfabetização até 1935, apesar de ali se reconhecer o direito de voto para as mulheres no mesmo ano do Equador, em 1929. Em El Salvador, as mulheres com curso primário, maiores de

25 anos (casadas) ou de 30 (solteiras) puderam votar em 1939, mas só se reconheceu o sufrágio feminino em igualdade com o dos homens em 1950.

Enquanto, na Europa, a onda conservadora premonitória da Segunda Guerra Mundial resistia a qualquer concessão ao insistente e paciente sufragismo, por toda a América Latina as mulheres demandavam a cidadania plena, encabeçadas por feministas de renome como a equatoriana Matilde Hidalgo de Procel – a qual exigiu em 1924, em primeira mão, que a carta constitucional se aplicasse às mulheres e conseguiu –, a porto-riquenha Luisa Capetillo, a uruguaia Paulina Luisi e a dominicana Abigaíl Mejía. Esta última organizou em seu país o chamado "voto de ensaio" a fim de demonstrar que as mulheres estavam preparadas para eleger seus representantes e representar seus interesses; obteve a participação de mais de 90 mil dominicanas nesse simulacro reivindicativo em 1934. Também houve países em que se criou um Partido Nacional Feminista, como foi o caso do Panamá, no qual a advogada Clara González de Behringer conseguiu, após décadas de luta, o reconhecimento do direito ao voto para todas as suas compatriotas, em 1945. Nesse mesmo ano, surgiu na Bolívia o Comitê de Mulheres para os Direitos Civis e Políticos, que elas obteriam parcialmente em 1947 e de forma geral em 1952.

Na Argentina, nas primeiras décadas do século XX, intelectuais e ativistas como Alicia Moreau de Justo, Alfonsina Storni e Elvira Rawson obtiveram junto a Eva Duarte de Perón o compromisso de forçar uma mudança legislativa que instaurou o sufrágio universal em 1947, o mesmo ano em que ele era reconhecido pela constituição da Venezuela.

No Chile, graças à liderança de Elena Caffarena e Amanda Labarca, o voto feminino foi aprovado em 1949, quando também as costa-riquenhas votaram pela primeira vez após anos de reivindicações, com a advogada e presidenta da Liga Feminista, Ángela Acuña Braun, encabeçando a luta.

O México tem uma história de campanha sufragista ao longo de todo o século XIX, com grandes protagonistas como Hermila Galindo e Elvia Carrillo Puerto, mas só implantou o voto feminino em 1953. Honduras e Nicarágua o reconheceriam em 1955. Colômbia em 1957 e Paraguai em 1961 concluíram a conquista do sufrágio em toda a região.

# 56

## QUE HÁ EM COMUM ENTRE A DISCRIMINAÇÃO POR MOTIVOS DE SEXO E A DISCRIMINAÇÃO POR MOTIVOS DE RAÇA?

Seu próprio fundamento: todos os seres dotados de razão são livres e iguais em direitos, ficando abolido o privilégio de sangue. Todos... menos os homens sem propriedade, as mulheres de qualquer classe, condição ou raça e os homens não brancos. Assim nasceram nossas democracias, aterrorizadas pela possibilidade da universalização dos direitos; estes supunham, por um lado, o impulso de mudança para uma nova forma de exercer o poder e organizar a sociedade; por outro, asseguravam o apoio do povo simples, que acreditou nos ideais iluministas tão profundamente quanto sentia a fome em seu estômago.

Os homens brancos burgueses se declararam iguais em valor à aristocracia decadente, cuja pretensão a governar se baseava unicamente no nascimento: os burgueses substituiriam os aristocratas, pondo fim ao privilégio de classe. Todo homem era dono de si mesmo; a vontade geral para escolher o governo das nações devia ser a soma das vontades individuais. Entretanto, essa individualidade provinha da razão, qualidade da qual a natureza privara as mulheres e os homens não brancos. Elas e eles vinham ao mundo presos a uma condição (sexo e raça) que os impedia de serem indivíduos e, portanto, de contribuírem com a vontade e o consentimento para o pacto social da nova ordem política. A feminilidade e a cor da pele se tornaram os principais baluartes do Antigo Regime, permitindo o paradoxo da abolição dos privilégios de sangue e a persistência dos privilégios de sexo e raça.

Todavia, sempre que se lança uma ideia, ela acaba atingindo alvos que escapam ao controle de quem pensou poder instrumentalizá-la. A definição de grandes valores, como a igualdade, é que eles encontram a forma de abrir caminho graças à coragem de uns poucos homens e mulheres que os elegem como seus objetivos, acreditando neles com a força necessária para transformá-los em ideais e não podendo mais traí-los sem trair a si mesmos. A medrosa burguesia e seu frágil sistema democrático talvez não tenham conseguido prever as consequências de arvorar sua própria bandeira a fim de guiar o povo para grandes ideias, princípios e valores que podiam, puderam e poderão mudar o mundo, por mais resistentes que fossem – e sejam – os diques de contenção à sua concretização em qualquer parte do planeta.

Nunca, em sua imensa maioria, os burgueses triunfantes contemplaram a possibilidade da extensão a toda a cidadania dos princípios que lhes outorgaram o poder político. Ao contrário, a justificação de sua restrição foi a regra: se uma mulher, pobre ou negro se destacavam, não eram propriamente mulher, pobre ou negro; alguma condição excepcional tinham de possuir que os separavam de seus grupos de referência e os igualavam à normalidade dos nascidos como indivíduos autônomos, racionais (homens, ricos e brancos).

A universalidade do humanismo iluminista é uma batalha que ainda hoje se trava, não porque o sexo ou a raça impeçam o acesso às urnas, embora seja assim em alguns países, mas porque a estrutura sobre a qual construímos os Estados modernos partiu da dominação de alguns seres humanos sobre outros, da hierarquia, do poder da minoria e do uso da violência toda vez que essa estrutura vertical foi questionada. Após a tomada da Bastilha, as promessas de um novo mundo, mais justo para o povo simples, se esfumaram enquanto a burguesia revolucionária alcançava o poder político aliado ao poder econômico, que já possuía e que, obviamente, ela não pensava democratizar. Poder que traiu, sem nenhum escrúpulo, seus exércitos, inicialmente formados por pobres, mulheres e escravos. Porém, uma coisa era lutar pela liberdade e bem outra ter qualificações para exercê-la. Nem mulheres de qualquer classe ou raça nem homens negros as tinham. Isso dizia Deus, mas, principalmente, a nova autoridade divina: a ciência.

O essencialismo biológico conseguirá que a raça e o sexo se situem do outro lado do reino dos seres livres, iguais em valor, mediante a elaboração de um discurso reforçado por todos os centros com poder de manipular emoções e homogeneidade de pensamento. Com efeito, a família, a escola, a Igreja e logo depois os meios de comunicação se transformarão em uma densa névoa misógina e racista que ocultará o sol da universalidade. Assim, os comportamentos fora da domesticidade e do instinto maternal das mulheres serão tratados como patologias, e não como alternativas à cultura patriarcal; do mesmo modo, a mestiçagem entre negros e brancos ou a vivência da homossexualidade se explicarão como anomalias, desvios da normatividade cultural dominante, alicerçada na superioridade do homem branco heterossexual e sua típica busca de felicidade no êxito profissional e na manutenção da família. Família entendida já como célula privada de estruturação socioeconômica, opaca e impermeável ao espaço público e político, mas, sobretudo, na qualidade de modelo nuclear, imprescindível para a atomização de seus membros graças à divisão sexual e racial do trabalho.

Desse modo, o indivíduo da modernidade será um homem; os demais, carentes de individualidade (crianças, mulheres, pobres, negros), só ganharão significado social para eles mesmos e para os demais em razão do vínculo de dependência hierárquica em torno do qual se constitui a família. Cada homem poderá (ou não) reconhecer e dotar de significado social uma mulher de sua raça, de condição social semelhante, e uma descendência legítima assegurada pela instituição do matrimônio com sua proteção legal diante de outras formas de convivência, severamente punidas no caso das mulheres (o direito civil do século XIX penalizará apenas o adultério feminino e só terão direitos os filhos nascidos dentro do casamento). Do mesmo modo, certos indivíduos poderão dispor da vida de outros, que tenham seu destino nas mãos dos amos (os escravos).

A possibilidade de comprar, tomar posse de bens e serviços em troca de dinheiro logo surge como conteúdo sólido da liberdade. Não há liberdade sem propriedade e esta, já no nascimento, não exclui a aquisição de outros seres humanos ou de seu usufruto vitalício. Os homens brancos, proprietários, adquiriam o direito de propriedade sobre a esposa e os filhos, bem como sobre os escravos e sua descendência. Só eles nasciam para o espaço público sem necessidade de mediação; por isso, ainda em nossos dias, se fala de dar ou não dar o nome (do pai, é claro) como ato de poder simbólico que individualiza e permite o desenvolvimento da personalidade. Mas se, chegada a idade, esse nome será o passaporte da individualidade para os filhos homens, constituirá para as mulheres uma simples moeda de troca com o objetivo de adquirir o nome de outro homem que não seja o pai. Assim, o casamento se converterá na transferência de significado social de uma família para outra e não na maioridade como sujeito de direitos que os homens, quer se casem ou não, alcançaram por sua mera condição masculina. Do mesmo modo, as pessoas de outras raças pertencerão a uma determinada família, que terá a liberdade de vendê-las, matá-las, protegê-las ou alforriá-las.

Juntamente com a cultura da individualidade e da capacidade de progresso de todo ser humano, evolui uma forte mentalidade que autoriza a existência de seres inferiores: todas as mulheres e os homens não brancos. A autoridade dessa mentalidade, que se enraizará profundamente ao longo dos séculos XIX e XX, encontrará sua âncora mais sólida na biologia. Médicos, cientistas, antropólogos e sociólogos insistirão em neutralizar o comportamento dos "outros", de forma que os códigos de conduta obrigatórios tanto para as mulheres quanto para as pessoas de outras raças se explicarão pela diferença insuperável de seus corpos, de sua natureza. As mulheres são criaturas inferiores porque a biologia determinou que reproduzam a espécie e isso marcará sua função social, incompatível com a evolução da cidadania e o acesso ao poder político ou aos direitos subjetivos. Contudo, além das mulheres, a natureza também fez inferiores os homens negros;

consequentemente, desde o nascimento, devido a seus fatores biológicos condicionantes, estão destinados a pertencer a outros, não a si mesmos, e sua identidade dependerá do domínio alheio. Ocorre, pois, uma expropriação da individualidade que impedirá não apenas o acesso aos direitos e bens, mas igualmente à possibilidade de a pessoa se atribuir significado e significar algo para os outros com um eu único, condição sem a qual não há humanidade.

Portanto, a exclusão das mulheres e dos negros do novo sistema político contemporâneo não é uma discriminação, mas uma injunção da natureza. Obviamente, substituiu-se a lei divina pela natural a fim de legitimar ideologias que protegessem e assegurassem o poder incontestável da nova elite. A burguesia dominante será o novo sujeito histórico graças à consolidação daquilo que Mary Nash chama de "pensamento biossocial" e que, quando a democracia romper as barreiras físicas à sua expansão, já terá conseguido implantar-se em uma mentalidade da diferença como desigualdade.

A mentalidade da inferioridade biológica, determinante da inferioridade social, elaborou um poderoso código moral de conhecimento, emoções e comportamento, estabelecendo os valores e sonhos para uma identidade desumanizada que justificava o fato de as mulheres e os homens não brancos carecerem de individualidade. Estes teriam de lutar por ela e provar que não era a biologia a responsável por seu destino, mas uma certa cultura machista e racista que os mantinha marginalizados e impossibilitados de ser donos e donas de sua definição e seu conteúdo.

# 57

## POR QUE O FEMINISMO SEMPRE FOI EXCLUÍDO DAS CONQUISTAS DE CUJAS BATALHAS PARTICIPOU?

> "Aqueles que agora nos negam nossa igualdade farão o mesmo no futuro. Portanto, temos de contar só com nosso próprio esforço para conquistar a liberdade. Não podemos abandonar nossas reivindicações. Durante séculos, fomos demasiado vítimas da má-fé para nos esquecermos de nós por mais tempo e crer que, trabalhando pelo bem geral, conseguiremos nossa parte desse bem."
>
> – Hubertine Auclert

Porque não teve sorte com seus amantes, a quem entregou tudo e de quem recebeu muito pouco. Os movimentos que defendiam a liberdade utilizaram o feminismo, mas não o amaram. Esses movimentos sempre foram interesseiros porque as mulheres constituíam um número nada desprezível para se juntar às suas fileiras e ajudá-los a alcançar seus objetivos. Na luta se reconhece o valor, mas nem sempre se cumprem as promessas que incentivam a vitória; esta sempre foi de mulheres e homens, porém, uma vez alcançada, o poder esquecia suas mães e condenava suas filhas a começar de novo. Houve homens consequentes, de palavra e com memória, mas eram em menor número e, é claro, não foram ouvidos – John Stuart Mill, por exemplo. De suas biografias, apagou-se convenientemente a defesa que fizeram da liberdade das mulheres. As diversas causas revolucionárias pela supressão de privilégios e pela defesa de novas estruturas sociais brandiram sem escrúpulos a bandeira da luta feminina para engrossar suas fileiras. Mais tarde, tomadas as muitas "bastilhas históricas", essa bandeira jamais tremularia nas sacadas de onde se anunciavam grandes mudanças. Por quê?

A prática feminista significava remover todo um sistema produtivo baseado na gratuidade do trabalho de cuidado e reprodução bem como provocar uma mudança cultural sem precedentes nas relações interpessoais. Revolução excessiva até para os homens mais revolucionários! Poucos homens estavam preparados para renunciar ao poder em casa e menos ainda quando começavam a exercê-lo na esfera pública. Abraçamos a igualdade muito facilmente, até precisarmos nos comprometer com ela e passar dos votos nupciais de fidelidade, amor e respeito, "na alegria e na tristeza", aos fatos, às consequências que em nossos sistemas jurídicos e em nossas vidas pessoais provoca a revolução dedicada a construir uma convivência sobre sua força humanista e democrática, não sobre a hierarquia e a violência.

O princípio da igualdade, isto é, seu valor e o direito a ela, estava presente desde a queda do Antigo Regime, mas continuamos ainda hoje com sérios problemas de tradução, para o mundo concreto, do que é proibido e do que é permitido fazer para garantir essa conquista. A igualdade de tratamento entre os sexos exige sempre o olhar do outro como ser livre; trata-se de uma condição, não de uma escolha. Só com base na premissa de uma humanidade igual em todas as pessoas, merecedoras de respeito individual e proteção coletiva, estaremos à altura de erigir marcos de convivência que permitam o progresso moral. Para mim, o único conteúdo daquilo que no Ocidente chamamos justiça e distinguimos da lei é o esforço para garantir uma posição equivalente, o mais simétrica possível, dos sujeitos na formação de sua vontade autônoma. Em cada época histórica e em toda parte do planeta, inventaram-se estratégias para o abandono da causa da igualdade dos sexos, quando, no dizer de Susan Faludi em seu livro *Blacklash – O Contra-ataque na Guerra não Declarada Contra as Mulheres*, a igualdade ainda não fora obtida, mas já havia os requisitos materiais e as circunstâncias propícias para isso. A fúria do Código Napoleônico contra a liberdade das mulheres não teve por causa um antecedente revolucionário em que, pela primeira vez, elas elevaram a voz e deixaram clara sua luta por direitos. O medo da igualdade entre os sexos é um medo de outro mundo ainda por vir. Nem mesmo nos primeiros anos da Revolução Soviética, com o acesso em massa das mulheres à educação e ao trabalho produtivo, no ensaio histórico de um projeto de sociedade com tanta intervenção e controle que chegava a sufocar o indivíduo, notou-se alguma vontade, por parte da ditadura do proletariado, de acabar com a ditadura do homem. Alexandra Kollontai, visionária de uma "nova mulher" para uma mudança radical das relações entre os sexos, logo seria considerada uma ameaça pela hierarquia do poder e alijada dos centros de tomada de decisões. O divórcio e a autonomia física e econômica das mulheres por meio de uma maternidade de escolha, compatível com seu desenvolvimento pessoal e profissional, logo foram declarados reformas contrarrevolucionárias: tudo podia mudar, exceto a possibilidade de cada homem dominar uma mulher.

As revolucionárias francesas contra os privilégios de sangue, as contestadoras americanas contra a escravidão e a hierarquia eclesiástica, as "Vesuvianas" que na revolução de 1848 decidiram se armar para proteger seus direitos, as "Amazonas da Comuna" na Paris revolucionária e socialista de 1871, as iluministas espanholas no reinado de Carlos III, as guerrilheiras contra o fascismo, as patriotas e heroínas nas duas guerras mundiais, as mulheres brancas contra o *apartheid*, as patriotas nos processos de independência da América Latina, as guerrilheiras argelinas da Frente de Libertação Nacional, as mulheres vestidas de preto, árabes e judias, tentando construir a paz, a Associação de Mulheres Africanas organizadas para a Pesquisa e o Desenvolvimento... Elas foram e são agentes em todos os processos de mudança, mas a narrativa histórica no masculino silenciou seu protagonismo, que quando é resgatado pelos estudos feministas se integra à consciência popular como um anexo, um acidente inoportuno na memória. Assim, enquanto o discurso masculino e seus protagonistas, desde o *Homo sapiens* representados sempre como homens nas eras "do macho", são minuciosamente assimilados durante toda a etapa escolar obrigatória (além de confirmados pelos quadros dos museus, as estátuas das praças e os nomes das ruas), a genealogia das mulheres se resume em um livro que nos chega às mãos (e à mente) na idade adulta, quando temos essa sorte. Enquanto livros como este que está diante de vocês constituírem uma possibilidade, em vez de integrar-se à nossa educação, continuaremos obrigadas a dar infinitas explicações antes de começar a aprender algo da metade negada de nosso passado. Zohra Drif, Hassiba Ben Bouali e Baya Hocine, que tomaram parte ativa na condução da batalha de Argel, expressaram isso de forma contundente após a vitória em 1962: "Elas haviam derrubado barreiras e, quando estas se refizeram, foram excluídas".

Alexandra Kollontai (1872-1952). Revolucionária feminista, acreditava na libertação do proletariado e, com ele, no advento de uma "nova mulher", livre e autônoma, dona de seu destino. Capitalismo e patriarcado deveriam morrer juntos.

# 58

## Por que as mulheres sempre estiveram tão perto de Deus e Deus tão longe delas?

"Dezenas de milhares de bíblias são publicadas a cada ano, circulam por todo o globo habitável e o povo, em todas as nações de língua inglesa, as venera como a Palavra de Deus. É inútil, pois, minimizar sua influência. As inclinações sentimentais que todos temos por aquilo em que nos ensinaram a crer como sagrado não cedem facilmente à pura razão."

– Elizabeth Cady Stanton

Isabel, a Católica, em seu testamento, doou 1 milhão de maravedis para as solteiras sem fortuna se casarem e mais 1 milhão para as que decidissem se tornar religiosas. Uma mulher sem dote não valia nada. O casamento era um negócio ou investimento em que o pai cedia a propriedade das filhas a outro homem, o qual adquiria o direito exclusivo de acesso a seu corpo e à disposição de seus bens e descendentes. Na vida civil, as mulheres que conseguem escapar ao destino de "ser para outro" e viver pelas próprias mãos e cabeça constituem exceção, mas isso não quer dizer que as tentativas de resistência à subordinação tenham sido poucas e raras em todos os tempos e lugares.

A religião sempre foi esquiva e de dupla face para as mulheres que sentiam não pertencer ao mundo onde precisavam viver. Não obstante, quando sua autonomia parecia ameaçadora, o poder não hesitava em tapar essa brecha aberta na subordinação geral, criando estigmas sociais que exibimos até hoje: a solteirona, as preciosas ridículas, a machona, a bruxa... De fato, a vida religiosa oferecia uma alternativa à maternidade e ao casamento, alternativa de isolamento e disciplina, mas sempre alternativa, distante do destino conjugal aleatório. Santa Teresa de Jesus, mulher que cultivou a individualidade por meio do misticismo, nos deixou um testemunho disso em sua obra *Caminho de Perfeição*:

> [...] não conhecem a grande misericórdia que Deus lhes fez escolhendo-as para ficarem livres da sujeição a um homem; o qual, muitas vezes, lhes tirava a vida e sabe Deus se também não a alma.

A religiosidade aparecerá como fuga ao pai e ao marido, mas nunca irá supor exercício de poder autônomo por parte das mulheres. Até nas orações a organização feminina tem sido controlada pelos homens. Não demorou para o patriarcado evitar a possibilidade de acumulação de poder feminino graças à organização em congregações religiosas e, em 1215, o Concílio de Trento decretou a subordinação de toda comunidade religiosa feminina a uma autoridade eclesiástica masculina, propondo alternativas para a vida conjugal e familiar como o misticismo, as comunidades de beguinas ou os mosteiros femininos.

Meu primeiro trabalho como docente foi em um colégio religioso. Nele, a madre Angelines, que na época deveria ter a idade de minhas avós, me contou que a ordem lhe permitira estudar e viajar. Graças à sua vocação, formou-se em matemática e filologia hispânica, tendo morado no Japão e nos Estados Unidos; concluí então que, mesmo sem ser livre, ela havia encontrado um caminho de realização que um bom casamento e muitos filhos na Espalha franquista nunca lhe teriam permitido. Gozava de segurança econômica e tempo para o estudo. Na sociedade espanhola do século XXI, a igreja deixa de ser atraente para as mulheres, que sem ela podem desenvolver sua autonomia. Mas nem sempre foi assim e não o é em grande parte do planeta. A solidariedade preceituada pelas diferentes igrejas ainda hoje funciona como uma porta, talvez a única, para as mulheres conquistarem sua autonomia existencial; às vezes mesmo, como nos momentos e lugares em que o fundamentalismo se impõe, para conceder-lhes segurança física.

Na periferia de Paris, a terceira geração de jovens nascidas de imigrantes do Magrebe utiliza o véu como extensão dos muros de onde não devem sair por segurança; chamam-nas de "meninas da bolsa" porque, passada a fronteira do bairro em que a religião se converteu em uma reivindicação pela falta de oportunidades e pela "guetização", se apressam em escondê-lo em uma bolsa e vão para a universidade de rosto descoberto. Quando o lugar é verdadeiramente laico já não precisam demonstrar que são muçulmanas por fora para sentir sua religião por dentro.

Ao longo da história, o corpo e o comportamento das mulheres foram convertidos na bandeira que marca o território da verdade de cada uma das religiões inseridas por suas hierarquias patriarcais correspondentes no dogma oficial. A vivência da religião na intimidade é algo que somente o laicismo conseguiu em determinados momentos e lugares. A aliança entre o poder e a religião sempre se valeu daqueles que tinham menos possibilidades de questioná-la e mudá-la: as mulheres e os menores de idade, que muitas vezes se equiparam, pois as primeiras são impedidas de sair da meninice assinalada pela obediência.

Não, as mulheres nunca estiveram mais perto dos deuses, pertencessem estes à igreja que fosse. A subordinação das mulheres nas sociedades patriarcais, que lhes vedavam a autonomia física, intelectual e econômica, converteu-as e converte-as em protagonistas forçadas de um papel não escrito por elas, mas que é delas e somente delas, por mais injusto que possa parecer com base no laicismo e nos valores democráticos da igualdade e da liberdade. Quando não consegue ser nada, a mulher sempre pode ser uma boa cristã, uma boa judia, uma boa muçulmana.

As igrejas precisam das mulheres, contam com elas para encher os templos, para que insistam em batizar suas filhas e seus filhos com o sobrenome paterno, para que contenham a sexualidade dos homens que não conseguem conter-se, para que preservem os ritos familiares e ensinem orações em casa, para que cubram seu rosto e o de suas filhas e, sobretudo, para que tudo passe por uma escolha pessoal. Porém, as mulheres também, novamente com base no feminismo, defenderam a religião para mudar as instituições religiosas e apelaram a um igualitarismo fundamental que os homens haviam pervertido escudando-se no poder para obtê-lo.

Somente a garantia de espaços laicos, nos quais se desvincule o poder da religião, possibilitará que cada um, homem ou mulher, esteja perto ou longe de seu deus sem necessidade de bandeiras nem símbolos de poder terreno, entre eles a conversão do corpo e da liberdade das mulheres em sacrifícios de fé. A sexualidade e o comportamento em geral das mulheres não podem continuar sendo o salvo-conduto para que os homens não percam o vicariato exclusivo da mensagem divina, casualmente impregnada de altas doses de culpabilidade para elas, que não têm voz nos templos. Isso não mudou; e as diferentes religiões, como porta-vozes de um sistema moral que aspira à universalidade da organização social e à homogeneização da mentalidade, continuam definindo seus credos como um sistema fortemente hierárquico e patriarcal. Os templos, cheios de mulheres, continuam muito vazios de autoridade feminina.

Escola auxiliar na Enfermería de las Hermanas Juanistas, Cali, Colômbia. A vocação religiosa assim como a oportunidade de formação e trabalho tentam de mãos dadas ajudar as mulheres.

A religiosidade, como parte da identidade cultural, recai sobre as mulheres enquanto guardiãs dos princípios morais que os homens podem não cumprir caso estejam com uma mulher que os cumpra para eles. Para as mulheres, a religiosidade sempre funcionou como um *corpus* de identidade normativa, tanto mais fortes quanto mais escassas forem suas oportunidades de autonomia, de busca e escolha do próprio destino. Se não existe liberdade para se movimentar, procurar alimento, educar-se, alcançar riqueza e poder, deve-se suprir a necessidade de exercitar a vontade em um terreno permitido, e esse âmbito tem sido a religião; afinal, o pai supremo está acima do pai biológico, do chefe ou do marido. Ser serva de uma divindade elude a servidão terrena e constitui um apelo mínimo, mas ainda assim um apelo, à vontade, uma vontade dirigida para que não ameace a qualidade de boa cristã, judia ou muçulmana. Deus se converteria em um marido polivalente para todas as que não encontrassem sustento e proteção na Terra.

# 59

## As primeiras feministas eram cristãs?

"Não há homem nem mulher, pois todos são um em Cristo."

– Gál., 3, 28

Não era só a necessidade que forçava as mulheres a abraçar a fé: a reclusão chegou a ser, para as cristãs, um espaço de liberdade em vista do homem de carne e osso, cobrando sempre, é claro, o preço obrigatório dos votos de castidade, obediência e pobreza feitos a outro homem incorpóreo, Pai, Filho e Espírito Santo. As mulheres romanas aprenderam rapidamente que a *manus* (a autoridade masculina) era mais fraca quanto mais distanciada estivesse a pessoa que a exercia, de modo que muitas delas optaram por manter a do pai para se esquivar à do marido; assim também, as europeias, até o Renascimento, encontraram nos mosteiros uma fuga ao matrimônio e à maternidade obrigatória. Essa era uma independência paradoxal, no confinamento que lhes permitia satisfazer às suas necessidades básicas e, a algumas, pensar, ler e escrever por conta própria. Não é de estranhar que, por mais estreito e pacífico que fosse esse espaço alternativo de vida para as mulheres, o poder o vigiasse de perto: portanto, alguma ameaça devia existir nessa prática marginal. As místicas, beguinas e importantes abadessas que viviam nas comunidades de mulheres sem intervenção dos homens não resistiram à suspeita patriarcal e acabaram submetidas à obrigatoriedade do confessor varão e à hierarquia de uma autoridade masculina.

É significativo que em meados do século XIX, coincidindo com a luta pelo sufrágio e os direitos à educação das mulheres em todo o Ocidente, o papa Pio IX aprovasse em sua encíclica *Inneffabilis Deus* (1854) o dogma da Imaculada Conceição. A única mulher protagonista do Novo Testamento, Maria, é um claro contraponto à Eva pecadora. Esta será a única responsável pelo pecado original, do qual sua contrapartida, Maria, se viu livre ao conceber para, sempre virgem, servir de corpo puro na gestação e na iluminação do Filho de Deus. Todas pecadoras, menos a mãe das mães! Quanto mais mãe, menos pecadora – e o pecado, claro, tem tudo a ver com o reconhecimento da sexualidade feminina. A nova mulher moderna, com sua estética andrógina, de calças, cabelo curto e cigarro nos lábios, no período entreguerras invocará de novo esse fantasma e será tanto mais perigosa quanto mais negar os atributos da maternidade.

Enquanto, na Europa, a prostituição chegava a cifras escandalosas devido aos baixos salários femininos e a proibição da investigação de paternidade deixava as mães solteiras sem possibilidade de sobrevivência, a igreja oficial contra-atacava reforçando o símbolo da mulher livre de desejo, do poder criador reservado aos homens, uma mulher que sem sexualidade podia reproduzir. Reforça-se desse modo a mensagem cultural que opõe a mãe à prostituta. As mães não têm desejo, as casadas devem ser obedientes, castas e sem outra propriedade além de sua família, a que devem se consagrar por amor. Toda atividade fora de sua função reprodutora resultará em mal-estar social pelo qual serão responsáveis as mulheres como Eva, que querem ler e escrever, comer o fruto da árvore da ciência do bem e do mal, exercer profissões bem remuneradas e inclusive governar-se e governar. Nada poderia se opor mais ao modelo oficial da boa cristã. De fato, não faz muito tempo, qualquer mulher se "marianizava" na pia batismal: bastava para isso antepor, ao seu, o nome-símbolo do destino exemplar de todas as mulheres: Maria. Todas eram Marias, até Madalena, que acabaria redimida e ganharia o perdão como Maria Madalena.

Não obstante, todo sistema de dominação tem seus paradoxos, que possibilitam aos dominados entrar na residência do amo e, em momentos de mudanças ou crises, acessar seus instrumentos de poder. No caso da religião, a leitura e a escrita dos textos sagrados obrou o milagre da autoestima, como condutoras e não somente portadoras da fé para as mulheres alfabetizadas. A leitura individual e a reflexão compartilhada implicam sempre o risco de interpretação e crítica. O deus dos templos e o poder religioso ficam longe das mulheres, apesar de elas cumprirem sua vontade para a salvação das famílias e dos povos; entretanto, cedo ou tarde elas reivindicariam sua própria espiritualidade fora de uma religião tão mundana, tão presa ao poder político e econômico que as convertia em filhas de um deus menor.

As primeiras feministas serão crentes dissidentes, a quem a Reforma Protestante permitiu interpretarem as escrituras sagradas; mas, para isso, era necessário que aprendessem a ler, e, lendo, começaram a interpretar também o significado da injustiça de sua subordinação a seus irmãos homens. Como, lendo revistas em quadrinhos, se chega ao *Dom Quixote* com maior probabilidade estatística do que não lendo nada, a leitura da Bíblia, que exigia a ruptura protestante ou, em outro contexto, o acesso à universidade das mulheres muçulmanas, implicaram e implicam um questionamento da subordinação da mulher ao homem e sua proibição de ser intérprete e transmissora da mensagem divina. Indo além, a racionalidade e a igualdade, como atributos que Deus queria para seus filhos e filhas, levaram as teólogas feministas das três grandes religiões monoteístas a propor uma fé sem hierarquias, sem violência, sem medo à liberdade.

Uma teologia com base na perspectiva de gênero nascerá unida à luta pelo sufrágio na América do Norte. As quacres Elizabeth Cady Stanton e Lucrecia Mott convocaram para uma capela a convenção da qual nasceria a Declaração de Sentimentos ou reinvindicação da igualdade legal de ambos os sexos. Para isso utilizaram a legitimidade do próprio texto de Declaração de Independência de 1776, substituindo a menção ao rei da Inglaterra Jorge IV por "homem", em um paralelismo entre a opressão do colonizador que impunha deveres e não direitos, que obrigava a cumprir leis sem a participação dos governados, e a situação civil, política e religiosa das mulheres. Da mesma maneira, decidiram refutar os argumentos bíblicos utilizados para manter a inferioridade da mulher em relação ao homem. As sagradas escrituras deveriam passar por uma leitura crítica de modo a contextualizar tanto o relato histórico sobre etapas de civilização primitiva, dirigido a comunidades nômades e sem acesso ao conhecimento científico, quanto a verdadeira mensagem de Deus, poder criador a ser desvinculado da "lei do Pai", pois não podia ser vontade de Deus criar suas filhas inferiores a seus filhos, já que todos eram irmãos.

Desse modo, a utilidade da sujeição das mulheres e o controle de seus corpos pelos homens, assim como a identificação do pecado original com a figura feminina, deveriam ser interpretados em pé de igualdade, pois nenhum sentido há em que as mulheres povoem a terra, reproduzindo a espécie, e ao mesmo tempo a sexualidade se associe ao mal, com a maternidade condenada à dor e ao sofrimento.

O trabalho não foi fácil. Elizabeth Cady Stanton e Susan Brownell Anthony reuniram um comitê de 26 mulheres eruditas, tradutoras de grego e hebraico, que se empenharam em fazer uma releitura das sagradas escrituras sob o prisma da igualdade de todos os seres humanos. Sua árdua tarefa deu lugar, em 1895, a um dos *best-sellers* da época, que a Igreja oficial, obviamente, renega: *A Bíblia da Mulher*.

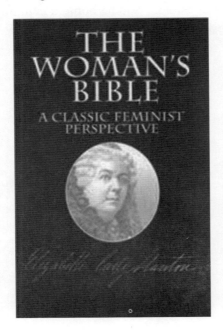

*A Bíblia da Mulher*, publicada em 1895 por Elizabeth Cady Stanton, em defesa de uma leitura feminista da mensagem divina.

Esse trabalho, verdadeira ofensa ao poder eclesiástico em plena era vitoriana, foi proibido e classificado como obra de Satanás. Suas promotoras – religiosas, abolicionistas convictas, feministas e defensoras dos direitos trabalhistas das mulheres – não puderam responder senão que o diabo não iria se divertir com uma tarefa tão insignificante quanto a tradução e a interpretação dos textos sagrados para a igualdade das mulheres, já que estaria muito ocupado orientando as vontades masculinas nos congressos e parlamentos que negavam a elas os mais elementares direitos de cidadania.

A hermenêutica feminista da mensagem de Cristo sobreviveu à margem da hierarquia eclesiástica. Atualmente, teólogas feministas como Anne Hutchinson ou Elisabeth Schüssler Fiorenza esforçam-se para fundamentar uma alternativa à exegese androcêntrica que a mensagem de Cristo nos legou. Vinte volumes sob o título de *A Bíblia e as Mulheres* reúnem o esforço coletivo para recuperar o núcleo de liberdade que, sem distinção de sexo, a metáfora religiosa contém, interpretando a superioridade masculina bíblica como produto histórico do filtro imposto à palavra de Deus pelo poder civil da época; nas palavras de Paulo: "Não há homem nem mulher, pois todos são um em Cristo" (Gál., 3, 28).

# 60

## COMO O PATRIARCADO CONSEGUIU ALIAR-SE TANTO À RAZÃO DA FÉ QUANTO À FÉ DA RAZÃO?

"Estará a Terra tão vazia de ti que precisemos te buscar no céu?"

– Hallach, *Poèmes Mystiques*, tradução de Samir Alí

Para além de toda fé, a religião constituiu, e constitui, um sistema fechado de crenças sobre o qual se regula uma determinada sociedade para o controle de seus integrantes. As religiões têm sido um rígido sistema jurídico que só consegue impor-se com a ajuda do poder político e da força, não da liberdade de crença. Quando a religião ocupa tudo, nada ou quase nada se discute – e a hierarquia entre homens e mulheres bem como seu papel social e seus direitos são menos que tudo. Somente quando se abrem espaços laicos a religião pode ocupar um lugar subsidiário de controle social, e os homens nunca gostaram da perda do protagonismo e da autoridade exclusiva.

No Renascimento, a razão da religião nas sociedades ocidentais dá espaço à razão da natureza, que acabará se convertendo na razão da ciência. Embora o pensamento religioso não vá desaparecer de nossa estrutura cognitiva, para não falar da organização político-jurídica coletiva na qual esta se desenvolve, a ciência se converterá na nova divindade criadora de metáforas sobre a condição humana e o comportamento social, fundadas em um positivismo reducionista que conseguirá transmutar as crenças religiosas em teses científicas, as quais também nos parecem indiscutíveis.

Dois são os argumentos tradicionais que os seres humanos têm utilizado para explicar as formas de organização coletiva e o comportamento de seus membros: as leis divinas e as leis naturais, entendidas ao longo da história como limite de segurança para o potencial do humano e o deslocamento da sua responsabilidade moral e política para a obediência coletiva. A atividade humana é hábil em criar legitimidades pela sanção de instâncias que não podem responder, somente contestar: por Deus e pelo destino natural, continuam sendo escritos discursos, leis e até constituições de Estados democráticos atuais.

No terreno das relações entre os sexos, a grande invariável será o rebaixamento das mulheres a um *status* inferior ao do homem, sem possibilidade de assumir o papel de intérpretes da lei divina, já que se veem dominadas em maior medida pelas prescrições da natureza ou daquilo que estabelecemos como natural. Não obstante, construímos a natureza humana do mesmo modo que construímos a cultura. As diferenças nas roupas entre homens e mulheres são um fato inteiramente cultural e nunca neutro. Basta refletir o fato de que ainda hoje são utilizadas como instrumento de dominação masculina, pois servem tanto para negar o rosto das mulheres, sob pena de perderem a vida por isso, como para afirmar os atributos sexuais coisificados na expropriação de sua racionalidade em troca da perda da aceitação social.

Os deuses e a natureza foram e são as duas grandes legitimações para dar imunidade crítica à ordem estabelecida e assegurar os privilégios que ela encerra. O primeiro argumento, a lei divina, constitui um código fechado transmitido ao longo da história mediante a escritura e que, revestido da qualidade do sagrado, fecha o círculo da sua possível evolução. Assim se restringirá a uma elite minoritária a interpretação das normas de conduta e das sanções associadas a seu descumprimento. O segundo postulado, o das leis naturais, a princípio foi confundido com o primeiro, já que era a natureza sacralizada, o inevitável. Dessa forma, os seres humanos só podiam aceitar sua fortuna ou sua desgraça. A modernidade, separando o divino e o humano, a fé e a razão, a religião e a ciência, possibilita a intervenção humana e sua responsabilidade terrena, histórica.

O laicismo é um dos processos imprescindíveis para a evolução das democracias modernas porque o indivíduo, dotado de vontade, não pode justificar certas tomadas de decisão apelando para os desígnios divinos. Assim, a partir de então, abre-se o espaço para o debate sobre o bem e o mal, o correto e o incorreto de acordo com parâmetros humanos, não divinos ou naturais. Porém, a intervenção divina se converterá em uma espécie de sombra protetora diante da possibilidade de atuação consciente e causal que, pela primeira vez no futuro da sociedade, os seres humanos possuem. Ciência, religião e natureza continuam coexistindo, com a diferença qualitativa da consciência do poder de transformação daquela sobre estas, que cooperam precisamente para garantir a exclusão da universalidade do projeto iluminista: fé e biologia continuarão cumprindo a função de contrafortes para os muros do privilégio.

As religiões são uma questão de fé – e a fé não deve ser pensada, mas vivida. A natureza é um estado de permanência, inevitável quanto aos limites que imporá à atuação humana condicionada por ela. Não se pode ir contra Deus, como também não se pode ir contra a natureza, e às vezes ir contra Deus é ir contra a natureza e vice-versa, de forma que encontramos duas legitimações no *feedback* mútuo para fugir à nossa responsabilidade moral e política. Não obstante, essa aliança entre divindades e estado selvagem foi construída sobre uma grande contradição: os animais, como criaturas da natureza, não têm deuses capazes de salvá-los da consciência de uma existência finita que, no entanto, caminha para a frente e procura, graças à memória coletiva, resistir ao fato natural da morte.

# 61
## As filhas de Marx eram feministas?

"Ou as mulheres são iguais aos trabalhadores e burgueses ou os burgueses são, como eles mesmos afirmam, superiores aos trabalhadores e às mulheres. Saibam, cidadãos, que vocês só podem se basear na igualdade de todos os seres para exigir fundamentalmente seu acesso à liberdade. Se não ancorarem suas reinvindicações na justiça e no direito natural, se, como proletários, quiserem conservar também privilégios, os privilégios do sexo, eu lhes pergunto: que autoridade têm para protestar contra os privilégios de classe?"

– A. Hubertine

Essa pergunta pode ser literal e metafórica, literal porque do filósofo alemão só sobreviveram três filhas das sete criaturas que sua mulher, Jenny von Westphalen, trouxe ao mundo. As três militaram na causa socialista e vivenciaram pessoalmente a Comuna de Paris e o exílio londrino. Jenny Longuet, a mais velha, destacou-se por seu apoio à causa nacionalista irlandesa, que defendeu em colaborações jornalísticas, e morreu jovem. Laura, um ano mais nova que sua irmã, traduziu *O Capital* para o francês e dedicou a vida à Internacional Socialista, suicidando-se junto com o marido quando ambos consideraram que já não tinham mais forças. Eleonor Marx, a mais jovem, trabalhou como secretária do pai e difundiu sua obra pela Europa e pela América, e fundou a Liga Socialista como cisão da Federação Social Democrata, de cuja linha mais autoritária discordava.

Marx também teve duas filhas adotivas, duas comunistas procedentes do descontentamento militante que começava a ser organizado em Moscou, as irmãs Sofia e Anyuta, esta última grande cientista, primeira mulher doutora em matemática e ganhadora do Prêmio Bordin, pelo qual foi chamada de "Princesa das Ciências", não sem seu protesto pela contradição entre o mérito e a impossibilidade de receber um salário que lhe garantisse a emancipação.

E as filhas metafóricas de Marx? O feminismo se nutriu do marxismo como anteriormente havia feito do socialismo utópico de Owen, Fourier e Saint-Simon, assim como de qualquer causa que argumentasse em favor da extensão de direitos e a reinvindicação de uma mudança na hierarquia do poder. No entanto, como observaram as militantes do primeiro socialismo, rapidamente as mulheres compreenderam que faltava um novo homem para que as revoluções não continuassem adiando a igualdade dos sexos.

Desde o marxismo, e posteriormente o leninismo, defendeu-se energicamente a necessidade de uma nova ordem socioeconômica que abolisse as diferenças de classe sustentadas pela exploração da massa proletária por uma minoria. O patriarcado foi visto como mais uma estrutura nas relações de dominação e, portanto, o triunfo do socialismo implicaria *per se* sua abolição e a libertação das mulheres. Bastaria que a especificidade da hierarquia entre homens e mulheres bem como a dupla discriminação destas como "proletárias dos proletários", na expressão de Flora Tristán, fossem eliminadas para se atender à revolução trabalhista.

Novamente, como na Revolução Iluminista, surge um amor sem futuro baseado na conveniência de que a metade dos socialistas, as mulheres, apoiasse a luta pela igualdade, mas sem o talento para a análise e o reconhecimento da complexidade dos mecanismos de subordinação do patriarcado. Este atua para além da estrutura econômica e do sistema jurídico, pois se enraíza na família, no trabalho reprodutivo e de cuidado, na construção da identidade, na sexualidade e na vida afetiva.

Clara Zetkin e Alexandra Kollontai abraçaram o marxismo em defesa de uma solidariedade que devia necessariamente permear as relações privadas. Haveria novos homens e novas mulheres, donos do fruto do seu trabalho e com condições trabalhistas dignas, equitativas. Isso acarretava uma transformação profunda na vida cotidiana, exigindo, pela primeira vez, não somente que as mulheres tivessem os mesmos direitos que os homens, mas também que se estabelecessem condições materiais para isso: controle da natalidade, divórcio, acesso a toda espécie de educação e trabalho e, portanto, salários de autonomia com proteção estatal da maternidade e da infância. Os progressos nos direitos das mulheres começaram assim a ser considerados termômetros de sua extensão à população em geral. Se uma trabalhadora conseguia um salário digno, significava que os trabalhadores também deveriam consegui-lo. Na atualidade, a lacuna salarial de gênero e a autonomia econômica das mulheres continuam sendo um desafio da luta feminista, de forma que o aumento do nível de evolução de um país continua podendo ser medido pela qualidade de vida das suas mulheres.

Se o feminismo abraçou o socialismo, este, disposto a avassalar a Europa removendo a estrutura produtiva para, com um "novo homem", com uma nova consciência, implantar a justiça social, não foi capaz de integrar em sua agenda de emancipação uma "nova mulher" para a revolução total, como diria Victoria Sau, mas excluiu o âmbito privado e as relações interpessoais de suas análises e propostas. Socialismo e comunismo ficaram cegos para a exploração historicamente adaptada a cada ordem econômica, política e moral, que permite ao homem mais desvalido da Terra ter privilégios e poder sobre uma mulher.

A subordinação legal e material das mulheres parecia o verdadeiro fantasma que nem o liberalismo nem o socialismo quiseram ver. De novo o amante, que tanto prometeu durante a batalha, não quis compartilhar a vitória, talvez porque, até hoje, nunca haja subido aos nossos altares políticos o horizonte verdadeiro da igualdade, aquele que exige uma mudança radical de mentalidade e organização social.

O fim do capital e a libertação da classe proletária pressupunham necessariamente a liberação da mulher, asseguravam os líderes socialistas; no entanto, uma vez mais, o patriarcado resistiu por baixo ou por cima dos sistemas econômicos e políticos, pois sua raiz se encontra na constituição interna de cada ser humano, que sobrevive no privilégio masculino como bactéria resistente à coerência lógica do sonho da democracia material.

# 62

## PARA ONDE VOARAM OS "ANJOS DO LAR" NA REVOLUÇÃO INDUSTRIAL?

"A mulher da nova sociedade será plenamente independente no aspecto econômico e social, não estará minimamente submetida a nenhuma dominação nem exploração, enfrentará o homem como pessoa livre, igual e dona do seu destino."

– August Bebel

O século da individualidade e da liberdade é também o século no qual, pela primeira vez, apareceram "as massas", que é como se começa a conceber a cidadania. A produção industrial passa a permitir a convivência, em pequenos e insalubres espaços urbanos, de um grande número de pessoas. Eram famílias numerosas com filhos e filhas destinados a amargar a fome e a doença, condenados ao analfabetismo de seus pais, ao trabalho em troca da mera manutenção ou da mendicidade, à delinquência ou à prostituição quando a margem estreita da sobrevivência se esgotava. Se algo caracteriza os séculos XIX e XX, além da aceleração dos progressos tecnológicos e científicos, é a existência de um exército de seres humanos desclassificados: "quarto estado", como o chamaria Clara Campoamor quando apelou para a legitimidade da II República espanhola a fim de obter o sufrágio universal e não permitir uma "constituição aristocrática de privilégio masculino" com um "quinto estado", as mulheres.

Depois da Revolução Francesa, o sistema político e moral da burguesia era, para a maior parte da população miserável, apenas uma miragem, como o reflexo de lareira e comida para a pequena vendedora de fósforos do conto de Andersen. Os homens declarados livres morriam de fome, frio e doença e não podiam sustentar suas esposas, totalmente privadas de sua condição angelical em função do trabalho nas minas, fundições ou fábricas. Mulheres donas de nada que, longe de consagrar-se à maternidade, adicionavam-na à sua jornada em troca de pouco mais do que podia ganhar uma criança. Só eram donas de sua fome; a lei, o pai, o marido e o patrão dispunham do restante. O século XIX será testemunha do cinismo intelectual que apelava para a sensibilidade, a delicadeza e a debilidade das mulheres a fim de negar-lhes, "para seu próprio bem", o penoso trabalho de exercer a cidadania, votar em seus representantes e defender seus interesses, enquanto a maior parte delas servia de mão de obra barata em condições tão desumanas quanto as dos homens.

A luta para mudar a condição política das mulheres, diante da resistência patriarcal a conceder-lhes o direito ao sufrágio, transformou-se logo na urgência de transformar também sua condição social. As feministas socialistas, sem abandonar a luta pelos direitos civis e políticos, se reconheceram na intempérie jurídica e na precariedade humana a que as condenava a dupla subordinação em casa e no trabalho, não só em relação à classe burguesa, mas também perante seus maridos e companheiros trabalhadores. Basta compulsar os testemunhos de trabalhadoras, que pela primeira vez começaram a ser coletados, para, na mesma trajetória da justiça social, exigir humanidade desde o feminismo até a Revolução Industrial:

> Trago uma correia ao redor da cintura e uma corrente entre as pernas, e tenho que rastejar. A inclinação é acentuada, nos agarramos a uma corda ou ao que podemos, quando não há corda [...]. O poço está encharcado e a água cobre nossas galochas. Às vezes, nos chega às coxas. Minha roupa fica molhada durante quase todo o dia. Eu nunca fiquei doente, afora os partos. Minha prima cuida dos meus filhos enquanto trabalho. Estou cansada quando chego em casa à noite; às vezes durmo antes de tomar banho. Já não me sinto tão forte quanto antes e vou perdendo resistência no trabalho. Tirei carvão até me esfolar; a correia da corda é pior quando se está grávida. Meu marido me bateu mais

de uma vez por eu não estar disposta. No começo não conseguia me acostumar, e ele tinha pouca paciência. Vi mais homens baterem em suas companheiras.

– Kate Millet, *Política Sexual*, citando Wanda Neff, *Victorian Working Women*, 1929.

Se o marxismo e o feminismo cruzaram alguma vez seus caminhos foi com a bússola do internacionalismo. O *slogan* "proletários do mundo unidos" foi criado por uma mulher, Flora Tristán, que pode ser considerada a primeira feminista socialista. Em 1843, sua obra *União Operária* ecoava a dupla voz da opressão que ela viveu pessoalmente, como mulher e trabalhadora. Para ela os "ninguém", os despossuídos, os trabalhadores viviam contribuindo para cadeias mais pesadas do que as de classe, como partícipes da hierarquia do sexo, e, portanto, as operárias eram as proletárias dos proletários. Dedicou sua vida e sua obra à defesa do direito à autonomia econômica e à possibilidade de decisão política das pessoas que, sem educação, mantidas na fronteira da subsistência, estavam de fato fora do projeto civilizatório que utilizava sua força de trabalho para a prosperidade de uma minoria de homens privilegiados.

A intersecção entre igualdade social e igualdade de gênero esteve presente desde o germe do feminismo, pois logo as mulheres entenderam que não há liberdade sem pão ou escola. O feminismo liberal e o feminismo socialista convergiram nos momentos decisivos em que se vislumbra a oportunidade de promover mudanças. O primeiro considerava o sufrágio como instrumento para a reforma das leis e o segundo, fiel à revolução proletária, reivindicava uma mudança de estruturas.

As feministas socialistas irão unir todas as mulheres defensoras da justiça social mediante o reconhecimento dos direitos dos trabalhadores e trabalhadoras e o reequilíbrio legal da hierarquia capital-trabalho, considerando o sexo como opressão específica acrescentada à da classe, sancionada legalmente, confirmada por preconceitos aprendidos e silenciada ou mesmo justificada pelo sistema patriarcal, tanto na antiga quanto na nova ordem.

As mulheres, muito antes do *Manifesto Comunista*, perceberam que de nada servia a liberdade se não fossem garantidas as condições materiais para converter esse valor em "poder ser e fazer", assegurando a integridade física, a possibilidade de desenvolvimento intelectual e profissional e uma remuneração justa que levasse em conta as condições de trabalho. Todas acreditavam firmemente que a igualdade era uma só e que era impossível lutar pela igualdade de classes mantendo a tirania do sexo. Não se equivocavam em sua coerência, mas sim em confiar na capacidade de respeitá-la por parte de quem se beneficiava dos privilégios.

Do mesmo modo que as abolicionistas viram os homens negros não apoiarem suas companheiras de luta quando chegou a hora de defender seu direito ao voto, socialistas e comunistas enfrentaram logo a resistência patriarcal à igualdade entre mulheres e homens.

O fato de o socialismo ser narrado, analisado, defendido e criticado até nossos dias, formando parte da nossa bagagem educativa, enquanto o feminismo continua pedindo permissão para nos contar o que ele fez por todos nós e por nossos sistemas políticos democráticos, é uma prova da deslealdade constante para com o necessário conteúdo universal do valor da igualdade, desfigurado historicamente na parcialidade do sexismo estrutural.

# 63

## POR QUE O ANARQUISMO NÃO SOUBE AMAR A LIBERDADE DAS MULHERES?

"A história do progresso foi escrita com o sangue dos homens e mulheres que se atreveram a abraçar uma causa impopular, como, por exemplo, o direito do homem negro a seu corpo ou o direito da mulher à sua alma."

– Emma Goldman

Lucía Sánches Saornil, fundadora da associação feminista Mulheres Livres e uma das principais representantes do anarcossindicalismo feminista na Espanha durante a II República, esclareceu que o anarquismo via a opressão do Estado, da classe, do capital, mas era cego à opressão da metade da raça humana, as mulheres. O significado que o patriarcado atribui às relações entre os sexos volta a se justificar como natural, não fundado na violência que subordina as mulheres. A coerência é difícil quando o poder a ser questionado oferece ao mesmo tempo, gratuitamente, prerrogativas e privilégios: estes não parecerão tão urgentes de abolir quanto aqueles que os outros possuem e nós não, em detrimento de nossa liberdade.

A anarquista espanhola Lucía Sánchez Saornil, cronista de guerra, poeta e sobretudo ativista, fundou a organização feminista Mulheres Livres, que chegou a contar com 20 mil mulheres durante a guerra civil.
Em 1938, ocupou a secretaria-geral do Conselho-Geral de Solidariedade Internacional Antifascista.

Mas a liberdade é uma só, como a discriminação ou o preconceito, e não se pode ser um anarquista coerente com o ideal desse movimento sem apoiar a causa da emancipação das mulheres, de sua liberdade, tanto no espaço público quanto na vida privada, exigindo o mesmo tratamento e defendendo uma luta conjunta pela igualdade de oportunidades de todos os seres humanos. A liderança, os discursos e as organizações necessariamente deviam ser mistos, já que a sociedade futura não reconheceria as relações de dominação como princípio organizacional; assim, desaparecidas todas as hierarquias, as da Terra e as do céu, a mais próxima e que mais vidas individuais podia mudar era, sem dúvida, a hierarquia sexual.

Nenhum homem anarquista digno dessa filiação devia permitir em seu próprio lar a divisão sexual do trabalho, estando obrigado a renunciar aos direitos de propriedade que a legislação civil lhe concedia tanto sobre os bens quanto sobre o salário de sua esposa e sua descendência (incluída nesta, é claro, a nascida fora do matrimônio). Obviamente, as mulheres deveriam considerar-se livres em seus direitos reprodutivos, transformando a maternidade em escolha e não em destino. A prostituição, como ato de compra de um ser humano com poder mercantil sobre a liberdade sexual de outro em posição sempre subordinada ao primeiro, também foi proscrita pelo anarquismo feminista. As mulheres possuíam o mesmo poder de decisão sobre sua alma e seu corpo que os homens e, portanto, somente a união livre entre iguais respondia ao ideal anarquista.

Na sociedade vitoriana do começo do século passado, com grande peso em países como Espanha e Itália, de moral católica, com a Igreja no controle da educação e da defesa da família patriarcal, a proposta das mulheres anarquistas foi, sem dúvida, uma ousadia histórica em defesa da possibilidade de um novo mundo, com base em uma revolução estrutural que pretendia mudar não só o modo de viver como, sobretudo, o modo de pensar, para que essa mudança fosse possível. As propostas feministas, unidas ao anarquismo, sacudiram os parâmetros conservadores e as propostas reformadoras da época. Tudo ou nada: da mulher religiosa e dona de casa à revolucionária que fundava jornais, organizava greves e manifestações, trabalhava e lutava pelo fim do capitalismo, falava de igual para igual com os homens, seus companheiros, exigiam que eles fossem anarquistas até o final e não as proclamassem livres se não as tratassem como iguais.

O controle da sexualidade na construção da feminilidade, que forçava as mulheres a escolher entre o recato maternal e a expressão culpada do próprio desejo, pela primeira vez é convocado para o debate político. A liberdade começa pela possibilidade de viver o "eu" segundo a própria narrativa, pois não pode existir individualidade na dependência de qualquer instituição, por mais justos que consideremos seus objetivos. O Estado, os partidos e as instituições da democracia burguesa só podiam garantir leis despóticas, pacificamente aceitas pela armadilha do sufrágio universal, deixando ilesos os privilégios de classe.

As primeiras feministas anarquistas, de Emma Goldman, Voltairine de Cleyre e Lucy Parsons, nos Estados Unidos, a Teresa Claramunt, Federica Montseny e Lucía Sánchez Saornil, na Espanha, adicionaram à "tirania exterior" do sistema político e econômico capitalista, que identificava a liberdade com a propriedade, uma "tirania interior", da qual deviam ser libertadas as mulheres para que deixassem de colaborar com sua própria dominação. A igualdade de sexos, para as anarquistas, tem de ser enfrentada levando-se em conta a necessidade de mudar não só as condições materiais das trabalhadoras, mas também seu autoconceito, cabendo suspeitar de qualquer definição uniforme e, portanto, despersonalizada da feminilidade.

# 64

## POR QUE AS ANARQUISTAS NÃO QUISERAM CHAMAR-SE FEMINISTAS?

"Na teoria da diferenciação, a mãe é equivalente ao trabalhador. Para um anarquista, antes do trabalhador vem o homem, antes da mãe deve vir a mulher. (Falo no sentido genérico.) É que, para um anarquista, antes de tudo e acima de tudo vem o indivíduo.

– Lucía Sánchez Saornil

O anarquismo supunha que as palavras tivessem dono, que sua propriedade condicionasse seu conteúdo e este determinasse sua potencialidade revolucionária. Nessa linha de raciocínio, as mulheres anarquistas rechaçaram o termo feminismo por considerá-lo propriedade do sufragismo liberal, insensível à subordinação particular das operárias, às quais pouco importava o voto, desde que continuassem trabalhando e parindo em meio à miséria e sempre à sombra de um homem.

Aparece assim o germe daquilo que ao longo do século XX será conhecido como Revolução Sexual e que aproximará as "feministas contra o feminismo" (burguês ou liberal) do que consideravam propriedade privada das mulheres de classe alta, o "feminismo radical" das décadas de 1960 e 1970, quando as mulheres tomaram consciência da capacidade de resistência do patriarcado e da sua versatilidade nas mais diversas formas de discriminação.

Pela primeira vez e coincidindo com a socialista Alexandra Kollontai, as relações privadas são vistas como reflexo da dominação masculina no espaço público; o homem não pode defender a igualdade nas tribunas e continuar sendo amo em casa. Foi preciso lutar contra o capitalismo e mais tarde contra o fascismo, mas as mulheres, além disso, deviam conquistar seu corpo pela maternidade forçada e prostituição, bem como sua autoestima minada pela moral patriarcal; deviam, ainda, se fazer ouvir com discursos próprios, sem medo de defender seus interesses como operárias e como mulheres. Com base nessa perspectiva e não na promiscuidade ou na poligamia de que eram acusadas as mulheres livres, cumpre entender o mau uso do conceito de "amor livre", tão útil para a repressão dos conservadores quanto para a identificação de condutas patriarcais entre as fileiras anarquistas.

No entanto, apesar da petição de coerência por parte das mulheres que militaram no anarquismo, só algumas, com tremendo sacrifício pessoal, se atreveram a crer e viver sem a rede física e simbólica da família patriarcal. A prisão, o exílio e a morte seriam a prova do poder de seu exemplo. Heroínas sem marido, partido ou sindicato que as protegessem, sem história que lhes reconhecesse a autoria de sua própria vida em meio às intempéries de um mundo ainda incapaz de ouvi-las e perceber sua coragem.

Se existe algo que caracteriza as mulheres anarquistas é seu ativismo concreto, porque de nada serviriam palavras sem luta. Emma Goldman já esperava a prisão após seus discursos incendiários; armada sempre com um livro, acabou levando ao desespero o governo norte-americano, que a considerou "a mulher mais perigosa do mundo", não hesitou em se juntar às fileiras anarquistas na guerra civil espanhola e continuou sua luta antifascista na França. Com certeza teria subscrito as palavras de Teresa Claramunt, peregrina da miséria, que conclamou as trabalhadoras a unir-se na defesa de sua dignidade em uma Espanha que acordou no século XX submersa no analfabetismo e no déficit democrático:

> Minha vida não interessa. Cumpri meu dever. Acredito que ao mundo não se vem para vegetar, mas para lutar. Sem as pessoas que lutaram, que sentiram a inquietude da perfeição, viveríamos ainda na época pré-histórica.

O anarquismo é uma proposta de revolução para a emancipação e a igualdade de todos os indivíduos. Nele, o conceito de liberdade deixa de ser um valor, um objetivo em forma de direitos nos diferentes sistemas legais para converter-se na ordem em si. Toda pessoa se define livre, autônoma e responsável; qualquer poder externo ao indivíduo que possa coagi-lo só faz diminuir sua humanidade. A vontade no anarquismo não se pode substituir, completar e muito menos presumir. Por isso, ninguém pode ser anarquista, como assinalava Lucía Sánchez Saornil, sem defender a igualdade radical de homens e mulheres – sem ser, portanto, feminista, mesmo que repudie esse título.

# 65
## COMO O FASCISMO SONHOU SUAS MULHERES?

"Na mesma associação, inspirada nas Pankhurst, viam-se mulheres dispostas a pegar em armas. Faltavam poucos meses para a eclosão da Primeira Guerra Mundial, que mudaria tudo. Mas as mulheres da WSPU tinham decidido que sua guerra deveria começar em casa. E para isso contavam com suas próprias guerreiras.

Mulheres duronas, capazes de subir à carruagem do rei Jorge V para apresentar-lhe uma petição, colocar-se diante do cavalo do monarca – e morrer em consequência dos ferimentos – ou atacar edifícios públicos, coleções de arte ou igrejas. No total, e segundo uma das Pankhurst, foram 140 atos de terrorismo de baixa intensidade na primeira metade de 1914."

– Manuel Ortega

Os fascismos surgidos no período entreguerras nascem e crescem sobre fundamentos sexistas. Sua causa se baseia na indiscutível inferioridade feminina. Nenhuma mulher terá poder de decisão, reivindicará postos de comando ou lutará contra o fascismo na frente de combate. No entanto, todas serão bem-vindas na retaguarda e na manutenção moral dos exércitos, destino natural dos homens: elas precisarão sustentar a produção fabril e reproduzir sem descanso a espécie para repor as baixas.

Pouco se analisou o papel atribuído às mulheres por esses movimentos caracterizados, com suas diferenças, pela exaltação da nação como símbolo unificador da população que, convertida em massa, poderá ser disciplinada e servir ao movimento. A pátria será o quartel-general para que o movimento avance, e a cada homem e a cada mulher será atribuído um papel dentro de uma rígida hierarquia social, nos termos da militarização da vida civil.

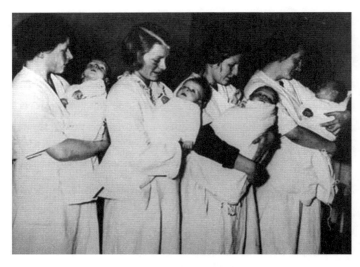

A exaltação da maternidade pelos fascismos relegou as mulheres à sua função biológica, a ponto de convertê-la em dever patriótico. Na fotografia, jovens alemãs selecionadas para dar à luz nos "centros reprodutivos" do programa *Lebensborn*.

Nessa estrutura, as mulheres são exaltadas como reprodutoras que proverão o fascismo de homens puros e qualificados para engrandecer o país. São esposas e mães saudáveis, fortes e convencidas de que servir aos homens é servir ao movimento. A estrutura militar sustentará a obediência de cada escalão na pirâmide social, seus deveres e privilégios. Todos os homens serão soldados e a própria hierarquia militar lhes permitirá as promoções. As mulheres, em troca, serão todas uma: todas noivas, esposas ou mães de um homem em particular ou da pátria em geral. De fato, a Alemanha nazista criou centros públicos aonde mulheres arianas jovens e capazes poderiam ir emprestar seus corpos aos membros da SS, que deveriam dar o exemplo e fornecer ao país pelo menos quatro filhos, fora ou dentro do matrimônio. Essas mães solteiras seriam reconhecidas por sua contribuição demográfica e atendidas em suas necessidades sempre que tivessem filhos arianos e saudáveis dentro do programa *Lebensborn* ("Fonte da Vida"). A exaltação da maternidade como função suprema da mulher se manifesta também no fascismo italiano, que em 1925 criou a ONMI (Opera Nazionale Maternità e Infanzia), em que as moças italianas eram preparadas para ser mães jovens e esposas submissas, que mantivessem a família unida e educassem seus filhos nos valores do regime.

É certo que houve mulheres de apoio, nunca de mando, dentro da estrutura militar dos movimentos fascistas, mas essa exceção foi sempre canalizada pelo controle e pela doutrinação da grande massa indefinida de mulheres, de forma que se garantisse sua servidão.

As feministas não se converteram ao fascismo, embora algumas fossem tentadas a isso pelo protagonismo que as democracias liberais passaram séculos negando-lhes; mas não foram tentados também homens de toda condição política e social? Afirmar que houve um vínculo entre a defesa do sufrágio e a defesa do fascismo é, no mínimo, uma triste generalização e um terrível insulto às centenas de mulheres, muitas delas feministas, que lutaram contra o regime. A União Social e Política das Mulheres (WSPU) britânicas, liderada por Emily Pankhurst, protagonizou a resistência ao fascismo organizando as mulheres, feministas ou não, que antepuseram os interesses patrióticos à sua própria causa. Libertadas das prisões onde estavam por defender nas ruas seus direitos, passaram de perigosas ativistas que se acorrentavam às portas do parlamento ou faziam greves de fome a reconhecidas patriotas quando foi necessário enfrentar o imperialismo alemão.

Para o fascismo, societarista que é, não existe o indivíduo: a liberdade e a igualdade pessoal são um obstáculo ao grande destino de uma raça, uma pátria, uma nação escolhida pela natureza, pela história ou por Deus para salvar de todos os modos (pois todos justificam os fins) a humanidade do caos e da degeneração moral. Essa legitimidade da violência é encarnada por um *pater*, um líder, um salvador: o *duce*, o *führer*, o *caudillo*.

A ordem e a disciplina se tornaram essenciais para o progresso sem limites do movimento; não haverá lugar para a individualidade, cada estrato social terá seu centro de poder indiscutível e, como centro de todos os centros (portanto, referência de todas as camadas de população classificadas e homogeneizadas), se erguerá "o líder carismático", que se identificará com o motor da expansão, pela força se necessário, da missão acima das vontades pessoais. Tudo girará em torno da ideia de destino histórico, divino ou natural da nação, da cultura ou da raça, sempre em oposição ao outro, o inimigo: estrangeiros, judeus, democratas, socialistas e, naturalmente, feministas.

# 66
## AS MULHERES COMBATERAM O FASCISMO?

"Quando se quer a democracia, se quer o feminismo."

– Celia Amorós

As ditaduras que triunfaram na convulsionada Europa de começos do século XX, se algo tinham em comum, era a exaltação da virilidade. A expansão da nação, como conjunto de traços culturais homogêneos e rígidos, como pureza racial destinada a colonizar o mundo, se encarnava no varão soldado, lutador e dominador, mas respeitoso para com a hierarquia militar, sempre disposto a antepor as necessidades de expansão do movimento às suas necessidades individuais, inclusive sua própria vida.

Para o fascismo, qualquer obstáculo ao bem da pátria devia ser eliminado e todo indivíduo humanista que quisesse continuar pensando por conta própria e defendendo sua vontade seria uma pedra no caminho, a ser removida o quanto antes. No caso das mulheres, havia a reeducação, sobretudo das meninas, filhas da nova mulher moderna, não importando como eram chamadas, *garçonnes* (andróginas e moderninhas) em francês ou *flappers* (termo inglês para melindrosa),** das sufragistas, das primeiras mulheres que tiravam o espartilho e seguravam a pena para expressar e registrar o que pensavam, das primeiras cientistas, juristas, políticas, motoristas, aviadoras... Elas e suas filhas foram classificadas como "maquinaria

---

\* **Melindrosa** é um termo típico dos anos 1920 utilizado para definir o comportamento de mulheres jovens, que usavam saias curtas, aboliram o espartilho, usavam seus cabelos curtos e ouviam e dançavam o Jazz e o Charleston de forma provocativa (melindrosa) indo contra a tradicional conduta feminina vigente. Nos países de língua francesa eram conhecidas como *garçonne*, nos de língua inglesa *flapper* e *melindrosa* em português do Brasil. Eram constantemente vistas como impetuosas por usar maquiagem excessiva, beber em público e tratar o sexo como algo casual, fumar e dirigir automóveis. Ou seja, fazer tudo que fosse tido como um desafio às normas radicais e limitadoras de outrora para as mulheres e comum e aceitável para os homens. (N. do E.)

reprodutiva" do sistema, com flagrante *status* de inferioridade relativamente ao escalão mais baixo fixado para os homens. Todas elas deviam completá-los prestando-lhes dupla obediência: ao líder – filho e pai da nação ou da raça a universalizar – e ao marido.

Em 1933, a dirigente comunista belga Bernadette Cattanéo, apoiada pela III Internacional, funda a Associação de Mulheres Contra a Guerra e o Fascismo, objetivando unir as mulheres de toda a Europa na resistência à ascensão dos regimes de Mussolini e Hitler. Maria Rabaté será a secretária do Comitê Nacional na França e Gabrielle Duchêne presidirá o Comitê Mundial.

Em 1933, seria criado na Espanha o Agrupamento de Mulheres Antifascistas (AMA) como uma seção da organização europeia União de Mulheres Contra a Guerra e o Fascismo. Suas integrantes foram perseguidas, presas e fuziladas durante o franquismo, mas muitas fugiram para a França, onde colaboraram com os *maquis* e, vencido Hitler, deram apoio aos presos e exilados espanhóis.

Na Espanha, já desde a proclamação da II República, as mulheres se organizaram diante do fascismo no seio do anarquismo, do socialismo, do comunismo e do liberalismo. A AMA atuava por meio de um Comitê Nacional onde mulheres profissionais, por iniciativa própria (como Catalina Salmerón, Victoria Kent, Clara Campoamor e María Teresa León), arregimentaram centenas de milhares de camponesas, operárias anônimas e analfabetas, organizadas em comitês regionais ligados por sua vez ao Comitê Mundial.

Testemunha e tribuna de suas ações será a revista *Mujeres* (Mulheres), solidária com a causa operária, defensora da emancipação da mulher e da resistência contra o fascismo. A AMA seria posta na ilegalidade depois de seu apoio à Revolução Asturiana de 1934 e teve que continuar seu trabalho acobertada com o nome de Organização Pró-Infância Operária (PIO). Depois do golpe de Estado de 1936, o Ministério da Defesa pedirá seu auxílio e ela desempenhará um papel essencial tanto na retaguarda quanto na frente de combate. Em coordenação com associações feministas antifascistas europeias, continuou resistindo no exílio até os anos 1960.

Na Europa, as mulheres contra o fascismo celebrariam dois importantes Congressos Internacionais inspirados na solidariedade pela defesa da democracia e pela paz em suas nações, com a participação de delegadas espanholas, em agosto de 1934 e em novembro de 1937.

O ativismo das associações de mulheres contra o fascismo será fomentado por aqueles que torciam o nariz à sua presença nos parlamentos, inclusive quando muitas dessas associações contavam com apoio da União Soviética; mais de uma feminista e antifascista americana será, anos mais tarde, levada perante o Comitê de Atividades Antiamericanas.

Apesar do apoio comunista, tanto na Espanha quanto na Europa, as mulheres contra o fascismo trabalharam juntas, independentemente de sua filiação política. Durante a guerra, formaram grupos para chegar a todos os territórios e, em uma demonstração de capacidade organizacional sem precedentes, em colaboração com os sindicatos e a pedido dos governos, instruíram centenas de mulheres, feministas ou não, para que pudessem ocupar vagas nas fábricas ou servir como motoristas, enfermeiras, cooperativistas agrícolas, diretoras de escolas e orfanatos de emergência, voluntárias na ajuda aos evacuados e distribuidoras da ajuda internacional.

O fascismo foi derrotado na Europa e as mulheres ganharam a cidadania que só cinco anos antes lhes era negada. Porém, na Espanha, a vitória do totalitarismo católico do regime franquista exterminou as mulheres antifascistas que não se exilaram a tempo. Assim, quarenta longos anos de obscuridade e retrocesso interromperam os sonhos de emancipação e de educação das mulheres espanholas.

# 67

## O FEMINISMO CONTINUA SENDO UMA REVOLUÇÃO?

"Vamos exigir respeito, como mulheres que somos, ainda que isso redunde em caras feias. Porque em muitas partes no México nós, mulheres, ainda somos maltratadas, depreciadas, exploradas; diz-se que não servimos para coisa alguma, que não valemos nada, que não temos nenhum direito. Mas chegou a hora de impormos isto: obrigatoriamente, vão ter que nos respeitar."

– Fidelia, comandante zapatista

Na atualidade, os diferentes movimentos feministas, na maior parte do planeta, se tornaram uma luta pela justiça como realização e garantia dos direitos humanos, infringidos de forma transversal por se nascer mulher e, dependendo do país, inseparáveis do racismo, da exclusão social, da discriminação cultural e religiosa, do autoritarismo político ou da militarização. De fato, independentemente do contexto, as mulheres do mundo inteiro sofrem a mesma discriminação sistemática na discriminação, se bem que tanto as características desta e das lutas de suas protagonistas sejam dinâmicas e plurais. Talvez por isso, a estratégia que pode definir com maior amplitude os movimentos feministas contemporâneos seja a resistência, a luta dentro da luta, a revolução dentro da revolução.

Em regiões como México, América Central e América do Sul, a luta pelos direitos das mulheres está ligada aos processos de construção democrática após as ditaduras militares e os conflitos armados. O conjunto de movimentos de mulheres, bem como a teoria e a prática feminista em todos esses países, uma vez alcançado como na Europa e nos Estados Unidos o direito ao sufrágio, tiveram que enfrentar, a partir dos anos 1970, seu próprio contexto de discriminação múltipla. A classe, a raça, a etnia e, mais tarde, a orientação sexual desempenharam um papel decisivo, tanto nas estratégias de luta e nas reivindicações concretas quanto na possível definição de um movimento feminista latino-americano plural, mas com características próprias em relação ao americano ou europeu.

Se algo caracteriza os feminismos na América Latina é seu forte componente de crítica ao sistema político, social e econômico oficial das diferentes regiões. As políticas neoliberais, a intervenção norte-americana, a hipocrisia e o abandono internacionais diante dos confrontos armados, a impunidade e o paternalismo com os quais são levados a cabo os processos de paz: tudo isso marca a luta simultânea das mulheres por seus direitos. Essa luta, necessariamente, deve incluir a garantia de recursos de subsistência: a garantia de sua segurança pessoal e de suas famílias nos contextos bélicos, a soberania alimentar ou o acesso aos serviços da saúde e de educação mais básicos.

Outra característica dos movimentos de mulheres na América Latina vem sendo a sua insistência no reconhecimento internacional da perspectiva de gênero em vista da sistemática violação dos direitos humanos durante os estados de guerra e genocídio nos diferentes países. Na Guatemala, quase 90% das vítimas da violência durante o conflito armado de mais de três décadas (1960-1996) foram mulheres maias. Estas continuam reivindicando o reconhecimento e a condenação pelo governo e pela comunidade internacional de uma estratégia militar intencional e planificada como arma de guerra, baseada na agressão física e sexual das mulheres indígenas e, portanto, misógina, racista e genocida. A organização Actoras de Cambio na Guatemala trabalha para tornar visível, condenar e reparar esses crimes de guerra, enquanto dá assistência às vítimas e suas famílias.

Esse mesmo exemplo se repete em El Salvador, onde depois da devastadora guerra dos anos 1980, na qual foram assassinadas 75 mil pessoas, seguida de uma vergonhosa anistia para os crimes de Estado, as organizações feministas e de mulheres exigiram justiça para as vítimas e sua participação nos processos de paz. As mulheres se negam a ser vítimas e querem ser protagonistas nos processos de paz e justiça.

Na Colômbia, depois de mais de cinquenta anos de luta armada, as mulheres conseguiram criar uma Subcomissão de Gênero durante as negociações entre as partes conflitantes e continuam a fazer suas reivindicações de justiça por meio da Via Pacífica de Mulheres.

Do mesmo modo, em Chiapas, ao sul do México, as mulheres se organizaram de forma autônoma dentro do movimento zapatista, conseguindo que se aprovasse uma Lei Revolucionária de Mulheres e que lhes fosse reconhecida a audiência prévia nos casos enviados ao Tribunal Permanente dos Povos (TPP). Hoje, continuam lutando para acabar com a impunidade da violência de gênero e o feminicídio em um contexto bélico qualificado de baixa intensidade, mas que não deixa de afetar profundamente a população mais vulnerável.

Após o levante armado do Exército Zapatista, em janeiro de 1994, as mulheres reclamaram sua liderança na luta, enquanto, ao mesmo tempo, começavam a transformar as estruturas patriarcais que sustentavam suas comunidades. "Nunca mais um México sem nós", frase da comandante Ramona, considerada uma das personalidades mais influentes do movimento.

As mulheres de todo o planeta se organizam de forma autônoma e resistem nos contextos mais hostis; sua autonomia e sua solidariedade lhes permitem sobreviver, enquanto elas fazem sua própria revolução, a revolução feminista. Ásia e África enfrentaram duros processos de descolonização, instauração de regimes autoritários que militarizaram a vida civil, guerras civis, pobreza, analfabetismo e nenhum interesse da comunidade internacional em trocar ouro ou petróleo por pão e escola. O controle dos recursos econômicos de muitos desses países pelas potências mais ricas, além da exploração do trabalho, obriga o feminismo a combinar a reflexão com a necessidade de sobrevivência e a lutar pelos direitos humanos mais elementares: a vida e a integridade física. A defesa do feminismo é uma defesa inadiável, vital, considerando-se os mais de duzentos milhões de meninas e mulheres vítimas da mutilação genital, da prática sistemática de aborto seletivo, da impunidade do infanticídio, do abandono ou da venda de meninas, do tráfico de mulheres, do casamento forçado, da gravidez não desejada e sem assistência médica, do contágio de doenças por falta de acesso aos anticoncepcionais, das agressões sexuais como estratégia de guerra, da violência de gênero e dos feminicídios. Tudo isso em um contexto econômico de forte discriminação das mulheres, que lutam por sua soberania vital enquanto se organizam e reivindicam a condição de sujeitos civis e políticos.

De fato, os movimentos feministas na África e na Ásia resistem, propõem, protestam e constroem em situações de emergência nas quais a solidariedade e as redes informais podem ser o único oxigênio contra a asfixia de seus contextos.

O feminismo se torna plural: durante e depois de reviravoltas políticas na segunda metade do século XX, conflitos armados, ditaduras, Guerra Fria e queda da União Soviética e de seus satélites, as mulheres da maior parte do mundo não puderam separar a resistência a um inimigo de suas liberdades, exterior ou interior em seus próprios Estados, do patriarcado como sistema subsistente que antes, durante e depois das emergências determinará a sua subordinação. A dupla militância, a assistência social e a organização para a sobrevivência marcaram os movimentos de mulheres na América Latina, na África e em grande parte da Ásia.

# 68
## O QUE É A MMM?

"Propomos alternativas para construir outro mundo. Trabalhamos ativamente no seio dos movimentos sociais mundiais e nacionais, enquanto continuamos aprofundando a reflexão sobre o lugar que ocupam e o que devem ocupar as mulheres na sociedade."

– Carta Mundial das Mulheres para a Humanidade

É a sigla da Marcha Mundial das Mulheres, um movimento internacional feminista que conseguiu criar uma rede de solidariedade e reivindicação entrosando e coordenando mais de 5.500 grupos de mulheres em 163 países. Essa estratégia de ação feminista, que nasce após a Marcha Contra a Pobreza, organizada em Quebec em 1995, tornou-se uma demonstração de solidariedade na busca de objetivos compartilhados por mulheres de todo o planeta, não importando sua origem étnica, circunstâncias sociais, cultura, idade, orientação sexual etc.

A pobreza e a violência exercida contra as mulheres foram os dois eixos aglutinadores da primeira mobilização no ano 2000. De 8 de março a 17 de outubro, mulheres de todo o mundo se manifestaram contra a globalização econômica neoliberal como modelo hegemônico gerador de desigualdade social e pobreza, com especial impacto na vida das mulheres. Organizações internacionais como o Banco Mundial, o Fundo Monetário Internacional ou a OTAN serão interpeladas em sua responsabilidade pela infração aos direitos humanos, consequência da aplicação de políticas econômicas baseadas na desregulamentação e na restrição dos serviços básicos de educação, saúde, segurança e justiça por parte dos diferentes governos. Em uma agenda fragmentada do feminismo, a MMM reivindica um projeto comum para a liberdade das mulheres, de modo que estas, em qualquer parte do planeta, possam orientar suas vidas e, portanto, mudar sua realidade para evoluir. Para tanto, a cobertura de necessidades básicas como alimento, educação, saúde e ausência de violência se considera imprescindível, pois não se pode mudar o mundo quando não se muda a própria vida. Patriarcado e capitalismo se reforçam mutuamente, como os dois principais sistemas de manutenção da desigualdade e da violência.

A MMM percorreu os cinco continentes graças à sua estrutura em rede e sua organização em Coordenações Nacionais, que articulavam a comunicação entre as ações locais, bem como as políticas específicas de cada território, e o projeto comum da Marcha: avançar para um mundo mais igualitário e com menos violência.

Em Nova York, no dia 17 de outubro de 2000, a MMM redigiu uma plataforma de ação com dezessete reivindicações, que respaldou com 5 milhões de assinaturas entregues à ONU. Depois, a grande Marcha continuou trabalhando pela ação-reflexão na luta pela igualdade e a não violência sexista. Nos anos seguintes, revisaram-se as reivindicações, combinaram-se os objetivos e criou-se um Comitê Internacional com grupos de trabalho encarregados de missões específicas, entre elas a aprovação de alguns estatutos, uma norma de funcionamento e uma declaração de princípios. No ano 2004, combinou-se (não sem esforço, tendo em vista a diversidade e o grande número de mulheres que deviam participar de sua redação) a Carta Mundial das Mulheres à Humanidade como voz comum para o avanço mundial das mulheres na garantia de seus direitos.

Em 2005, 2010 e 2015, a MMM voltará a mobilizar milhares de mulheres de todo o planeta a fim de insistir na possibilidade de outro mundo. Autonomia, solidariedade, desarmamento e economia sustentável seriam os objetivos aglutinadores de centenas de mulheres feministas com suas distintas ações e estratégias, unidas na convicção da necessidade de atuar internacionalmente pela igualdade e pela justiça. Apoiavam os foros sociais alternativos à economia capitalista e reivindicavam a responsabilidade diante das necessidades, heterogêneas e urgentes, de todas as mulheres do planeta.

A luta feminista necessita de uma solidariedade básica para continuar o internacionalismo que a define em um mundo global, mas avesso à hegemonia do Ocidente e suas receitas universais, que tão ineficazes se mostraram no passado. O feminismo é plural e diverso, sendo o grande desafio construir redes de comunicação para um apoio contínuo e dinâmico às resistências de cada contexto de opressão.

A Marcha Mundial das Mulheres pôs em contato as ativistas chinesas presas com as feministas muçulmanas que têm de optar pelo exílio ou pela clandestinidade, as feministas na África que lutam para manter um modelo de desenvolvimento sustentável com grupos de mulheres indianas que se esforçam para ter acesso à gestão e à tomada de decisões de suas comunidades, as feministas indígenas da América Latina com as feministas lésbicas que reivindicam uma transformação dos valores patriarcais dominantes apoiados na família tradicional e na heteronormatividade, as ativistas europeias que atendem às necessidades urgentes das mulheres em situação de vulnerabilidade em países ricos com as intelectuais e especialistas que defendem os foros políticos nacionais e internacionais para avançar a partir das políticas públicas.

E em todos os lugares do planeta, por meio de programas de cooperação internacional, ONGs, Nações Unidas, associações locais, grupos de apoio... nascem, crescem, caem e voltam a ficar de pé ações, programas, políticas, ajudas, debates e encontros, partindo da diferença rumo à igualdade.

# VII
## O feminismo depois do voto e a liberdade suspeita

# 69
## O QUE SÃO AS ONDAS DO FEMINISMO?

"O feminismo é a passagem das mulheres do ser em si ao ser para si, é sua entrada na história como sujeitos históricos. Ele traz uma alternativa à sociedade patriarcal, é a revolução total."

– Victoria Sau

São períodos históricos de lutas políticas das mulheres por seus direitos. Ainda não há um acordo entre os historiadores sobre esse assunto em termos de recortes temporais nos quais se debata onde começa e onde termina uma onda, pois se trata de uma história ainda em construção, nem mesmo havendo uma linha do tempo plenamente definida entre elas, mas na atualidade há estudos que contam quatro ondas, além das muitas mulheres que lutaram antes por seus direitos em diferentes épocas, as chamadas feministas do período "pré-feminismo", que abrange o final da Antiguidade Clássica até meados do século XVII.

O feminismo contemporâneo, conhecido como a Quarta Onda do Feminismo, é uma fase da luta feminista que começou por volta de 2012 e caracteriza-se pelo foco no empoderamento das mulheres, na busca pela justiça em relação ao uso de seu corpo e a seus direitos, pela oposição ao assédio sexual e à violência contra a mulher – misoginia e feminicídio – e por uma busca maior para diminuir o abismo da desigualdade de gêneros. Essa luta está centrada no uso de ferramentas da internet e na interseccionalidade, que examina os sistemas de poder interligados que contribuem para a estratificação de grupos tradicionalmente marginalizados. As feministas da quarta onda advogam uma maior representação desses grupos na política e nos negócios e argumentam que a sociedade seria mais equitativa se políticas e práticas sociais incorporassem as perspectivas de todas as pessoas.

Enquanto as feministas anteriores lutaram e conquistaram maior liberdade, individualismo e mobilidade social das mulheres, a quarta onda promove uma agenda bem mais ampla, exigindo justiça contra agressão marital, sexual e assédio, pagamento igual por trabalho igual e autonomia corporal. As mulheres da quarta onda costumam usar a mídia impressa, notícias e a mídia social para colaborar entre si e mobilizar-se contra abusadores de poder e oferecer oportunidades iguais para meninas e mulheres. Além de advogar pelas mulheres, as feministas da quarta onda acreditam que meninos e homens devem ter maiores oportunidades de expressar suas emoções e sentimentos livremente, de se apresentarem como desejarem e de serem pais envolvidos com seus filhos.

No entanto, essas lutas do feminismo contemporâneo tiveram início em outras três ondas anteriores. Todas essas ondas vêm do mesmo mar. Um oceano no qual continuam navegando as pessoas que há três séculos não perdem o sonho arrojado de fazer com que todos e todas pisemos a mesma terra ao nascer, tendo as mesmas possibilidades de desfrutar seus bens e de afrontar seus males. Essas três ondas se ergueram pela força acumulada na dura resistência às abordagens da lei do mais forte, do darwinismo social, dos deuses que não amavam suas filhas, dos homens que nunca escutaram as mulheres e sempre falaram por elas, das mulheres que não sabiam por que sofriam, da vida que aceitamos sem lhe exigir humanidade.

As ondas do feminismo são compostas de muitas gotas de esforço anônimo coletivo com o sal de nomes próprios esquecidos, que se empenharam e se empenham em banhar com o desafio da igualdade as terras de todo o planeta, por mais íngremes e defendidas contra esse ideal que se achassem e se achem ainda.

Todas elas deram e continuam dando vida e esperança a milhões de mulheres porque, enquanto leem estas palavras, não há recanto do mundo em que alguma menina ou mulher não seja escravizada, sequestrada, entregue a um casamento forçado, violada, espancada, queimada viva, desfigurada, assassinada, vendida, humilhada, discriminada. Não enfrente um parto sem assistência, uma gravidez indesejada, um aborto clandestino. Obrigada ao confinamento, punida se não esconde o cabelo, o rosto, as mãos, os olhos. Excluída da educação e da remuneração por seu trabalho. Serva de deuses que lhe exigem correntes e não lhe dão voz. Cuidando por amor de quem não cuida e não cuidará dela. Despedida de seu emprego por trazer novos seres humanos ao mundo. Tratada como carne fresca e substituível na mídia, apagada e substituída quando envelhece. Silenciada quando tem outros interesses humanos a defender nas tribunas políticas, excluída do poder capaz de mudar as regras do jogo, do mérito que define a autoridade só propensa a admiti-la como exceção em uma normalidade masculina. Desaparecida da história que continuamos estudando como universal, ausente das honras que serão transmitidas como tais às futuras gerações, despida do valor de uma luta diária durante três séculos por sua libertação, que é a libertação de toda a espécie humana.

As ondas de feminismo não são, pois, etapas históricas conforme o sentido emprestado a essa categoria de cronologia histórica, são impulsos dinâmicos que se superpõem, que ressurgem com nova força e em praias diferentes sem um padrão fixo – porque, se há algo que caracterize a resistência, é a incerteza de suas oportunidades de evolução e o modo como serão abordadas; e, se algo une as distintas formas do feminismo, é seu sonho resistente convivendo com a realidade cotidiana que querem mudar. Ainda hoje, as mulheres, na maior parte do nosso mundo, têm que viver subjugadas e resistindo à submissão, buscando dia a dia suas margens de oxigênio pessoal e compartilhando-as com aquelas que se afogam pensando que é seu destino e que estão sós, confiando na possibilidade de se abrir o caminho da razão democrática, do progresso ético, da ciência com consciência, e em que estarão preparadas para o avanço sem bandeiras, honras ou festejos, defendendo o terreno conquistado até a nova janela de oportunidade de mudança.

A primeira onda do feminismo, a luta do feminismo para que as mulheres fossem reconhecidas cidadãs, pessoas com direitos, sujeitos políticos, indivíduos, seres pensantes iguais aos homens e, portanto, donas de sua vontade, portadoras de livre-arbítrio e responsáveis por sua participação no contrato social, começou com o Iluminismo no final do século XVIII e insuflou com esse ideal um Ocidente em transformação. As feministas iluministas resistiram ao flagelo contrarrevolucionário da restauração, que as declarou incapazes legalmente ao sancionar sua inferioridade não só intelectual ou física, mas também moral. A misoginia romântica do início do século XIX as igualava aos animais e aos anjos (do lar, não do céu) para deixar claro que a categoria de "ser humano" devia ficar reservada aos homens. Poulain de la Barre, Mary Wollstonecraft, Olympe de Gouges e Condorcet iniciaram a luta pela igualdade, a que suas contemporâneas e descendentes se uniram e na qual acreditavam, alimentadas pelas primeiras razões a fim de terem razão e valor para defendê-las em sua vida até hoje.

A segunda onda feminista continuou empenhada na cidadania e conquistou uma vitória imprescindível: o direito ao voto, o acesso à educação e à igualdade salarial dentro da liberdade de exercício de qualquer profissão ou tarefa. As mulheres, desde meados do século XIX, participavam ativamente da política sem ser reconhecidas como sujeitos políticos, se educavam como podiam e trabalhavam quando deviam; sobretudo, trabalhavam sob a enganosa e falsa imagem da dona de casa rodeada de filhos e protegida do ruído masculino mundano. A partir do início do século XX, burguesas liberais e operárias sem nada a perder alimentaram a revolução sufragista que se estendeu pela Europa e pela América e, posteriormente, pelo resto do mundo, até o final da Segunda Guerra Mundial: dois séculos de luta contra o poder patriarcal e a anulação de suas instituições e líderes, sendo necessário continuar vivendo, mantendo à tona a família, a elas mesmas e ao país durante as emergências bélicas. O feminismo da segunda onda foi identificado com o sufragismo, mas além do voto se reivindicava a atuação pública e, com ela, a possibilidade de mudar o sistema político e jurídico. A mera organização e a contínua inovação de sua luta converteram as feministas em cidadãs altamente preparadas para a ação pública, como ficou claro por sua participação nas duas guerras mundiais.

Três séculos de luta pacífica e solidária configuram o feminismo como um movimento de longo percurso e de extensão planetária, que continua acumulando vitórias para um mundo sem discriminação e violência contra as mulheres, dependente de uma revolução total que implicará a igualdade verdadeira entre ambos os sexos.

O feminismo da segunda onda lutou sob a bandeira do sufragismo, mas pelo caminho ia gestando os grandes desafios do feminismo contemporâneo, porque as mulheres não queriam apenas ascender ao poder, queriam também ter a possibilidade de transformá-lo. Por isso, o feminismo seguirá avançando por baixo, por cima, apesar ou ao lado de revoluções utópicas e socialismos malogrados, descolonizações mal-intencionadas, nacionalismos famintos, fascismos e guerras mundiais anunciadas.

A terceira onda, surgida nos Estados Unidos na década de 1960, se levanta com um ponto de interrogação com base na raiz crítica do feminismo. A certeza de que as mulheres eram seres racionais e, portanto, deveriam ser cidadãs em igualdade de direitos com os homens, ou seja, deveriam votar, educar-se e trabalhar em iguais condições que os homens, se tornou um desafio teórico e prático na terceira, quando as mulheres se olham no espelho da efetividade e da garantia dos direitos proclamados e veem uma decepcionante imagem das propaladas liberdade e igualdade. Contudo, a terceira onda ampliou o debate para uma ampla gama de questões femininas como sexualidade, família, mercado de trabalho, direitos reprodutivos, desigualdades de fato e desigualdades sociais e legais. O acesso aos recursos materiais e simbólicos, dinheiro, conhecimento, tempo, espaço, cuidado e saúde, começa a explicar por que as mulheres continuam à margem do poder verdadeiro, por que não falam com voz própria, por que a metade da humanidade continua sendo considerada como um coletivo e suas políticas como setoriais ou acessórias pela direção do mundo, que se finge de universal, mas é um monopólio masculino. O cotidiano está construído sobre a discriminação e a subordinação das mulheres, e o poder político permanece cego e surdo a essa realidade enquanto os textos legais reconhecem a igualdade no papel. Complementando isso, só são ouvidas as mulheres que renunciam às suas funções de gênero e lutam por seu espaço na arena pública, mantendo-se intacta a estrutura patriarcal no âmbito da sociedade.

"O mal que não tem nome", nas palavras de Betty Friedan, corresponderá ao sentimento de frustração e impotência de centenas de milhares de mulheres voltadas para a família e o lar, sentimento que sufoca qualquer desejo de realização individual. A opressão se esconde atrás da "perfeita dona de casa" que vive para o bem-estar e o desenvolvimento de outros sem receber nada em troca. A proclamada liberdade das mulheres não inclui a capacidade de decisão sobre seus corpos, pois lhes é negado o uso de anticoncepcionais ou do aborto legal e gratuito.

A igualdade das leis e as constituições contemporâneas não chegam ao corpo e à sexualidade das mulheres, à possibilidade de desempenharem qualquer profissão ou de disporem dos mesmos recursos que os homens, desde escolher o nome dos filhos a opinar e participar na política. As feministas radicais dos anos 1970, com Kate Millet e sua *Política Sexual* (espécie de bíblia da insubordinação coletiva), tentarão chegar à raiz da discriminação aparentemente imune ao sistema legal, que tanto custou às suas antecessoras mudar. É necessário refletir na igualdade e, pela primeira vez, pensar também na diferença, esmiuçar os mecanismos graças aos quais as vivências e narrativas das mulheres foram excluídas de nossa organização presente e dos desafios futuros.

Toda mulher tem o dever de banir sua própria opressão; e, na solidariedade, na fraternidade ou na confiança com o resto da humanidade, ter poder, sair da miragem da igualdade e viver sua conquista como tangível e própria. É necessário haver suspeita e vigilância constante pela igualdade verdadeira e por decidir que conteúdo esta deve ter. O feminismo se tornou universal e conclama a um desafio coletivo, firmado na libertação e na conquista de uma autêntica autonomia pessoal das mulheres (e dos homens que as queiram ver livres).

# 70
## Vivemos na quarta onda do feminismo?

"A agenda feminista, em cada parte do planeta, está aberta em páginas diferentes, mas está aberta."

– Amelia Valcárcel

Enquanto a terceira onda dos anos 1960 e 1970 bradava no Ocidente que o pessoal é político e que as mulheres só poderiam ser donas de suas vidas quando reconhecessem que seu destino, suas aspirações, seus sonhos e até seu aspecto físico não lhes pertenciam (e que isso lhes fazia mal de maneira silenciosa, mas implacável), outras mulheres tiravam o véu ao custo da própria vida, exigiam salários suficientes para manter a si mesmas e aos filhos com seu trabalho ou se organizavam para garantir uma mínima normalidade civil em campos de refugiados, ali onde já não havia lugar nem domesticidade contra os quais se insurgir. "O mal que não tem nome", como o chamou Betty Friedan em *Mística Feminina*, referindo-se às donas de casa cultas e acomodadas dos bairros residenciais, convertidas em meninas brincando de ser adultas, tinha muitos nomes em outras praias onde a agenda feminina começava pela possibilidade de salvaguardar a vida. Ao mesmo tempo, as mulheres de todo o mundo iam tendo acesso às ideias dos "feminismos" porque, a partir dos anos 1960, a pluralidade estratégica definirá a luta pela igualdade. Desde as aldeias africanas até as grandes metrópoles totalitárias do Oriente, as mulheres, expressa ou clandestinamente, como ocorre em todas as revoluções, sabem que é possível a igualdade no matrimônio, que existe o acesso livre aos anticoncepcionais, que se pode ter liberdade para educar-se e trabalhar... São mulheres na primeira onda, na segunda e na terceira, ao mesmo tempo e de forma separada, dependendo das trilhas que suas antecessoras, sem desfalecer, tenham conseguido abrir.

Na luta pela igualdade, joga-se a partida pela dignidade das mulheres, desde a inviolabilidade de seus corpos e o respeito às suas vozes até a busca do poder de autodefinição e a autoridade de dar significado à realidade na qual convivem com os homens. A solidariedade com o pacifismo ou o ambientalismo, o aprofundamento nos direitos humanos, a participação na economia alternativa e a discussão sobre os limites do desenvolvimento, assim como a potencialidade transformadora da ciência e da tecnologia, são feminismo. O feminismo em sua quarta onda ou no penhasco equipado com faróis para iluminar toda a rota histórica da luta pela igualdade, que não pode ser esquecida nem detida, com risco de naufrágio do sonho de um mundo mais justo, no qual justiça significa que a distribuição do bem-estar não é determinada pelo sexo.

Assim, encontramos terras onde a primeira onda do feminismo, a grande audácia das revolucionárias ocidentais do século XVIII em querer e exigir para si os mesmos direitos que os dos homens, ainda está por conquistar. Direitos que eram consagrados como universais, principalmente o voto e a educação, continuam batendo às portas do patriarcado nu, sem máscaras, baseado em códigos legais fundados em uma tradição que considera as mulheres guardiãs de uma identidade imposta, alheia, porque são proibidas de transformá-la. Em muitas áreas do mundo, as mulheres carregam a tradição de sua subordinação, vazia de autoridade moral, em suas comunidades; representam a identidade cultural de seu povo, mas sem licença civilizadora, porque a cultura é a síntese do avanço e da resistência elaborada por todas as pessoas que com ela se identificam, para não perdermos o que nos faz melhores e faz melhor nosso mundo.

A pluralidade de estratégias do feminismo não deve confundir-se com a chantagem da diversidade cultural, pois a primeira diversidade cultural é a que deve integrar os 50% de mulheres. Um breve olhar aos nossos museus, prêmios, reconhecimentos e à atenção da mídia nos mostra que a cultura oficial continua protagonizada pela atuação masculina. O respeito à diversidade cultural só pode ser defendido com base no respeito à construção comum – e entre iguais – desse patrimônio a proteger da massificação consumista e homogeneizadora. Não podemos falar de diversidade cultural se nela as mulheres são objetos e não sujeitos de cultura. Sob a crosta pós-moderna de convivência de civilizações se esconde a permissão para violar os direitos humanos, entre os quais se encontra o reconhecimento das mulheres como criadoras e não só como portadoras da tradição que se quer manter sem possibilidade de questionamento.

As mulheres continuarão sendo natureza, alicerce sobre o qual se ergue a cultura viril, de forma que não terão direito a opinar e recriá-la com base em sua emoção e sua racionalidade, não poderão enriquecê-la e pertencer a ela porque não é sua, é dos homens e de sua necessidade de segurança em nome da tradição e do costume. Eles não tolerarão os legados compartilhados e mistos, taxando-os de traição a uma forma de vida reivindicada como cultura própria, mas que não é de ninguém, pois só nos pertence aquilo que podemos mudar, aceitar ou rechaçar. Nesses contextos, o feminismo passa de resistência à sobrevivência voraz e, mesmo nela, as mulheres conseguem todo dia agir e pensar perigosamente, não para derrubar nenhum poder nem trair nenhuma cultura, mas só para possuir-se a si mesmas e para que suas filhas sigam o caminho não desbravado de sua dignidade.

Ainda há lugares onde a vida de uma mulher não vale nada porque a vida de um ser humano também não vale coisa alguma e isso é sancionado por leis que são sexistas no conteúdo e nos efeitos. As mulheres não contam, não são pessoas, pertencem a seus amos de carne e osso, e delas dependem a identidade cultural, a honra, a tradição, cujos mandatos sempre foram unidirecionais. As mulheres obedecem, fogem ou morrem, mas sua única liberdade é a submissão que herdaram ou deixam como herança. Como as mulheres conquistarão o direito de serem donas da cultura de suas comunidades, em igualdade com os homens, questionando e negociando seus códigos e a jornada da tradição comum em sua evolução para ambos os sexos, com a garantia de que não serão punidas com a violência direta ou a exclusão?

Nem todas as mulheres amam suas correntes, por ferozes que sejam as ameaças quando elas escolhem a liberdade. A primeira onda do feminismo, que na Europa ocorreu durante o Século das Luzes e teve suas profetisas, nossas antecessoras, não se extinguiu com a chegada da segunda – e não só porque continua travando batalhas, mas, sobretudo, porque se alguma coisa o futuro da civilização nos ensinou foi a desconfiar das vitórias morais tanto ou mais que das científicas. Estas últimas podem nos destruir se carecem de consciência e são as primeiras a nos enganar se tal consciência não faz parte do poder. Sem uma integração estrutural, em nossos sistemas jurídicos e políticos, dos conteúdos concretos da igualdade, as proclamações gerais e vagas desse valor, por mais amplas que sejam, ainda assim comprometerão as verdadeiras mudanças, pois substituirão com o ruído de um falso pacto legitimador as nozes de que necessitamos para o longo inverno de nossas esquálidas democracias desarmadas.

Assim, cá estamos nós, em luta contínua por um mundo onde o mais importante seja aprender a bondade e obter uma justiça consensual na busca de um bem-estar mínimo que garanta a dignidade, a fim de que ninguém possa comprar outro ser humano (uma vez que ninguém tem preço, só valor), para reverter a licença feroz e acelerada que temos concedido à dominação, à competição, à violência, à crueldade e à nossa própria destruição global. Nessa esfera, todas as ondas do feminismo, incluída a quarta, têm muito que fazer.

# 71
## Por que os homens são o primeiro sexo?

> É difícil para o homem medir a extrema importância das discriminações sociais, que parecem insignificantes vistas a partir de fora, mas cujas repercussões morais e intelectuais são tão profundas na mulher que podem aparentar ter suas fontes em uma natureza originária.
>
> – Simone de Beauvoir

Em 1949, as francesas acabavam de conseguir a cidadania política depois de quase dois séculos de luta. À sua capacidade na guerra não se opôs a resistência que em tempos de paz continuava limitando-as ao matrimônio, à maternidade ou à solidão. O estado perpétuo de ameaça e a urgência de defesa da própria vida, da liberdade ou da pátria permitiram em todo o mundo que as mulheres empunhassem armas, se ocupassem de maquinaria pesada, fabricassem munição e governassem suas cidades sem, por isso, deixar de ser mães e esposas. Eram mães e esposas em estado de guerra e, portanto, ninguém previu cataclismos sociais caso fossem incorporadas à cidadania ativa; durante algum tempo, o que se esperava delas não tinha importância: todas as mãos e cabeças pensantes eram poucas para vencer a guerra contra o fascismo.

Daí talvez a ideia de que o direito de voto das mulheres foi uma concessão e não uma conquista; aprovaram-se novas constituições na grande maioria dos países democráticos, parecendo que ninguém havia quebrado um prato, que Olympe de Gouges não fora guilhotinada, Wollstonecraft desprezada, Louise Michel executada, as Pankhurst encarceradas, Emma Goldman perseguida, Clara Campoamor condenada... Na nova ordem internacional, após a vitória dos aliados, finalmente se aceitou substituir o termo "homem" das declarações de direitos por "ser humano". Um século antes, Stuart Mill havia proposto a mesma mudança no parlamento mais antigo da Europa... para escândalo de suas senhorias, que temeram que ele tivesse perdido o juízo. Foram necessárias duas guerras e o sacrifício de milhares de mulheres durante décadas, mas por fim, em meados do século XX, as mulheres passaram a ser reconhecidas como pessoas, cidadãs livres e com plenos direitos políticos e civis. A lei estava do seu lado; portanto, se escolhiam ser submissas e dependentes, votar orientadas pelo marido ou pelo confessor, deixar seus empregos para ser mães e esposas, recortar das revistas femininas (dirigidas por homens, claro) receitas de biscoitos e truques de limpeza, isso se devia logicamente à sua natureza feminina, dócil, passiva, abnegada, afetuosa e sem ambições próprias.

Nesse contexto, uma mulher que nunca se sentiu inferior ou dependente por causa de seu sexo quis refletir sobre sua experiência de vida e trajetória intelectual, levando em conta que nasceu mulher e não homem. Essa experiência a induziu a escrever um dos livros mais influentes para o pensamento e o desenvolvimento do feminismo. Simone de Beauvoir era uma intelectual de classe média que teve acesso aos estudos e a possibilidade de poder viver de seu trabalho como escritora e professora. Não se sentia discriminada, muito menos inferior a nenhum homem, nem sequer se considerava feminista quando começou a escrever *O Segundo Sexo*. No entanto, parar para refletir em profundidade e com perspectiva histórica sobre a própria existência levou-a a questionar a bolha das certezas na qual cresceu física e psicologicamente, assim também a perguntar-se como teriam sido recebidas, por seu corpo e sua mente, todas as mensagens diretas e indiretas que tinha respirado desde menina caso houvesse nascido homem.

*O Segundo Sexo* nasce da reflexão sobre a suspeita, a dúvida e o árduo trabalho de desvendar, na posição de juiz e parte, como reconhece a autora, qual é o significado da liberdade para homens e mulheres. Se os primeiros se apropriaram, com ou sem consciência do que faziam, da história das mulheres, estas, pelo contrário, ou imitavam o masculino ou abraçavam o "não masculino", o que nunca teve voz, nem modelos, nem história, nem tempo, nem lugar para qualquer homem de qualquer época. A mulher era "o outro", o que não era o sujeito narrador do mundo nem aquele que o nomeou como tal e decidia suas fronteiras.

O ser humano das declarações internacionais de direitos humanos era sempre o homem, sempre o mesmo, por muito que se houvesse mudado a letra da lei. As assembleias, os tribunais e as academias falavam com base na equação "ser humano é igual a homem"; as cabeças e seus preconceitos não mudam tão facilmente quanto as leis. As mulheres continuavam sendo o segundo sexo, aquele que precisava ser definido, pensado, descrito, situado mental e fisicamente. O masculino é, o feminino se explica e, sobretudo, se polemiza. Isso leva as mulheres a um estado de continua defesa, desculpa antecipada, necessidade de consenso ou acordo, explicação repetida de suas decisões, definições por negação e necessidade de contestar a opinião alheia sobre o que dizem, sentem, pensam e fazem – e por quê.

A diversidade pressupõe a individualidade e, em sua conquista, as mulheres enfrentam a armadilha do consenso como casta, sendo empurradas para o lugar de onde tentavam sair: a essência. Nada é menos discutido, em se tratando da masculinidade, que a essência do homem, seja ela qual for: todos os conceitos parecem admissíveis e compatíveis com sua racionalidade. Os homens podem ser violentos, competitivos, predadores, promíscuos, solidários, altruístas, poderosos, humildes... O importante é que nenhuma dessas naturezas seja utilizada como base argumentativa para negar a liberdade e a potencialidade dos homens de desenvolver-se humana, histórica, cultural e moralmente segundo sua autonomia pensante e autor-reflexiva, sem dúvida possível quanto à sua uniformidade, por mais divergentes que sejam suas crenças e realizações de indivíduo para indivíduo. As diferenças entre os homens, encaradas em sua equivalência como sujeitos, geram uma reciprocidade que permite reconhecê-los como semelhantes. As diferenças no pensar, no sentir e no agir das mulheres as convertem em tentativas fracassadas de identidade própria. A mulher como "o outro sexo" se dispersa em oposições constantes sem reconhecimento, em uma subordinação fragmentada pela heterodesignação masculina do que ela deve ser para ser reconhecida. Essa essência feminina em constante polêmica se materializa em um "deve ser assim" insidioso e caprichoso, que atua desde o nascimento até conquistar os corpos e as almas, convertendo-se em natureza, sexo, destino: ser mulher torna-se uma aprendizagem na qual algumas se graduam com louvor, da qual outras desistem angustiadas e que outras desmontam, convertendo-se em mestras de seu ser, para chegarem a ser livres. A chave estaria no reconhecimento dessa liberdade para o nascimento das novas mulheres, sujeitos, indivíduos autônomos a quem se deve perguntar como aos homens: O que você quer ser?

Se o sexo não é um destino, tampouco o são o casamento ou a maternidade; ambos são contingentes e dependerão da situação econômica, cultural e moral em que se encontre nossa espécie, para que não mais se conceba a procriação unida ao desejo e a criança à família genética. Do nascimento, do cuidado e da educação das crianças depende nossa continuidade na Terra como espécie, a de ambos os sexos, e não a realização das mulheres como pessoas.

Simone de Beauvoir desenvolve uma questão crucial: as mulheres são um problema para os homens porque o mundo é um mundo de homens e eles só vão abrir mão do espaço que acharem não lhes ser mais necessário. Assim, a mulher operária ou a mulher negra não constituem um problema, o sexo é fagocitado pela raça e pela classe, e só quando esses elementos de hierarquia desaparecem é que aparece o sexo. Mas a diferença sexual não aspira a ser eliminada. As mulheres não querem deixar de ser outro sexo para não ser discriminadas. Por que os homens se sentem um e as mulheres, outro? É possível a diferença sexual sem hierarquia? E uma alteridade não dominante? Só quando existirem dois sexos (não um ser neutro, universal, masculino, sem atributos porque não precisa se diferenciar e porque se sabe o referente, o primeiro sexo), as mulheres vão deixar de ser o segundo sexo. Este é a metade dos seres humanos, que não se põem de acordo na afirmação individual. Para Simone de Beauvoir é necessário partir do zero porque o mundo e a história, com intencionais e bem escondidas resistências, são de homens. As mulheres não querem desaparecer, querem aparecer, e o grande desafio consistiria em cortar o fio de identidade do patriarcado, essa cumplicidade oriunda da opressão consentida. Aqui está a grande dificuldade, pois não existe alternativa ou, se existe e é pressentida, amedronta; por isso, 50% dos seres humanos continuam, antes de mais nada, nascendo para chegar a converter-se em mulheres.

A violência simbólica clama na obra de Simone de Beauvoir. Essa atmosfera habitual incorporada ao corpo inverte a ordem de causa e efeito, pela qual as mulheres se dedicam à família e dependem dos homens, já que não desenvolveram sua capacidade intelectual e sua autonomia. Não podem, diriam alguns; não querem, diriam outros; não devem, diriam os demais. Mas, e se não se dedicassem à família e deixassem de considerar o matrimônio e a maternidade como um destino? Então, desenvolveriam seus talentos, teriam sonhos, contariam a história, mudariam o mundo junto com os homens. Só nessa situação apareceria, clara, a armadilha do discurso democrático igualitário, sendo então possível analisar se não podem, não querem ou não têm permissão de ser as pessoas que desejam ser.

# 72
## QUAL É "O MAL QUE NÃO TEM NOME"?

"Se uma mulher tinha um problema nas décadas de 1950 e 1960, sabia que algo não ia bem em seu casamento ou que algo estava acontecendo com ela. Pensava que as demais mulheres se consideravam satisfeitas com suas vidas? Que tipo de mulher era ela se não se sentia misteriosamente realizada polindo o chão da cozinha?"

– Betty Friedan

Betty Friedan nasceu em uma família próspera no país das oportunidades, Estados Unidos. Suas avós e mães lutaram pela liberdade sem a qual haviam nascido e a entregaram às filhas e netas. Nessa herança se perdeu a perspectiva de sua conquista e, com ela, seu valor e a importância de sua defesa.

Betty Friedan adotara, como milhões de mulheres na década de 1950, o sobrenome do marido. Tinha estudado na universidade e cultivava o vício de pensar por conta própria, escrevendo o que pensava. Sem ter completado 30 anos, com três gestações e uma casa no subúrbio, foi tirada de seu emprego remunerado para transformar-se em rainha do lar, doce lar. Sua vida respondia às fotos de qualquer *outdoor*: ela havia se tornado uma dona de casa sortuda. Jovem e com uma carreira, podia ir às urnas para eleger o presidente, do mesmo modo que ia todo dia fazer compras no supermercado dirigindo seu próprio carro. O aspirador de pó, a máquina de lavar roupa, o cabeleireiro e os cigarros a tornaram sem dúvida uma mulher moderna, despojada, é claro, da obsessão andrógina e da ambição individual das *garçonnes*** e das Vamps – arquétipo de mulher sedutora, atraente,

---

\* As *garçonnes* eram mulheres que se vestiam com um visual andrógino e usavam os cabelos bem curtos, ou Chanel um pouco acima dos ombros, corte chamado "La Garçonne". As *vamps* eram aquee geralmente perversa e cruel do início do século. As calças e o cabelo curto foram uma febre antes da guerra. Agora, após o retorno dos "meninos" da frente de combate, era preciso restaurar a ordem interna e atender ao desejo voluntário das meninas, que fabricavam munição e dirigiam bancos, de se tornarem boas esposas e mães melhores.

Nem todas hesitaram. As mais jovens acordaram do sonho do anjo do lar para subir a outros céus que não fossem as receitas de cozinha e os truques para remover manchas difíceis. Betty Friedan foi uma delas e teve a audácia de dizê-lo. Com isso, ganhou o divórcio de um marido que passara de bonito e protetor a agressor, o prêmio Pulitzer e, sobretudo, uma vida própria. Matou, com a permissão de Virginia Woolf, o anjo do lar e decidiu convencer as moribundas e emurchecidas donas de casa a pendurar o avental e sair para o mundo de verdade. Dava medo, é certo; porém, mais medo davam os testemunhos das mulheres presas na rede que, de repente, se perguntavam quando, por que e para que tinham tecido com as próprias mãos. Uma jovem anônima, de uma fabulosa urbanização, não podia ter expressado isso mais claramente:

> Tenho a sensação de que estou apenas dormindo e não sei por que me sinto tão cansada. Esta casa é bem mais fácil de limpar que o apartamento sem água quente em que vivíamos quando eu trabalhava. Os meninos ficam na escola durante o dia. Não é por trabalhar. É como se não me sentisse viva.

Testemunhos como esse levaram Betty Friedan a identificar um mal-estar compartilhado pelas mulheres do seu ambiente. Jovens, bonitas e cultas, que apesar de terem "tudo" se sentem vazias, como se um ato de malabarismo as houvesse despojado da capacidade de desejar e a cada dia diminuíssem um pouco até desaparecer.

---

las que representavam o arquétipo de mulher sedutora, atraente, e geralmente perversa e cruel às vezes. A atriz norte-americana Theda Bara é um exemplo famoso desse arquétipo por conta do seu visual no cinema e seus papéis de mulher fatal em muitos dos seus filmes. (N. do E.)

Garotas espertas caçam um marido que não as deixará trabalhar (elas não precisarão disso); a condição de dona de casa, mãe e esposa será seu privilégio, seu símbolo de *status*, sua consideração. Deviam se sentir privilegiadas, poderiam desfrutar da maternidade em tempo integral bem como manter a família unida e feliz. Jardinagem, revistas de beleza, confeitaria e decoração, além de um estranho sentimento entre a tristeza, a angústia e a culpa que Betty Friedan, fiel ao seu hábito de pensar e escrever por conta própria, identificou como sintoma-chave para analisar a armadilha em que caíam as mulheres mais livres da história, como diziam as leis. "O mal-estar que não tem nome" é o título do primeiro capítulo de *Mística Feminina*, reformulação sofisticada e menos evidente do clássico anjo do lar, do eterno feminino, da idealizada domesticidade das feras que era interessante manter, bem domadas, atrás da cerca do jardim, cuja porta deviam fechar elas mesmas.

A televisão, o cinema e a indústria publicitária da época estabeleceram um único modelo de mulher doméstica dedicada o tempo todo à família. A cozinha, a limpeza, a jardinagem, a moda e os serviços à comunidade se converteram no estreito uniforme da geração de mulheres mais bem formadas e com mais direitos, obrigadas a ser felizes e a suspeitar de sua capacidade caso não o fossem.

Escutando seu próprio desassossego e de suas vizinhas, Betty Friedan descobriu um fantasma ao qual decidiu arrancar o lençol, um fantasma que fazia as mulheres adoecerem sem vírus nem bactérias que explicassem a doença. Ainda não identificado, podia ser cheirado, mordido, quase palpado; espalhava-se por todas as cozinhas limpíssimas e os quartos com cobertas perfeitamente passadas das mulheres de classe média americanas.

Sim, Betty Friedan puxou o lençol e, por baixo, o fantasma sorriu com a astúcia e a confiança de quem se acredita imune a todos os antídotos, o patriarcado. Conseguiu sobreviver ao voto e à educação das mulheres e lá estava, ufano e satisfeito. Ela teria que pensar em outra estratégia de luta. Tinha começado a terceira onda do feminismo.

# 73
## O QUE É A NOW?

"Nós, homens e mulheres que por este meio nos constituímos como Organização Nacional das Mulheres, acreditamos que chegou a hora de um novo movimento em direção à igualdade verdadeira para todas as mulheres nos Estados Unidos e a uma sociedade plenamente igualitária dos sexos, como parte da revolução mundial dos direitos humanos que agora ocorre dentro e fora de nossas fronteiras nacionais."

– National Organization for Women (NOW)

NOW é a sigla da National Organization for Women (Organização Nacional das Mulheres), a primeira organização feminista internacional que surgiu após a Segunda Guerra Mundial, quando parecia que o feminismo, ao menos nos países democráticos, não tinha mais razão de ser depois da conquista do voto e dos plenos direitos civis. NOW, em inglês, também significa "agora"; e um "e agora?" interrogativo levaria as mulheres emancipadas a tomar consciência de que ainda estavam longe de ser donas de suas vidas, devendo fazer algo a respeito – e já.

As mulheres queriam ter direitos, mas direitos de verdade: estes continuariam dormindo pacificamente no papel da lei, a menos que elas os assumissem. Para poderem escolher, para serem livres na rua, nas empresas, nos parlamentos, tinham que ser livres em suas consciências, deviam despertar do sonho americano e retornar ao campo de batalha da igualdade. Dessa vez não enfrentavam o "não podeis" direto, mas claro: não podeis votar, não podeis estudar, não podeis ganhar dinheiro como os homens. Agora que a legalidade estava de seu lado, entraria em jogo um "não deveis", com culpa e chantagem emocional coletiva de permeio: não deveis trabalhar se sois mães, não deveis faltar a vossos pais, não deveis perder vossos maridos, não deveis dar as costas à comunidade. E até se repetia o mantra eficaz do "não quereis": não quereis sair todas as manhãs para trabalhar e ganhar um salário ridículo, não quereis abandonar os filhos e atrapalhar a carreira dos maridos, não quereis passar horas a fio em um laboratório, em uma universidade ou em um jornal e ficar sozinhas.

Betty Friedan, fundadora da National Organization for Women, em 1966, junto às ativistas (à sua esquerda) Barbara Ireton e Marguerite Rawalt.

E, por último, talvez o mais sutil de todos os fantasmas que negam a liberdade das mulheres sem reconhecê-lo: não sabeis o que quereis. Quereis ser mães e boas profissionais; quereis ser amadas e ter o mesmo poder que os homens; quereis ser livres, mas continuais em busca de um marido; quereis que vos levem a sério, mas votais em homens para que eles façam as leis que logo criticais.

Sim, as mulheres eram pessoas, seres humanos em toda a gama psíquica e física de diferentes (e mesmo opostas) características que compõem o indivíduo e que nunca impediram a metade masculina da humanidade, a partir dos tempos modernos, de tentar modelos de convivência não demasiado estáveis e muito menos exemplares, mas ainda assim mantidos apesar de suas inconsistências. As mulheres não sabiam se iriam atuar melhor que os homens, só sabiam que deveriam participar (este é, talvez, o nexo entre os movimentos de mulheres que a partir dos anos 1960 começaram a levantar a voz). A organização NOW foi considerada liberal e pode contar com a possibilidade de abrir uma brecha na necessidade compartilhada, seja qual for o rótulo da luta pela dignidade das mulheres, de passar das palavras aos atos.

Em 1966, cerca de 50 mulheres e alguns homens assinaram uma Declaração de Princípios e se constituíram em uma organização de mulheres para a universalização efetiva dos direitos humanos, com sede em Washington. Betty Friedan foi sua presidenta e entre as fundadoras está Shirley Chisholm, a primeira mulher afro-americana a ocupar uma cadeira no congresso dos Estados Unidos. A organização chegou a reunir meio milhão de contribuintes e mobilizou muitas outras pessoas no empenho consensual pela causa da igualdade.

A partir de fins dos anos 1960, as mulheres deixaram de acreditar que tinham direitos para começar a exigir o poder de defini-los e com isso, enfim, conseguir ter voz como metade da humanidade bem como decidir o rumo, não só de suas vidas, mas também da "grande política" da ONU, da União Europeia, dos Congressos Internacionais, dos governos ricos. Os centros políticos e econômicos de tomada de decisões deixaram de ser o pai a quem as feministas continuavam pedindo audiência e consideração. Agora as mulheres queriam estar lá e tomar a palavra em nome das pessoas que até então tinham estado ausentes, como mulheres que, conquistando pela primeira vez seu lugar de direito, falassem por todas; o mesmo, sem saber ou sem reconhecer, fizeram sempre os homens sem elas. O século terminava, enquanto o trabalho feminista apenas chegava ao fim do começo.

# 74
## COMO O PESSOAL SE TORNA POLÍTICO?

"O amor foi o ópio das mulheres, como a religião o das massas.
Nós amávamos enquanto os homens governavam."

– Kate Millet

"O pessoal é político" é uma contestação, um alarde de dignidade que se propagou nos anos 1970 depois da publicação, pela feminista Carol Hanisch, de um artigo no qual afirmava que nada poderia ser considerado alheio às relações de poder. Desse modo, se o patriarcado ou a dominação dos homens sobre as mulheres se superpunham ao longo da história a qualquer sistema econômico e político, o acesso das mulheres à cidadania era fraudulento e deixava silenciados e impunes múltiplos mecanismos de manutenção da subordinação das mulheres, de qualquer classe, raça ou orientação sexual.

As opções vitais, as experiências e os sentimentos que carregam, o sentido da liberdade e da dependência, o significado da aprendizagem, a sexualidade, as normas de relacionamento com as pessoas do mesmo sexo e entre homens e mulheres respondem a um determinado padrão de civilização e não a um comportamento livre e individual. Enquanto seres culturais que convivemos em sistemas normativos vinculantes, nossas vivências, nossas impressões e seu impacto são fruto de uma determinada posição em nossos sistemas políticos. O pessoal, portanto, é político, e a divisão entre a esfera íntima ou privada e a pública é artificial e deliberada, feita para servir à manutenção dos privilégios daqueles que monopolizam o poder de decisão.

Era inicialmente preciso, portanto, desenredar a meada das relações íntimas, das estruturas familiares e dos padrões emocionais entre homens e mulheres, bem como os destas entre si. A organização social se assenta em um denso tecido de relações interpessoais tão determinantes do *status* de seus integrantes quanto as declarações de direitos. As mulheres tinham direito ao trabalho remunerado, mas muitas delas justificariam a dependência voluntária de seu marido "por amor à família". Dessa forma, a partir do processo de socialização, os direitos se convertem em um cheque em branco que as mulheres decidem não cobrar – ou a isso são forçadas.

A ruptura do muro mental entre o público e o privado, implícita no lema de que nada é alheio ao poder, serviu e serve como premissa contestatória para aqueles que não sabem ou não querem compartimentar a vida para preenchê-la de acordo com os códigos que cada idade, lugar, atividade ou circunstância exigem. Esses mandatos estão disfarçados e são difíceis de reconhecer; às vezes se manifestam de forma clara, mas sua recorrência os protege do escândalo que uma observação consciente provocaria, ao mesmo tempo que a submissão coletiva reforça sua legitimidade. De fato, não devem ser tão ofensivas as imagens panorâmicas de centenas de mulheres nuas em todos os *outdoors* que conclamam ao consumo dos mais variados produtos, desde perfumes até sorvetes, quando, longe de suscitar protestos, a ninguém, nem mesmo às mulheres, parecem causar preocupação, irritação ou indignação.

Na atualidade, em nosso civilizado Ocidente, não é fácil encontrar um cartaz de "proibida a entrada de mulheres", mas muitas delas se sentem bastante dissuadidas de entrar em alguns lugares, naqueles em que se fecham contratos, acordos comerciais ou políticos, enquanto seus signatários masculinos são atendidos ou aparecem acompanhados por "outras mulheres". Não é necessário que o código seja verbal: as cores e o tipo de roupa disponíveis para mulheres e homens de acordo com a idade, as exigências de aspecto nas esferas do poder, os espaços de trabalho e o valor deste, conforme seja atribuído a um ou outro sexo, as expectativas afetivas e a diferente, quando não oposta, concepção da sexualidade para ambos são manifestações contínuas de consentimento coletivo e individual para não levar a sério as mulheres.

Essa oculta aceitação silenciosa da discriminação das mulheres constitui sempre o primeiro passo para sua exploração, o exercício da violência contra o sexo feminino e sua humilhação. Por isso, no final dos anos 1960, as feministas deixaram para os congressos a aprovação de leis, ajudas e políticas de igualdade, pregando a insubordinação coletiva com um grito de guerra próprio: "o pessoal é político". Nascia o feminismo radical, que colocava a práxis acima de qualquer teoria, uma ação sem líderes nem estrutura política que denunciará, mediante atos de insubordinação civil, a contaminação patriarcal de todas as instituições. Cada mulher conta, com sua voz, sua experiência e sua ação baseada na consciência individual de sua subordinação, além da proteção *in abstracto* que as leis possam reconhecer.

A revolução estava na conquista da soberania da própria vida, de forma que a cidadania só foi transformada, onde havia sido ganha, em um presente envenenado em troca de nenhuma mudança, não porque as mulheres não tivessem reconhecidos seus direitos como os homens, mas porque se encontravam demasiadamente anestesiadas, aterrorizadas ou eficazmente chantageadas para continuar se considerando pessoas de igual valor, com iguais possibilidades de decisão, as mesmas liberdade, segurança e capacidade de intervir na mesma realidade que eles.

As mulheres não nasciam com mais ou menos desejo de ser mães que os homens, embora, por volta dos 40 anos, uma angústia de dever não cumprido as fizesse correr às clínicas de fertilização ou às agências de adoção. Também não estavam nem mais nem menos qualificadas para a criação de filhos, próprios ou alheios, ou para a assistência, a limpeza e o cuidado de pessoas enfermas, de idade avançada ou com falta de autonomia. No entanto, constituíam (e constituem ainda) a esmagadora maioria de puericultoras, mães em tempo integral, enfermeiras, terapeutas, assistentes sociais e acompanhantes de pessoas solitárias. Nenhum estudo do cérebro humano, como refutava Concepción Arenal ao ilustre endocrinologista Gregorio Marañon quando ele recorria a Deus para respaldar sua teoria do gene da maternidade obrigatória, provou que as mulheres não querem ganhar muito dinheiro, ser referências intelectuais ou políticas poderosas; mas essa opção continua, só para elas, impregnada por sentimentos de renúncia a serem amadas e formarem uma família ou de medo a serem objeto de cruel escrutínio sobre seu atrativo sexual, por excesso ou defeito.

Filho da esquerda contracultural dos anos 1970, o feminismo radical sustentou que a dominação masculina é uma rede, não um problema institucional ou legislativo concreto a ser debatido nas câmaras, em clara alusão às estratégias do feminismo liberal. A dominação masculina impregna nossa vida desde que nascemos e a sexualidade é um de seus truques mais recorrentes. Essa foi a análise detalhada de Kate Millet, autora de referência, em sua tese de doutorado e obra *cult* intitulada *Política Sexual*, junto com autoras como Susan Firestone ou Germaine Greer. Elas examinaram a aparente liberdade das mulheres para retirar a maquiagem democrática das sociedades ocidentais que ainda disfarça o patriarcado: um poder invisível continua inoculando na epiderme social um programa sexual do qual só um alto nível de consciência e vontade consegue resgatar algumas mulheres, as feministas, sejam assim chamadas ou não.

"O pessoal é político" porque não se pode isolar a política (o poder de organizar e decidir o destino de uma sociedade) das circunstâncias, dos problemas e dos conflitos dos indivíduos que convivem nela, pois precisamente esses conflitos, problemas e circunstâncias vitais devem ser o objeto da política com base nos valores democráticos da igualdade, da liberdade, da solidariedade e da justiça.

A política, hoje, parece flutuar sobre a sociedade a que deveria servir. Já ninguém confia na política. Ou, talvez, já ninguém confia em quem faz política. As feministas se deram conta de que seus obstáculos não eram individuais ou familiares, mas políticos, de que seu progresso verdadeiro na igualdade requeria poder político verdadeiro, poder para mudar de forma efetiva suas condições de discriminação estrutural. Dessa estratégia focada na raiz da discriminação nasce o feminismo radical, ao qual devemos uma graduação mais ajustada das lentes de gênero, que a partir daí verão de perto e de longe, o macro e o micro do sistema de dominação masculina.

# 75

## O QUE SÃO OS GRUPOS DE AUTOCONSCIÊNCIA?

"Por fim, reuni coragem para me divorciar de Carl. Muitos acontecimentos importantes ocorriam em minha vida pública, enquanto, em minha vida privada, meu marido não deixava de me bater.
Eu não podia continuar sendo uma mulher de duas cabeças."

– Betty Friedan

O mal que não tem nome, que tantas mulheres tentavam afugentar como se
fosse um vírus, assumiu o sentido de injustiça social, de discriminação, de
armadilha doméstica. A família idílica acabou mostrando os dentes às suas
"rainhas mães" em um canibalismo vicioso que as devorava, deixando-as ao
mesmo tempo famintas de vida e realização pessoal. Era o precipício do "ser
para os outros", da anulação pessoal que apenas a tomada de consciência
individual e a ação coletiva podiam identificar. Terríveis serão, por isso, os
testemunhos da época:

Dediquei todas as minhas energias às crianças, levando-as de
carro de um lado para o outro, preocupada com elas, ensinan-
do-lhes coisas. De repente, tive uma horrível sensação de vazio.
Todo o trabalho voluntário que havia assumido, os escoteiros, a
Associação de Pais e Mestres, a liga de basebol... nada disso me
parecia ter valido a pena. Criança, eu queria ser atriz. Mas já era
tarde para isso. Ficava em casa o dia inteiro, limpando coisas que
não havia limpado durante anos. Chorava o tempo todo. Meu
marido e eu achamos que aquele era um problema das mulheres
americanas, porque você renuncia a uma carreira pelos filhos e
logo chega a um ponto em que não há mais volta. Invejava tanto as poucas mulheres de meu conhecimento que desenvolviam

suas habilidades! [...] Passei a vida inteira mergulhada em outras pessoas e sequer sabia que tipo de pessoa eu mesma era. Agora acho que ter outra pessoa não preencheria esse vazio por muito tempo. Não há retorno, é preciso ir em frente. Deve haver alguma estrada real que eu possa percorrer por conta própria.

Verbalizar, compartilhar, tirar conclusões e teorizar o germe da opressão, com base nas emoções e experiências de mulheres concretas, moldou a nova luta política contra o patriarcado, impulsionada pelo feminismo radical. Pequenos grupos de mulheres começaram a compartilhar sua frustração e, sobretudo, deixaram os antidepressivos, a psicoterapia e a obediência à felicidade, que lhes estava reservada em seus precoces casamentos vitalícios, para falar e agir. Principalmente agir. Nascera o ativismo, era necessário analisar as estruturas de discriminação; mas, para combatê-las em toda a sua extensão e não só em sua projeção política, cumpria dinamizar o tecido social por meio da sensibilização e da tomada de consciência das próprias mulheres.

Assim nasceram os Grupos de Autoconsciência, ou *Consciousness Raising,* como ferramenta de escolha de um novo feminismo que, ao contrário do feminismo liberal, seria edificado de baixo para cima, partindo da discriminação cotidiana das mulheres anônimas em sua vida privada. O desmascaramento do patriarcado no seio de nossa sociedade empoderaria as mulheres para que se dispusessem a conjurar sua opressão e ser sujeitos de pleno direito no espaço político. Esse processo deveria partir da informalidade e da solidariedade. *Sisterhood is Powerful* (A Irmandade Feminina é Poderosa), obra de Robin Morgan (1970), será mais um lema do novo feminismo, que tentava criar uma rede de mulheres unidas por uma identidade coletiva própria, como alternativa ao poder androcêntrico que governava o mundo.

Talvez fosse preciso escapar ao isolamento e à paz suspeitosa do reconhecimento formal da igualdade dos sexos, questionando cada setor de nossa realidade. Com efeito, 3 milhões de exemplares da obra de Betty

Friedan, *Mística Feminina*, foram vendidos em todo o planeta. Um grande número de mulheres parecia preferir a incerteza da responsabilidade pelas próprias vidas a continuar enjauladas no eterno feminino, graças ao qual não logravam se reconhecer ao espelho, de manhã. A mulher deixou de ser "a mulher": eram milhões, eram negras, lésbicas, pobres, idosas, meninas, conservadoras, socialistas... O feminismo ganhou novo impulso e teve de pensar-se, enfrentando ao mesmo tempo as lutas contra todos os "não podeis", "não deveis", "não quereis" ou "não desejais saber". Essas lutas deviam – e deveram e devem – ser diferentes em cada lugar, cada qual com seu tempo e suas circunstâncias. Havia um trabalho de libertação para cada mulher que se unia a outras em defesa de suas liberdades mais urgentes, e, enquanto se decidia o que era importante, cumpria organizar-se, debater, sair de casa, negociar com os poderes concretos, apaixonar-se ou não, ser mãe ou não, abortar ou não, divorciar-se ou não: em suma, viver. Era preciso viver enquanto se modificava a vida – e a vida era muito diferente conforme o lugar e as circunstâncias em que a mulher nascia.

Os grupos de autoconsciência são uma estratégia para chegar à raiz da opressão que as mulheres sofrem. Formados por e para elas, supõem um espaço de expressão de sentimentos e vivências para a aquisição de uma consciência de "casta sexual" (na terminologia do feminismo radical) e para a conquista, de fora das instituições oficiais, de sua libertação.

Os anos 1960 e 1970 pressupunham a evolução de um pensamento feminista crítico com respeito ao patriarcado, de cujos tentáculos sabe não estar a salvo em parte alguma mais do que na certeza de sua onipresença. Amor, amizade, sexualidade, maternidade, doença, relações familiares, beleza ou vulnerabilidade estão contaminados pela hierarquia sexual, já que é justamente a dimensão holística do sistema de dominação masculina a que o salva de vez em quando da crítica segundo a perspectiva de gênero.

Desse modo, além da incorporação ao mercado de trabalho e da ascensão aos cargos de poder público, as mulheres precisam desenredar a trama de sua vida cotidiana e libertar-se das armadilhas que as subordinam, perpetuando a invisibilidade da violência estrutural contra elas. Esse feminismo ganhará o nome de radical para se diferenciar do liberal reformador, que deixou impune toda a realidade alheia ao espaço público, quando a fronteira entre este e o privado foi traçada pelos homens e sua usurpação do espaço de decisão democrática. Suas militantes, filhas rebeldes da esquerda plural da década de 1960, se uniram em torno do Movimento de Libertação das Mulheres (MLM), para o qual tudo é questionável com base na perspectiva de gênero, a começar pelos códigos culturais identitários que impõem um modelo despótico de mulher.

# 76

## O contrato social tem letra pequena?

"As feministas têm empreendido há muito tempo, e com frequência, campanhas políticas muito amargas contra a subordinação patriarcal. No entanto, nada disso foi suficiente para gerar a convicção, exceto em uma pequena minoria de teóricos ou ativistas políticos homens, de que o direito patriarcal ainda existe, de que ele exige uma minuciosa análise teórica e de que é um adversário tão digno de consideração quanto a aristocracia, as classes ou outras formas de poder."

– Carole Pateman

O conceito de poder da escola de Franckfurt, que o identifica com tudo o que direta ou indiretamente intervém nas relações de domínio, na limitação da liberdade e na manutenção da alienação graças a métodos cada vez mais sutis, será transferido para a análise da habilidade do sistema patriarcal em se sobrepor e lucrar com qualquer sistema hierárquico de organização social. Dessa maneira, o poder se identificaria com todo pensamento e toda prática que garantam só a alguns membros de um sistema a capacidade de dar significado ao que será imposto, com o selo da legitimidade, ao resto de seus semelhantes. Assim, o poder dispõe sempre da faculdade de nomear a realidade e instala, para evitar a insurreição e o conflito, os filtros oportunos na percepção desta, de modo que os indivíduos acreditem ter direitos e julguem suas limitações como inevitáveis e não como uma consequência da manutenção dos privilégios de um determinado grupo social dominante.

O poder não deve ser identificado exclusivamente com a política: seu exercício e sua capacidade de influência permeiam todas as relações, tanto no âmbito público quanto no privado. O advento dos Estados democráticos modernos silenciou a distribuição desigual de poder entre homens e mulheres, reduzindo sua definição à esfera pública e evitando o determinante que para a vida dos seres humanos passou a ser chamado por Carole Pateman de *O Contrato Sexual* (1988). Essa obra clássica do feminismo contemporâneo compara o contrato social que legitima os sistemas constitucionais nascidos do Iluminismo com o "contrato sexual", sancionado uma e outra vez ao longo da história como estrutura normativa subjacente que discrimina as mulheres.

Expulsas da vida pública, sem a possibilidade de acesso ao exercício de profissões de prestígio ou a salários que lhes permitiriam autonomia, perdido o controle de seus próprios corpos, às mulheres só restará o mito do amor romântico, da salvação de um bom casamento e da maternidade como destino. A nova ordem legitimada no pacto civil não reconhecerá a capacidade contratual pública das mulheres e, portanto, estas só obterão uma subjetividade parcial no pacto do matrimônio, que suporá a salvação da intempérie jurídica ao preço, não negociável, de fusão para sempre com o *status* do marido.

O "sim, aceito" das mulheres casadas significava seu primeiro e último exercício de consentimento válido: consentiam em sua incapacidade jurídica, e seu *status* não era distinto da condição dos menores e incapazes. Isso foi regulamentado pelo direito de família de todo o Ocidente, e as mulheres que ficavam solteiras sempre eram filhas, menores expostas à indigência se a herança familiar não fosse suficiente ou os herdeiros homens a gerenciassem mal. Nascer mulher se convertia em uma ratoeira existencial com a armadilha do amor encobrindo casamentos que limitavam a subordinação a um só homem em detrimento dos demais, incluindo o pai, que perdia o poder sobre ela.

O contrato social, pelo qual os homens têm acesso à vida pública e participam da atividade política e econômica das nações, terá como base o contrato sexual. Cada homem livre será soberano de uma mulher, a sua, que lhe garantirá as condições materiais para ele poder exercer essa liberdade:

cuidado, alimento, descanso, afeto, sexo e descendência. Na atualidade, esse pacto sexual subjacente se encontra em plena negociação, com grande resistência a dissociar o amor da equidade (nas responsabilidades familiares) e da licença individual e coletiva tanto para a ambição profissional quanto para a dedicação ao desenvolvimento pessoal, como motor vital das mulheres.

O contrato sexual, portanto, está todo em letras pequenas, na realidade é a letra pequena do "contrato social" – e já é hora, dois séculos depois da tomada da Bastilha, de as mulheres serem reconhecidas como signatárias de pleno direito. A construção de nossos sistemas jurídicos se fez sobre a ficção de um grande contrato social, o pacto rousseauniano, pelo qual a soberania do indivíduo era, de forma voluntária, cedida ao espaço público para se construir a soberania da nação, fundamento dos governos democráticos legitimados em suas decisões por essa cessão original a fim de se criarem normas universalmente aplicáveis. O problema surge quando desse grande consenso inicial se excluem as mulheres, pois o projeto iluminista, no começo, não reconheceu sua capacidade racional, de maneira que não poderiam pactuar aquelas que não eram consideradas sujeitos com autonomia de vontade. Manteve-se, desse modo, a sujeição das mulheres ao *status* do sexo, sendo todas consideradas parte concordante de um "contrato sexual" que determinava sua subordinação.

Pela primeira vez, a capacidade racional outorga o direito a formar parte da "vontade geral", gerada por um pacto entre seres iguais, livres e fraternos. Nasceu a soberania nacional, primeira abordagem teórica do Estado democrático, que não se sujeita ao indivíduo, mas, ao contrário, se sustenta com base neste, precisamente porque é um (indivíduo), se autodefine e se mantém de maneira responsável. Nasceu o Estado moderno a partir de um pacto viril para uma democracia restrita e para o governo da nova classe dominante. O regime de classes será abolido, mas não o patriarcado; contudo, esse novo *habitat* sociopolítico, diferentemente de seu antecessor, apresentará um ponto vulnerável no âmago de sua fortaleza: a possibilidade de mudança, e mudança dirigida pela vontade dos indivíduos. E se alguma coisa as mulheres mostraram possuir, embora isso não nos tenha sido dito, foi a férrea vontade de mudar sua condição.

O novo sistema nasceu de e para os privilegiados, proprietários brancos do sexo masculino, mas isso não significa que extirpou a semente da universalidade responsável pela nova ordem sociomoral, a cujos fundamentos teóricos e realização histórica a população exilada, antes de entrar nela, havia assistido como testemunha direta, cúmplice, cooperadora necessária e até mesmo protagonista. Se a nova ordem manteve privilégios de sexo, propriedade e raça, a revolução que a tornou possível conservou latente a possibilidade, parcialmente concretizada, de abolir esses privilégios. O novo poder se entrincheirou atrás de outras portas além do berço e do sangue e, mais cedo ou mais tarde, estas precisariam abrir-se diante do perigo real de que a maioria da população pudesse deitar abaixo a segurança política e econômica construída pelas novas leis dos poderosos. Eram leis que a força legítima do Estado impunha, mas que, na nova ordem, não vinham mais de Deus, vinham dos homens, seres humanos falíveis, mortais, substituíveis e, portanto, inconstantes em suas opiniões.

Rousseau derrotou Wollstonecraft, mas hoje milhões de mulheres vivem de conformidade com o que a razão dessa iluminista antecipou: "Eu me declaro contra todo poder baseado em preconceitos, mesmo os antigos".

# 77

## O QUE É O *MANIFESTO DAS 343 VADIAS*?

"Eu desisti do estratagema de me isentar da condição de mulher. Deixei de dizer e pensar que as outras mulheres eram 'elas' porque me dei conta de que, quando se dizia algo a respeito do que as mulheres podiam ou não fazer, minha 'distância objetiva' não me deixava sair da armadilha. Como uma convertida ao sexo feminino, me converti em 'nós, as mulheres'".

– Hymowitz Weissman

Em 15 de abril de 1971, aparecia em uma página dupla do jornal francês *Le Monde* o seguinte manifesto assinado por 343 mulheres autodenominadas *salopes* (vadias), um insulto atirado contra as mulheres que se descobria terem feito abortos na França e que pode ser traduzido por "prostituta", "sem-vergonha" ou "desalmada". Estas foram suas palavras:

> Um milhão de mulheres abortam a cada ano na França. Elas fazem isso em condições perigosas por causa da clandestinidade a que estão condenadas, embora seja uma operação das mais simples quando praticada sob controle médico. Não se diz nada sobre esse milhão de mulheres. Eu sou uma delas. Eu declaro ter abortado. Da mesma maneira que exigimos acesso gratuito aos anticoncepcionais, exigimos o aborto gratuito.

Essa autoincriminação foi assinada e divulgada por mulheres de grande relevância pública a fim de causar escândalo e eliminar a passividade que continuou a expropriar a vontade das mulheres de decidir quando gerar, gestar e dar à luz uma criança. As feministas francesas decidiram agir contra a proibição legal da interrupção voluntária da gravidez e do livre acesso aos anticoncepcionais. E a ação deveria ser paralela aos debates que monopolizavam a opinião pública; deveria tornar visível a realidade em que viviam diariamente as mulheres, embora ninguém falasse disso; deveria tratar o tema do aborto com base no protagonismo absoluto delas, sem convertê-lo em arma de arremesso partidária, alheia ao sofrimento que sua negação causava.

O controle do corpo das mulheres pelo legislador equivalia, nem mais nem menos, a uma alienação legal de sua subjetividade, pois não é sujeito quem não dispõe de autonomia sobre seu próprio corpo. Nem políticos, nem especialistas, nem cientistas, nem religiosos podiam ou deviam decidir quanto à maternidade biológica, que pertencia à intimidade e à soberania das mulheres.

Simone de Beauvoir, Catherine Deneuve, Giselle Halimi, Jeanne Moreau, Marguerite Duras e Simone Veil, entre outras, decidiram solidarizar-se com o milhão de mulheres anônimas que anualmente eram submetidas a abortos clandestinos na França, colocando em risco suas vidas enquanto o governo e a opinião pública olhavam hipocritamente para o outro lado. Iriam prender esse milhão de mulheres, como prescrito pelas leis criminais, ou as mais de 300 que assinaram o manifesto? As francesas perceberam que a força estava do lado da razão, pois talvez ninguém, nem no governo nem na opinião pública, ignorava essa realidade em primeira ou terceira pessoa. A eficácia das leis penais contra o aborto ameaçava a vida, a vida das mulheres que morriam no procedimento e a vida tal como era desejada, condição da dignidade humana.

Autoridades masculinas de qualquer espectro político tinham consciência de que as leis contra o aborto só funcionavam para mulheres pobres, dado que seus princípios morais eram absolutamente relativizados pelas classes médias e altas, capazes de ter acesso aos anticoncepcionais e a uma viagem ao exterior para que suas filhas, irmãs ou esposas não corressem riscos desnecessários e nunca fossem chamadas de "vadias".

A penalização do aborto supunha não só uma discriminação para as mulheres, mas também uma forma de opressão das classes menos favorecidas, mal cuidadas pela saúde pública, enquanto se estigmatizavam as mulheres que arriscavam sua vida ante a falta de alternativas, para não perderem o controle de seu corpo e de seu futuro.

O *Manifesto das 343 Vadias* pretendia abalar a consciência dos democratas franceses. Por trás dessa iniciativa, se encontrava o Movimento de Liberação das Mulheres (MLM), para quem "o pessoal era político" e não havia maior prova da verdade desse lema do que a usurpação do corpo das mulheres como território de decisão legal alheio à sua vontade. Produz-se assim uma nova forma de luta construída sobre um forte compromisso por parte de um grupo de feministas prósperas, as quais declararam haver cometido um delito que, de forma individual, poderiam ter ocultado para não comprometer suas vidas. O manifesto, desse modo, pode ser qualificado de ato político de solidariedade, porque todas as mulheres foram afetadas pela negação de sua dignidade em virtude da ilegalidade do aborto. Então, com o grito de "eu também sou Spartacus", 343 mulheres quiseram detonar uma bomba de escândalo sobre a criminalização do aborto e a humilhação que era para as mulheres não poderem dispor de seu corpo. Em 1974, por ação da ministra da Saúde, Simone Veil, uma das signatárias do manifesto, o aborto acabou legalizado na França e foi dado sinal verde para o uso de anticoncepcionais. A insurreição deu um grande passo, talvez por contar com apoio feminista no poder.

A iniciativa francesa acendeu o pavio em outros países europeus. Na Espanha, sob o regime de Franco, as feministas organizaram campanhas e marchas durante as quais confessavam "serem adúlteras", em protesto contra a penalização do adultério feminino diante da tolerância do masculino pelo código civil espanhol. Morto o ditador, em 1976, produziram-se vários processos penais por interrupção da gravidez; foram divulgados pelos movimentos feministas, provocando a oposição e o protesto de amplos setores sociais, que reivindicavam os direitos sexuais e reprodutivos das mulheres como direitos humanos inalienáveis.

Os direitos sexuais e reprodutivos das mulheres ainda constituem um desafio em muitos países democráticos, onde as mulheres continuam sofrendo a violência da gravidez não desejada ou do aborto clandestino, sem acesso a anticoncepcionais nem direito a uma maternidade desejada.

Instaurada a democracia, pactuou-se uma tolerância "ilegal" mediante um acordo com clínicas privadas e o uso da presunção de incompatibilidade da gravidez com a saúde mental da mulher, para permitir o aborto sem reconhecê-lo de forma pública e, sobretudo, sem dignificar a condição de sujeito autônomo e responsável da mulher com o direito de decidir se quer ou não ser mãe, independentemente da autorização de um terceiro: juiz, pai, médico... Até 5 de julho de 2010, não entrou em vigor a Lei Orgânica da Saúde Sexual e Reprodutiva e da Interrupção Voluntária da Gravidez. Isso mais de trinta anos depois da aprovação de uma constituição democrática e igualitária...

Na América Latina, a defesa dos direitos sexuais e reprodutivos constitui, junto com a violência contra as mulheres, a autonomia econômica e a participação política, um dos eixos principais da luta das organizações de mulheres e feministas. O aborto, a gravidez adolescente, a AIDS/HIV serão parte da agenda feminista por seu impacto na saúde e na vida das mulheres. As legislações de El Salvador, Nicarágua e República Dominicana penalizam o aborto em qualquer circunstância, mesmo em caso de estupro ou ocorrência de grave perigo para a vida da mãe e do feto. No dia 28 de setembro de 1990, depois do V Encontro Feminista Latino-Americano e do Caribe, foi iniciada a campanha para a reforma legal do aborto e instituiu-se o Dia de Luta pela Descriminalização do Aborto na América Latina e no Caribe.

# 78

## EM QUE CONSISTE O FEMINISMO DA DIFERENÇA?

"Assim, pois, para obter um estatuto subjetivo equivalente ao dos homens, as mulheres devem exigir que se reconheça sua diferença. Devem se afirmar como sujeitos portadores de valor, filhas de mãe e de pai, respeitosas para com os outros e exigindo igual respeito da sociedade."

– Luce Irigaray

O feminismo da diferença propõe uma nova estratégia de luta para a conquista da liberdade das mulheres. Essa corrente se baseia no feminismo radical e brota da consciência de que o patriarcado e sua capacidade opressora permeiam o tecido social e as relações interpessoais, de modo que não pode ser enfraquecido apenas por meio de ações legais e políticas: é preciso revolucionar a vida cotidiana e implantar uma mentalidade insubmissa nas mulheres, sem dependência do modelo masculino. As mulheres querem sua liberdade como mulheres, não como a determinaram os homens.

Luce Irigaray, em sua obra *Speculum*, publicada em 1969, dará o pontapé inicial para a nova reivindicação de uma ordem simbólica alternativa à atual, na qual as mulheres possam contar sua própria história e pensar por si mesmas, rejeitando a arrogância masculina de artistas, intelectuais e escritores que criaram um modelo de mulher conforme às suas necessidades. A psicanálise será o veículo para essa autora, que juntamente com outras colegas como Hélène Cixous, do grupo Psicanálise e Política, enfrentará não só o patriarcado, mas também o "feminismo da igualdade", que considerava conformista e pouco revolucionário.

No entanto, o batimento cardíaco do feminismo da diferença já podia ser ouvido no século XIX; a historiadora e feminista Mary Nash reuniu no "materialismo social" as correntes que apresentam a diferença biológica como determinante de um poder próprio das mulheres. Defende-se um paralelismo entre a função biológica e a função social para legitimar sistemas políticos nascidos do amor e do cuidado, e não do pacto racional que tão violento se mostrou. Em definitivo, o caminho da conquista de um mundo compartilhado sem dominação masculina não tardará a bifurcar-se. O feminismo da diferença, com diferentes pontos de partida, defenderá que a inclusão e a participação das mulheres no espaço público não assumam a ficção de que o sexo das pessoas não é relevante na hora de governar e governar-se. O sexo importa – e sua importância conseguirá a emancipação pública, mas principalmente íntima, pessoal e espiritual das mulheres.

Mas o que é ser mulher? O que o patriarcado fez não foi precisamente prender as mulheres em uma casamata biológica e corporal específica da singularidade?

O sentimento de invisibilidade, de falta de voz, de ser dependente do outro para sua inclusão em uma concepção do mundo que fala de seres humanos, mas quer dizer homens e só quando especifica "mulheres" quer dizer mulheres, constitui uma armadilha muito bem armada para que a igualdade de direitos possa desarmá-la. O universo da ciência, do direito e da história foi construído sem as mulheres e não se pode acessá-lo com base nas razões de nossa exclusão. É preciso determinar o valor da condição marginal, invertê-la e construir um novo centro. Eis aí alguns dos argumentos do chamado feminismo da diferença que inevitavelmente levam à busca de uma identidade feminina capaz de materializar essa diferença em algo tangível, reconhecível. Não somos o que nos têm dito que somos, mas também não somos iguais aos homens: nossa práxis feminista deve partir dessa premissa.

Para o feminismo da diferença, é fundamental dar significado ao fato de se nascer sexualmente diferente e, segundo algumas autoras, pensar nessa diferença é o primeiro passo para encontrarmos uma raiz libertadora comum. A diferença sexual não foi objeto de reflexão, ainda não lhe demos significado e, por isso, não é significativa. As mulheres gastam muito tempo dizendo de si o que delas diz o discurso geral, uma narrativa masculina que as separa da mãe porque se enraíza no pai. Ora, se a raiz é parcial, têm que ser parciais seus frutos, por isso não é suficiente conquistar o "direito a comer os mesmos frutos", é preciso que criemos sementes e nos alimentemos de nossa própria colheita, ocupando o "lugar de enunciação", nas palavras de María Rivera Garretas, com base no qual a mulher pensa e se nomeia, prévio requisito para nomear o mundo e, portanto, criá-lo para as mulheres, que até agora têm vivido em um mundo alheio.

O feminismo da diferença inclui várias teorias unidas pela necessidade da construção de um "ser mulher" capaz de reconhecer um mundo diferente do erigido sobre os alicerces do patriarcado. Ele rechaçou a teoria dos gêneros que não explicava outras diferenças além da dicotomia masculino/feminino. Nessa busca por um nascimento autêntico e não expropriado das mulheres, é inevitável por parte das diferentes autoras recorrer à nossa condição biológica de corpo reprodutor, estendendo-a à contínua função de criação e cuidados. Assim, na tentativa de escapar a tudo que a cultura androcêntrica estabeleceu para as mulheres, estas só poderão ser definidas segundo um espaço "não cultural", por sua diferença biológica sexual.

O essencialismo do feminismo da diferença causa inquietude. Parece no mínimo ameaçador pensar em um "ser mulher" inapelável e legitimado na mesma biologia que utiliza o patriarcado para manter as mulheres fora da liberdade de autodefinição e definição de um novo mundo. Cabe pensar que um "ser mulher" alternativo ao imposto pelo patriarcado ou não é homogêneo e, portanto, não pode sustentar valores comuns a todas as mulheres, ou, se for homogêneo, pode tornar-se tão sufocante quanto a identidade predeterminada e gregária que vem solapando a individualidade das mulheres desde o Iluminismo.

# 79

## O HUMANISMO E O FEMINISMO DA DIFERENÇA SÃO COMPATÍVEIS?

"Não temas pensar como mulher, o homem sempre pensa como homem, a diferença é que ele crê que pensa por todos."

– Alessandra Bocchetti

O feminismo é uma reivindicação para que as mulheres habitem este mundo em sua condição de seres humanos, a partir da qual possam desenvolver seu potencial individual, não como intrusas ou artistas convidadas no cenário que os homens monopolizaram, definindo-o de maneira traiçoeira como universal, mas como proprietárias sem encargos, exigências ou condições para poderem enunciar e dar significado – com os homens, mas não como os homens – ao fato de serem genericamente pessoas, seres humanos. Se só o sexo masculino ocupa o sujeito político, este se torna androcêntrico pela exclusão das mulheres; por isso, no momento em que elas acessarem seu conteúdo, este deixará de pertencer a um sexo para transformar-se em uma atuação verdadeiramente universal. Como sujeito universal, pensam e agem homens e mulheres, criaturas humanas antes e depois da condição de criaturas sexuais, que também o são, e por isso devemos construir e exigir um universo igualitário.

Todo feminismo é humanismo. O feminismo, em particular, constituiu e constitui ainda hoje a principal corrente de luta pela conquista da humanidade das mulheres, que consiste na ampliação e no aprofundamento dos valores iluministas de liberdade e igualdade, atributos de todos os seres racionais, incluídas as mulheres.

O feminismo da igualdade evita que essa humanidade igual receba, previamente definido, um conjunto de características próprias das mulheres que, assim, as distinga dos homens. O feminismo iluminista e toda a sua descendência até hoje continuam defendendo as mulheres como seres pensantes iguais aos homens: sua diferença sexual com respeito a eles não desaparece pelo reconhecimento de sua racionalidade, pois é esta e não aquela que fundamenta o acesso das mulheres à individualidade e seus atributos. O sexo não define nem tipifica a condição igual de humanidade.

Uma vez obtido o direito ao voto e as mulheres reconhecidas cidadãs com direitos iguais, o feminismo da diferença interpela a escamoteação, pelo poder masculino, da participação significativa e transformadora das mulheres. Assim, mesmo quando as mulheres por fim têm acesso ao espaço público e exercem sua racionalidade, continuam marcadas por seu sexo, ao qual parecem ter que renunciar caso queiram adquirir respeito. O traje de pessoa universal não se ajusta às suas medidas porque, até agora, só vestiu os homens fiéis à masculinidade prescrita, que nascem pessoas sem necessidade de esforço ou reivindicação, enquanto as mulheres devem conquistar essa condição desertando de sua enunciação feminina em troca de uma falsa neutralidade, habitada e nomeada pelos homens e seus atributos. Por isso, as feministas da diferença defendem sua adesão ao sexo como estratégia de afirmação, para enfrentar o sujeito masculino, que historicamente se apropriou de maneira indevida do ser humano, convertendo o masculino em neutro. O sexo, de alguma maneira, terá significado dentro da intersecção que, como seres humanos, ambos os sexos compartilham. Homens e mulheres seriam diferentes, e para o feminismo da diferença essa diferença é importante, quando não decisiva, de modo que não podemos perdê-la na construção de uma humanidade comum e, no entanto, compartimentada.

Diríamos, assim, que as feministas da diferença não são menos humanistas, mas que, em relação às distintas correntes que se agrupam sob essa denominação, ocorre, em maior ou menor grau, uma interpelação ao humanismo, tal como o entende o feminismo da igualdade. Desse modo, para as feministas da igualdade, o humanismo é um projeto que radicaliza com base na normalidade, sem cancelar a diferença sexual (não obrigatoriamente binária), enquanto, para as feministas da diferença, não se pode deixar de questionar uma humanidade que na prática foi construída com base em interesses e necessidades masculinas, não neutras. Com efeito, se ignorado na inclusão das mulheres como sujeitos, o verdadeiro feminino se anulará e sua identidade será substituída por acordos de emancipação e poder masculinos. A diferença sexual seria o ponto de partida para a liberdade das mulheres tendo em vista sua condição como tais, porque é precisamente essa condição, anterior e inalienável, que lhes permitirá acesso real ao poder, seu poder, o das mulheres, não o construído pelos homens.

Aqui, então, surge a pergunta incontornável: O que é ser mulher? O nó está no desafio de transformar o feminino essencial, que o patriarcado defende para segregar as mulheres como um conjunto homogêneo de seres inferiores, em um mecanismo emancipatório para a construção de um novo substituto universal do impostor iluminista.

A rejeição do sujeito universal, iluminista por ter sido monopolizado pelos homens, implica a renúncia a uma categoria que nasceu sem sexo e que pode e deve servir à igualdade como humanidade compartilhada por indivíduos, homens e mulheres. Talvez seja perigoso que as mulheres convertam em um ato de liberdade imperativos do ser, pois isso pode fazer com que as escravidões de sempre pareçam voluntárias e poupem o trabalho dos mecanismos de subordinação do patriarcado. A mera afirmação da vontade não elimina a discriminação da exclusão dos centros de participação e decisão para as mulheres que querem conseguir, no momento, o poder do qual as regras parecem mudar. Por mais que as mulheres afirmem seu desejo de ser apenas mães, alegando que o fazem como ato de liberdade e projeto pessoal, se não houver um trabalho remunerado que lhes assegure bem-estar e acesso a recursos para elas e seus filhos, estarão na mesma posição que mulheres sem direito ao voto ou à liberdade de expressão, porque ser mãe é tudo que poderão decidir e sua liberdade começará e terminará no homem ou na administração que lhes proporcione a subsistência.

# 80
## QUANDO NASCEM AS POLÍTICAS DE IGUALDADE?

"A batalha pelos direitos individuais das mulheres é de longa duração e nenhum de nós deverá tolerar qualquer coisa que a detenha."

– Eleanor Roosevelt

O mundo se recupera das feridas das duas guerras mundiais, inaugurando um tempo de paz necessário em que o equilíbrio de forças impulsiona um desenvolvimento científico e tecnológico sem precedentes. Ao mesmo tempo, pela primeira vez, permite a presença e a intervenção imediata das locomotivas econômicas e políticas de ambos os blocos. Nascem a Organização das Nações Unidas, com Eleanor Roosevelt defendendo a igualdade entre homens e mulheres, a Carta fundadora e a Declaração, por fim universal, de Direitos Humanos de 1948. Pela primeira vez, o ser humano, sem rodeios, será o sujeito de direitos inalienáveis e indivisíveis diante de qualquer poder. A igualdade e a não discriminação tornam-se lei, ingressando nos sistemas fundamentais dos diferentes Estados e convertendo-se em um desafio de desenvolvimento.

O feminismo e as mulheres ajustaram a bússola novamente, pois o norte do sufrágio havia se pulverizado em múltiplas resistências, evidentes e ocultas, que cumpria vencer para ganhar a igualdade verdadeira. A insistência em que a discriminação e a injustiça em termos das oportunidades de ambos os sexos não deveriam medir-se pela letra da lei, mas por seus efeitos, resultou em uma nova batalha do movimento feminista na qual ainda nos encontramos e, como tudo o que diz respeito à política, sofre hoje descrédito por ter abandonado o interesse público e o bem comum.

Sem esquecer a desobediência civil do feminismo radical dos anos 1970, que revolucionou a vida cotidiana, as feministas quiseram concretizar seus direitos de cidadania recém-adquiridos e continuar a luta pela igualdade nas tribunas, há tanto tempo negadas a seu discurso. Então descobriram os mecanismos do poder institucional que, por meio de partidos e organismos públicos, dissuadiam as mulheres de alcançar a liderança ou, diretamente, lhes fechava a porta da autoridade, que continuava sendo masculina.

Em 1975, houve a primeira Conferência Mundial sobre a Mulher, no México, como um grande grupo de autoconsciência pública com projeção jurídica e capacidade transformadora. A Carta de Direitos Humanos reconhecia a igualdade de ambos os sexos, mas respondia à tradição jurídica clássica da qual até então as mulheres não tinham participado. Portanto, assumia que homens e mulheres se encontravam na mesma situação em relação à declaração de direitos, o que não passava de uma ficção, tanto nos países democráticos ocidentais quanto nos que negavam a liberdade a ambos os sexos. Na Espanha não democrática, por exemplo, se instaurou um regime sem liberdades nem direitos para todos os cidadãos, mas cioso da "lei do pai", tanto no âmbito privado e familiar, em que as mulheres se consideravam menores de idade, quanto nos setores público e institucional, dos quais seriam excluídas.

Esse contexto levou as mulheres de todo o mundo a exigir um tratamento jurídico capaz de garantir seus direitos e não meramente declarativo. Mas, então, o que se impunha era concretizar a igualdade, e não a reconhecer como se já houvesse sido conquistada. Nasce assim, em 1979, a CEDAW, sigla em inglês da Convenção sobre a Eliminação de Todas as Formas de Discriminação Contra a Mulher, após três décadas de trabalho da Comissão da Condição Social e Jurídica da Mulher, criada já em 1946. Sem dúvida, teve algo a ver com a "Carta de direitos das mulheres". Na atualidade, 189 países assinaram a Convenção e o Protocolo Facultativo, que permitem o controle de seu cumprimento. No entanto, é a convenção internacional com mais ressalvas realizadas pelos Estados signatários, muitas delas incompatíveis com seu tema e seu propósito. A igualdade dos cônjuges no matrimônio e o direito da família, bem como os direitos sexuais e reprodutivos das mulheres, convertem a assinatura de muitos países em mera propaganda internacional ao subordinar sua aplicação à religião islâmica, compatibilizando-a com leis civis em muitos casos discriminatórias. Argélia, Arábia Saudita, Bangladesh, Egito, Marrocos, Síria... formularam ressalvas que anulam seu compromisso com a igualdade; outros países, como o Afeganistão, um dos Estados com mais desigualdade e violência institucional contra as mulheres, aderiram à Convenção sem ressalvas, transformando essa filiação em uma triste ofensa ao direito internacional e a seus mecanismos de concretização.

À primeira conferência, seguiram-se outras três. Quatro conferências internacionais sobre a mulher reuniram milhares de mulheres de todo o planeta no México (1975), em Copenhague (1980), em Nairóbi (1985) e em Pequim (1995), culminando esta última em um tenaz processo de empoderamento institucional. Pela primeira vez, as mulheres conseguiram comparecer perante seus governos como aquilo que eram: a metade da humanidade. A situação de discriminação e subordinação das mulheres no espaço público e no privado passa a ser tratada como questão de Estado, e não como "problema de mulheres". Assim, só o compromisso político de alto nível pela igualdade e pela justiça de gênero possibilitará o desenvolvimento e a projeção do protagonismo social, jurídico, econômico e cultural de meninas e mulheres (e, em paralelo, o bem-estar e o progresso de suas comunidades). A igualdade deixa de ser um problema das mulheres para converter-se em um desafio de cidadania universal, um aprofundamento democrático e um avanço real nos direitos humanos para toda a população, mulheres e homens.

# VIII
## Feminismo em tempos urgentes: a importância da igualdade

# 81
## As mulheres têm direitos ou só acreditam tê-los?

"Não creias que tens direitos. Ou seja, não ofusques ou deformes a justiça, mas não acredites legitimamente que as coisas ocorram de modo conforme à justiça, tanto mais que todos nós, homens e mulheres, estamos bem longe de ser justos."

– Simone Weil

As mulheres de todo o mundo sabem que, quando lhes é negado o acesso aos recursos básicos, lhes é negada a sua humanidade. O direito fundamental a ter direitos, na expressão de Hanna Arendt, implica que qualquer bem destinado aos sujeitos, homens e mulheres, para garantir o desenvolvimento autônomo de sua personalidade, deve ser ponto pacífico. Os direitos não são concessões discricionárias de ida e volta ao sabor dos ventos da conjuntura política e econômica mundial. Os direitos somos nós em nossa escolha ética diária de dignidade própria, de respeito pelos semelhantes e de convivência pacífica fundada na autonomia individual. Os direitos não devem ser negociados e muito menos vendidos a quem possa pagá-los.

Em nossa sociedade de movimento voraz, na qual os fatos se sucedem escapando à palavra apta a pensá-los e comunicá-los, torna-se imprescindível a segurança da pele que nos faz humanos, a da liberdade e da igualdade, inacessíveis sem educação, saúde e salário digno. Sem as condições mínimas de bem-estar ou direitos sociais, nosso exemplo de cidadania ocidental se torna uma fraude, uma pantomima sobre declarações internacionais de direitos humanos. De nada servirão as leis sem o trabalho conjunto e a solidariedade por uma estratégia comum, verdadeira, contextualizada e comprometida em mudar as oportunidades vitais das mulheres e dos homens em todo o planeta.

Se o intercâmbio comercial entre países deixa claro o destino dos recursos econômicos, assim como o poder de transformação social que o apoio econômico específico às mulheres pode supor, continuaremos nos debatendo entre a falta de solidariedade e a vitimização. Falta de solidariedade revestida de falso respeito (só se respeita o que se conhece e pode afetar-nos), segundo a qual são as mulheres de cada território, cultura ou Estado que devem por si mesmas libertar-se da subordinação. Essa astuciosa neutralidade se manterá sempre que não impeça investimentos e acordos lucrativos, como se estes fossem inócuos para as "culturas autóctones", que aparentemente só podem reivindicar-se sob golpes de discriminação contra suas meninas e mulheres. Também vitimização por julgarmos, de nossa torre de vigia ocidental, qualquer estratégia de resistência que não coincida com os passos da emancipação das mulheres ocidentais, ignorando o contexto plural e dinâmico das lutas pela vida e pela liberdade das mulheres, além da tensão identitária anti-imperialista desenvolvida na maior parte do mundo.

Não se pode apoiar as mulheres sem levá-las em conta. Em nenhum cenário. Isso porque o desafio é fomentar o valor da liberdade e da igualdade, conseguindo que o sexo não suponha um fator de despersonalização, risco de violência ou exclusão do espaço público. Propiciadas as condições de desenvolvimento econômico e igualdade de acesso à educação e ao trabalho, assegurados os espaços públicos leigos e mistos, as mulheres encontrarão o caminho da liberdade baseado no feminismo, pois este nada mais é que a luta das mulheres para que todas possam ser o que quiserem.

A resistência das mulheres palestinas não se limitou à improvisação e à defesa do espaço doméstico. Elas mantiveram com vida suas comunidades, correspondem a 75% dos alunos das universidades, estabeleceram diálogos com mulheres israelenses, fizeram denúncias e propostas aos organismos internacionais e colaboraram com as ONGs. No entanto, têm sido excluídas sistematicamente dos processos de negociação oficiais e, é claro, do poder político formal.

Quando, na visão do Ocidente, as mulheres muçulmanas são identificadas como "as iguais", incorre-se na mesma negação apriorística de sua qualidade de "sujeito único" oriunda do patriarcado. A restrição à liberdade das mulheres, implícita no controle do espaço por parte dos homens nos distintos contextos do mundo islâmico, não significa que deixaram de ser pessoas com capacidade de resistência e de renegociação dos imperativos androcêntricos e misóginos de sua cultura. Necessitam de apoio para preservar a voz, pois não é liberdade o exílio de seu próprio caminho de rebeldia e qualquer fuga provoca o triunfo do medo. Nada é fácil, nem para as mulheres ocidentais nem muito menos para as mais pobres das pobres, porém a solidariedade deve supor o esforço consciente de compreender e apoiar o outro levando em conta seu espaço de definição, sua necessidade, não aquilo de que já não necessitamos e por isso oferecemos. No entanto, o farol que evita o naufrágio sempre deverá possuir mínimos inegociáveis de humanidade. Na frase de Franca Bassaglia, existem muitas formas de dizer "não" à subordinação e todas elas são um primeiro "sim" para nós.

Se algo caracterizou o feminismo desde sua semente iluminista foi sua capacidade de ressurreição, por mais que se anuncie sua morte ou se oculte sua resistência a que o mundo continue girando no eixo da dominação masculina. A pseudoigualdade, como a pseudocultura, segundo o conceito da socióloga especialista em comunicação de massas Blanca Muñoz, é, talvez, a frente de combate em que se pode exercer essa resistência crítica perante textos jurídicos nacionais e internacionais que proclamam a igualdade, discursos políticos que a exaltam e consentimento paralelo de atitudes e situações discriminatórias. Sem políticas públicas ativas e firmes, pelo menos tanto quanto as cifras de desigualdade que as estatísticas mostram, os privilégios do sexo não desaparecerão só por serem denunciados.

# 82

## Por que as mulheres não se põem de acordo em relação à sua luta pela liberdade?

"Quando nos tornarmos responsáveis pela dor do outro, nosso compromisso nos dará um sentido que nos colocará acima da fatalidade da história."

– Ernesto Sábato

Não, as mulheres não concordam em tudo, os homens tampouco, e por isso historicamente elas deixaram de exercer o poder. De que modo nós, a metade da humanidade, vamos nos pôr de acordo se só um punhado de indivíduos pode fazê-lo? Felizmente a individualidade, o ser uma pessoa e ter julgamento, nos permite discordar até quanto ao conteúdo da própria liberdade. Mas o importante não é que todas as mulheres queiram em uníssono emancipar-se, declarando-se livres e iguais aos homens: o importante é que possam alcançá-lo e que nenhuma mulher no mundo sinta negada a sua individualidade ou esteja física ou psicologicamente impedida de tomar decisões sobre como quer viver e o que deseja conquistar.

Existe uma luta comum, mas são muitas as estratégias de resistência que hoje mantêm vivo o movimento feminista. A razão é que são muitas as mulheres e muito diferentes as circunstâncias que enfrentam com o mesmo objetivo de conseguirem ser pessoas, sujeitos, não coisas que possam submeter-se às relações mercantis legais, como os casamentos infantis, ou ilegais, como o tráfico de pessoas.

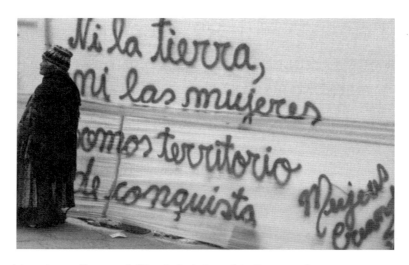

A luta das mulheres pela liberdade é planetária. Por mais duras que sejam as condições de vida das mulheres, insistem em questionar e romper as cadeias que as discriminam, invisíveis em grande parte do Ocidente e terrivelmente explícitas, ou mesmo legais, no resto dos países.

Por isso, hoje em dia se fala de feminismos ou de movimentos feministas. Isso pressupõe o reconhecimento de que a teoria e a prática do movimento foram sempre inseparáveis uma da outra, de sorte que o feminismo é narrado enquanto se luta. A diversidade dentro do movimento feminista responde à necessidade de reconhecimento da própria autoria teórica e prática de cada uma das mulheres em todo o planeta, para a conquista de sua liberdade. A mulher e o feminismo singular logo se identificaram com fronteiras determinadas, as ocidentais, inclusive com uma classe social, a da mulher burguesa rica e heterossexual. Alcançar a capacidade de decidir sobre a própria vida e ter direito aos mesmos bens que possam nos propiciar essa realização pessoal (paz, comida e educação) são exigências mundiais do feminismo para todas as mulheres de todos os países.

As mulheres dispõem de muitas e diferentes armas legais e eficientes, dependendo do país a que pertençam, mas em todos aqueles em que não votam ou não podem opinar, elas questionam as leis. Essa luta continua sendo uma luta de vontade coletiva e consciência individual em torno do que vale ser pessoa.

O feminismo luta pela autonomia das mulheres, pela sua liberdade, para que suas decisões não fiquem condicionadas pelas mensagens que, desde o nascimento, recebem sobre sua menor capacidade e seu menor valor humano. Também luta contra o esquecimento e zela pela herança recebida, a vida e a morte daqueles que acreditaram em um mundo sem servidão, escravidão, subordinação e violência. A diferença sempre se ergue sobre a base de algo comum, que para o feminismo deve ser o projeto compartilhado de humanidade, de modo que tudo aquilo que não identificarmos como nosso deixe de ser ameaçador e constitua um desafio de convivência fundado em um conteúdo de justiça e guiado pela consciência do dever moral de evitar o próprio sofrimento e o sofrimento alheio. Sem dúvida, o desafio é diferente conforme o lugar do planeta onde o enfrentemos, mas, seja qual for a geografia da ação feminista, a liberdade de ser e fazer, de nomear e nomear-se, de dar significados novos à realidade e significar-se nela com base na autonomia aparece como um desafio inevitável.

Na atualidade, o feminismo percorre cada canto do planeta, vai de mãos dadas com os direitos humanos em sua odisseia a fim de tornar-se universal e obter garantias específicas para sua proteção. Desvincular dos sistemas governamentais concretos a implantação do humanismo leigo como marco de convivência democrática, construindo legitimidades contextualizadas que permitam um consenso em torno das condições materiais mínimas de bem-estar, é hoje tarefa do feminismo, que nunca deixou de ser um humanismo, com os escravos, com os colonos, com os trabalhadores, com os pobres... Talvez soubesse que, quanto mais bens se descobrem como humanos e se reivindicam como possíveis (educação, saúde, trabalho...), mais possibilidades se vislumbram de sua redistribuição equitativa – também para as mulheres.

O avanço na agenda feminista em todo o planeta é inquestionável. No entanto, o apoio incondicional a cada processo de emancipação e empoderamento das mulheres enfrenta o desafio da solidariedade entendida como respeito à própria construção das garantias para o autogoverno e a liberdade de cada país.

# 83
## AINDA EXISTEM HARÉNS?

"Enquanto os aiatolás consideram a mulher de acordo com o uso do véu, no Ocidente são seus quadris arredondados que as tornam marginais. Esse tipo de mulher beira a inexistência. Ao exaltar apenas a mulher pré-adolescente, o homem ocidental impõe outra classe de véu às mulheres de meia-idade, cobrindo-as com o xador da fealdade. [...] É como se nos marcassem a pele com essa fronteira invisível [...]. O poder do homem ocidental reside em ditar como a mulher deve se vestir e que aspecto deve ter. [...]

Ao padecer esse estado de congelamento, como um objeto passivo cuja mera existência depende do olhar de seu dono, as mulheres ocidentais de hoje, com estudo e formação, se encontram na mesma teia que as escravas de um harém."

– Fátima Mernissi

Sim, existem. Mas não como foi romantizado pela cultura ocidental. A negação das mulheres como sujeitos civis construtores do projeto democrático em paridade com os homens não encontrou seu antídoto definitivo na proclamação do princípio da igualdade nos diferentes textos constitucionais e legais ocidentais. As feministas da terceira onda, sem barreiras políticas e educacionais aparentes, insistirão, mediante estatísticas e reflexão compartilhada, na perversa dissociação entre a liberdade propositiva e a liberdade dispositiva. A primeira deixa o sistema democrático ileso, a segunda o põe em evidência. Mas nem sempre a evidência é explicada pelo princípio da casualidade, obliterando a distância entre a liberdade da vitrine jurídica e o acesso real ao seu exercício para a maioria das mulheres. O árduo trabalho para desvendar mecanismos indiretos e ocultos de discriminação sexual, assim como as estratégias de poder para garantir a legitimação individualista e liberal da subordinação feminina, converteram-se no esforço das feministas ocidentais. Elas têm a lei e a razão de seu lado, mas continuam na precariedade como cidadãs, como se tivessem chegado tarde à aula de democracia e agora não se atrevessem a falar ou exigir do velho e recalcitrante patriarcado a parte (exatamente a metade) que podem e devem ter do espaço, do tempo, da riqueza, do prestígio e do poder.

Chama a atenção a complacência com o *laissez-faire* político e econômico que desculpa a esmagadora dominação masculina dos espaços de mérito e poder: se não há mulheres, é porque elas não querem. Esconde-se assim que a liberdade sem o motor histórico, a permissão coletiva e o sentido de projeto futuro não é mais que um enorme vazio abstrato diante de um presente muito concreto. Milhões de mulheres despojadas de sua memória coletiva se deparam com a difícil tarefa de construir um eu autônomo, mas não marginalizado, um eu independente física e psiquicamente. Mas para isso ele precisa se sentir integrado, merecedor de atenção, de reconhecimento e de afeto.

Nem sempre as renúncias são livres e nem sempre devem sê-lo. Talvez por isso tenhamos construído um sistema jurídico em que os direitos são irrenunciáveis. Quando o legislador trabalhista limitou a jornada de trabalho e decretou um salário mínimo, independente da vontade das partes e de seu consentimento, fez isso sem dúvida porque a história tinha demonstrado a capacidade de depredação do mais forte e o conflito permanente, perigoso para o próprio sistema democrático, que a desigualdade de riqueza e oportunidades acarretava. O consentimento deve ser questionado em qualquer circunstância de violência, incluída a violência simbólica, a que se incorpora em nossos corpos e mentes sob a forma de poderosos imperativos aprendidos com aparência de liberdade, a que consegue naturalizar as iniquidades por meio de uma blindagem coletiva à crítica, desviando o conflito e o mal-estar social como consequência de condutas individuais inadaptadas, sancionadas pela marginalização.

A liberdade só é possível quando foi aprendida como condição existencial, exigível e respeitada como o único caminho de progresso civilizatório. A liberdade necessita da segurança prévia de que não estamos sozinhos e, justamente por essa razão, nos atrevemos a não pertencer a nada nem a ninguém. A astuciosa exclusão das mulheres do exercício de sua liberdade, com a negação da possibilidade real de determinarem tanto os atributos de sua individualidade quanto as normas comuns da convivência, evidencia-se em coincidência e superposição com a anestesia silenciosa do interesse coletivo, do bem comum e da capacidade para neutralizar a dissidência e a crítica, em contextos de presumida tradição iluminista racionalista e democrática. De fato, para as mulheres ocidentais, não há necessidade de presos políticos, censura jornalística, aiatolás totalitários, véus e proibições legais. Mas em plena luz e frequentando escolas, sem nenhum empecilho sexual público, elas parecem apanhadas em um "ainda" de discriminação, brandamente recriminado por discursos (não por políticas) públicos, a ponto de converter-se em uma tela de fundo que todos declaram indesejável, mas contra a qual ninguém sugere ou disponibiliza os meios necessários para levantá-lo.

As feministas enfrentam o fato de que a igualdade não conseguiu passar da recepção das estruturas democráticas que impediram passiva e ativamente sua integração no âmbito do direito coercitivo, indisponível pela vontade das partes uma vez que responde, como a proteção da vida ou o dever de pagar impostos, a um interesse coletivo superior, estrutural, cuja obrigatoriedade e cuja exigibilidade têm garantido o poder público graças a processos normativos, discutíveis e negociáveis, mas indisponíveis. Na verdade, as regras de segurança no trânsito, segurança alimentar ou impostos nunca são recomendações, planos ou diretrizes de ação. São leis para as quais se organizou o desenvolvimento adequado e a dotação necessária de meios impositivos, porque os bens protegidos não estão disponíveis individualmente.

À evasão das políticas públicas do princípio da igualdade, nomeado, mas poucas vezes integrado em seus objetivos, soma-se uma nova servidão física e psicológica que, no caso das mulheres nascidas nas sociedades pós-industriais ocidentais, parece funcionar como um bom placebo do poder. O corpo se torna um território a ser conquistado, mantendo em luta solipsista milhões de mulheres aparentemente livres; o novo poder econômico das mulheres deve ser canalizado para a depredação orquestrada de suas capacidades e a contenção de suas ambições por meio da ligação da beleza e da juventude com a liberdade de escolha; trata-se da servidão do prazer, parafraseando Amelia Valcárcel. O verbo "desejar" no feminino continua sendo conjugado na voz passiva; não importa quão hostil a imagem das mulheres pareça ter se tornado, sua ação se limita a obter a permissão expressa ou tácita do código masculino e seus filtros tenazes de reconhecimento de autoridade, que se baseiam em padrões poderosos de aparência, condutas obrigatórias, exceto cavalos de Troia, surpresa que souberam disfarçar até o momento certo de oferecer batalha ao *status quo* das elites dominantes.

*Odalisca com Escrava* (1840). O Ocidente disseminou na pintura e na literatura romântica uma visão dos haréns orientais desvinculada da realidade. As mulheres passivas e nuas respondem às fantasias do homem ocidental, como denuncia Fátima Mernissi em seu livro *O Harém e o Ocidente*.

A individualidade está enraizada na língua, na primazia da palavra sobre a imagem em constante desafio intelectual também em nossa construção do Eros como comunicação entre pessoas iguais, e não como satisfação de desejos idênticos por imagens passivas e homogêneas. O harém do Ocidente levantará muros de tempo, congelamentos mentais de mulheres estereotipadas e intercambiáveis para o desejo desvinculado do intercâmbio intelectual. O Ocidente criou seus próprios haréns psíquicos, como revela Fátima Mernissi, feminista marroquina nascida e criada em um harém real que se surpreendeu ao descobrir a imagem de passividade e disponibilidade com que eram representadas as mulheres de sua cultura por liberais europeus. Em uma de suas viagens pela Europa, ela percebeu o sorriso irreprimível de alguns jornalistas interessados no harém de sua infância: eles não pareciam imaginar uma prisão para mulheres, sob a instituição da poligamia, onde estivessem fisicamente presas, mas ainda assim não parassem de aprender, trabalhar, pensar e, claro, tentar escapar. Nada a ver com a nudez perpétua dos corpos femininos, retratados por pintores e recriados por diretores de cinema ocidentais, que davam asas a fantasias eróticas nas quais as mulheres careciam de seu principal atrativo: o cérebro.

Ao contrário dos haréns reais, onde as mulheres sabem muito bem que a liberdade está além dos muros que as cercam, temos a impressão de que muitas mulheres ocidentais foram convenientemente socializadas para financiar suas próprias cadeias e, muitas vezes, não se sabe bem quais são as portas de entrada ou de saída da liberdade. Beleza e juventude estática parecem ser os atuais muros da escravidão feminina, tão intransponíveis ou mais por não serem explícitos. Por um lado, não sendo um imperativo expresso que acarrete sanção, a rebeldia não será reconhecida como tal, pois não é emocionalmente identificada como uma libertação. Por outro, a aparência de inclusão na tomada de decisões de grandes maiorias de indivíduos que canalizam seu exercício de cidadania para o consumo propicia uma rentabilidade econômica sem precedentes, ao mesmo tempo que torna inofensiva a ágora, transformada em centro comercial. Com efeito, nada mais benéfico para o poder econômico individual que induzir grandes massas de população a identificar a liberdade com a compra de determinado carro, a aparentar certa idade ou a tirar de si, para colocar no Facebook, uma foto que responda a um certo modelo de amizade, de relacionamento conjugal ou familiar. Tudo sob controle – sem necessidade de nenhum muro ou véu.

# 84
## EXISTE UM VÉU SOBRE O VÉU ISLÂMICO?

"Contudo, justamente depois de nossa derrota perante Israel em 1967, os regimes árabes ditatoriais, hostis ao socialismo e apoiados pelos Estados Unidos, se aliaram a grupos islâmicos fundamentalistas, financiando-os generosamente. Por exemplo, todos os que envergavam a famosa "vestimenta islâmica" recebiam uma ajuda econômica mensal: 15 dinares jordanianos para o homem e 10 para a mulher. [...] Os beneficiários dessa ajuda também recebiam um rosário, um soberbo exemplar do Alcorão e um lindo tapete de oração."

– Sahar Khalifa

Existem muitas formas de dominação e as mais perigosas são as protegidas pela aparência de liberdade, pela colocação em circulação de direitos especulares, álibi quase perfeito de injustiças de cuja raiz nos desligamos emocional e até racionalmente, amargando uma insatisfação pressentida como coletiva, mas abordada longe dos centros do poder e de sua responsabilidade.

O exemplo talvez mais eloquente é a obrigação de cobrir-se, velar-se, identificada com a "vestimenta islâmica", quando tal conceito não existe. A tradição árabe, em termos de roupa, não é ordem divina e o véu, até sua adoção como símbolo religioso obrigatório, tinha uma função social para distinguir mulheres livres de escravas ou camponesas de outras classes sociais. O Alcorão não prescreve às mulheres um manto grande e informe que só revela os olhos (*niqab*) ou até os esconde atrás de uma rede (*burka*). Há quarenta anos, mulheres veladas eram minoria em capitais como o Cairo. Hoje, as filhas das revolucionárias que lutaram contra o imperialismo ocidental junto com os homens, reivindicando seu próprio caminho de emancipação, consideram o véu uma identidade religiosa a respeito da qual não cabe opinar nem escolher. Assim, eles passaram a impô-lo às suas mães e avós, enquanto uma minoria continua a resistir à associação de religião e coerção. De fato, o véu foi desvinculado do fundamentalismo depois dos movimentos revolucionários de descolonização, dos quais as mulheres participaram de forma ativa. Por que voltou a se impor de forma obrigatória?

A falta de apoio ao desenvolvimento democrático de suas comunidades, para não falar do financiamento e do consentimento do Ocidente às ditaduras apoiadas no extremismo religioso, impôs uma regressão aos valores por oposição ao "outro", utilizando a liberdade das mulheres como bandeira da frente comum islâmica. O uso ou não do véu, para muitas mulheres do mundo muçulmano, não tem nada a ver com a tradição; na verdade, elas não o herdaram de suas avós. Fazem-no por resistência a um imperialismo que defende os direitos humanos, por um lado, e arma os governos tirânicos conforme seus próprios interesses econômicos e militares, por outro, vitimizando ou criminalizando a população civil, segundo convenha a qual ele estereotipa e utiliza para manter as fronteiras fechadas pelo medo.

Em Argélia, Síria, Iraque, Egito, Marrocos e Turquia, as mulheres conquistaram a liberdade de usar ou não o véu e como e quando o usar. Nesse sentido, em muitas regiões, essa liberdade continua sendo preservada, embora nossas televisões não deem a elas imagem nem voz. São mulheres muçulmanas que entraram e entram hoje maciçamente na universidade, refletem, pensam, escrevem e tentam ao mesmo tempo resistir à subordinação a seus sistemas de governo. Seus estudos e associações denunciam o financiamento norte-americano e europeu à educação religiosa, tornando proibitiva a educação leiga, à qual só tem acesso uma minoria privilegiada. Por outro lado, os gastos com a indústria militar tendo em vista o investimento no progresso promovido direta ou indiretamente por países democráticos, acompanhado da imagem monolítica de um fundamentalismo religioso descontextualizado e extensível a todo o mundo muçulmano, como se sua geografia política e sua história fossem uma só, sufocam qualquer causa feminista por considerá-la uma aliada do inimigo ocidental. Parece que há também um véu sobre o véu islâmico e a disposição ou não de o usar, que deve sempre ser colocada em relação com o poder no espaço público e a autonomia pessoal das mulheres, conquistas que não foram abandonadas em nenhum canto do planeta, com ou sem véu.

A conquista dos direitos para as mulheres muçulmanas enfrenta a violência expressa ou simbólica que as leva a desistir de seu rosto, do direito de mover-se livremente, de expressar-se, de participar da política ou de ter liberdade de matrimônio e maternidade. Direitos que são humanos, não das mulheres e menos ainda das mulheres ocidentais, porque a liberdade a defender é afirmativa, positiva, sem que se deva transferir a atenção para o direito à não intervenção dos poderes públicos na afirmação da identidade religiosa e cultural. Ou seja, os direitos a proteger internacionalmente são os de milhões de mulheres que querem estudar, e não podem, querem se divorciar, e não podem, querem trabalhar, e não podem, querem usar o véu ou não, e não podem, não quiseram ser mutiladas antes dos 5 ou 6 anos e ninguém as apoiou. Esses são os direitos a proteger, direitos individuais, pessoais, sem desviar o debate para as mulheres que em sociedades livres decidem usar o véu por vontade própria e poderiam não o usar. Isso porque nas sociedades submetidas ao uso do véu não o usariam ou o fariam com total liberdade se esta, e não a religião ou a tradição, fosse um bem protegido e inquestionável para todas as suas semelhantes. Mas, enquanto não seja assim, devemos articular formas de proteção e garantia dos direitos humanos das mulheres em cujos países o extremismo de uma religião onipresente converta seu corpo e sua autonomia em uma conquista perante o inimigo ocidental.

As mulheres muçulmanas foram donas de sua própria revolução na idade de ouro do nacionalismo árabe, em meados do século passado. Mulheres de todas as classes sociais saíram às ruas e reivindicaram seu rosto no movimento conhecido como *sufur* ("pelo desuso do véu"). Os anos 1950 e 1960 presenciaram um impulso sem precedentes na atividade histórica

A burca reivindicada como símbolo de identidade religiosa implica a total ocultação da mulher atrás de um manto com uma só tela que lhe permite ver e respirar com dificuldade. A negação do rosto supõe a negação da individualidade, a senha da identidade religiosa significa, no caso da burca e do *niqab*, a impossibilidade para as mulheres de serem identificadas. Desse modo, são mantidas na invisibilidade e na impotência pública.

das mulheres árabes, peça-chave na resistência anticolonialista. O boicote progressivo às conquistas sociais e econômicas depois da ocupação da Palestina em 1947 provocou a organização civil para a resistência nos territórios ocupados por milhares de mulheres árabes, muçulmanas e cristãs. De fato, a burca e a invisibilidade social das mulheres não podem monopolizar a tradição de tão extenso e variado conjunto de países, nos quais, antes dos direitos políticos e civis, suas cidadãs, em situação de emergência, começaram a povoar as universidades e a financiar os estudos de seus irmãos e suas irmãs menores. Médicas, engenheiras e arquitetas, com ou sem véu, porém sem burca, dotadas de rosto e nome próprio, tomaram o caminho da autonomia e do respeito social, caminho cheio de obstáculos, mas que essas mulheres, das quais não costuma nos falar o Ocidente, continuam tentando manter aberto contra fundamentalismos e preconceitos ocidentais.

A narrativa histórica das mulheres muçulmanas não corresponde à imagem de submissão com a qual, de forma monolítica, são apresentadas em nossa mídia. A "verdadeira tradição islâmica", como é chamada, tem um passado recente que representa uma alternativa à passividade e à vitimização das mulheres; seria importante que as netas das revoluções nacionalistas abortadas contassem com essa referência de identidade, e não apenas com a do fundamentalismo religioso.

As mulheres muçulmanas têm uma perspectiva histórica além das imagens da "vestimenta islâmica", sem outra explicação que seu desejo de ortodoxia religiosa. As mulheres de todo o planeta, sem excluir as dos países muçulmanos, foram protagonistas da mudança e participaram da luta pela liberdade. Hoje, apesar do extremismo e da fusão entre Igreja e Estado, milhões delas resistem, com ou sem véu, à passividade do Ocidente diante da violação de seus direitos mais fundamentais. Atualmente, metade da Europa está debatendo a proibição ou não do véu das mulheres nos espaços públicos como uma questão de segurança cidadã, agora que a coexistência democrática e a ascensão do fundamentalismo religioso desencadeiam um sério conflito com o multiculturalismo enganador. No entanto, há apenas algumas décadas, considerava-se um mal menor o apoio econômico e político às associações fundamentalistas islâmicas, para a contenção de possíveis governos socialistas não alinhados com os Estados Unidos ou a Europa. O fundamentalismo e a violação dos mais elementares direitos humanos das mulheres sob sua soberania podiam até ser um trunfo da propaganda democrática, desde que permanecessem confinados às fronteiras de seus países e afetassem apenas as filhas do Oriente. Só quando o fundamentalismo cresce, se fortalece e começa a molestar nossas próprias fronteiras, o alarme soa e o medo leva o problema descontextualizado ao terreno da segurança, e não ao dos valores superiores de liberdade e igualdade, que como Estados democráticos e de direito devemos garantir a toda a população dentro de nossas fronteiras. As mulheres muçulmanas são cidadãs europeias nos espaços públicos, onde nos metem medo, e nos espaços privados, a que fechamos os olhos como se a vontade de não ter rosto começasse e acabasse nas ruas.

O véu sobre o véu islâmico é a complacência com as declarações da vontade livre das meninas e mulheres muçulmanas que não têm autonomia econômica, não podem andar livremente, não dialogam nas escolas e outras instâncias administrativas ou políticas, não decidem com quem vão se casar e precisam de autorização para estudar, trabalhar ou participar de qualquer atividade social, sem nenhuma estratégia transversal de recuperação da "outra tradição islâmica".

# 85

## Em que ano se celebrou pela primeira vez o dia da mulher?

No dia 28 de fevereiro de 1909, as mulheres norte-americanas, com o apoio do Partido Socialista, celebraram o Dia Nacional da Mulher. O século XX começava com uma sucessão de avanços técnicos e científicos sem precedentes; as mulheres de metade do planeta não deixariam de aproveitar a efervescência política e social para tomar a palavra em público, viajar ou investigar por conta própria. Assistimos a um parêntese entre o declínio da sociedade puritana do século XIX e a nova mística feminista de meados do século XX. Duas guerras mundiais e as ameaças revolucionárias do outro lado do Atlântico trabalharão em favor do reconhecimento da cidadania para elas e do progresso dos direitos sociais para todos.

No ano seguinte, em 1910, mulheres de mais de dezessete países se reuniram na II Internacional Socialista de Mulheres, celebrada em Copenhague. Clara Zetkin, representante do Partido Socialista Alemão e nomeada Secretária Internacional da Mulher, propôs adotar uma resolução que festejasse um Dia Internacional da Mulher e recordasse a luta travada e por travar em prol da igualdade política, jurídica e social das mulheres. A Conferência insistiu no voto e na representação política, além de ressaltar a necessidade de defender o internacionalismo operário contra a guerra.

Em 19 de março de 1911, as militantes feministas de Alemanha, Áustria, Dinamarca e Suíça colocaram em prática a resolução adotada em Copenhague e dedicaram um dia específico a se manifestar e chamar a atenção pública para a negação de seus direitos políticos, civis e sociais mais elementares. Voto e salário igual ao dos homens foram suas demandas principais, além de reivindicarem a formação profissional e o direito ao trabalho sem discriminação. Mais de 1 milhão de mulheres e homens assistiram aos comícios convocados.

Poucos dias mais tarde, a 25 de março de 1911, o Estado de Nova York vivia a pior tragédia trabalhista de sua história na tecelagem de Triangle Shirtwaist. O protesto por melhores condições de trabalho levou à prisão das trabalhadoras junto com alguns homens – e a desgraça os esperava às quatro da tarde, quando começou um incêndio incontrolável que acabou com a vida de 146 trabalhadores, 123 mulheres.

No dia 25 de março de 1911, as trabalhadoras da tecelagem Triangle Shirtwaist de Nova York (Estados Unidos) exigiram melhores condições de trabalho. Um incêndio de origem desconhecida precipitou a tragédia: 123 mulheres e 23 homens morreram nas chamas, enquanto a empresa mantinha as portas fechadas em cumprimento das medidas normais de segurança em caso de greve. A maioria eram jovens imigrantes europeias de origem judia entre 16 e 23 anos.

O edifício foi fechado por fora, transformando-se em uma armadilha mortal para as trabalhadoras e, mais tarde, em símbolo da imunidade empresarial, da exploração trabalhista e da discriminação das mulheres trabalhadoras. As mortes dessas mulheres despertaram a solidariedade internacional e funcionaram como um estímulo para introduzir importantes reformas legislativas em matéria de direitos trabalhistas, segurança e higiene no trabalho. Pouco depois, fundou-se o Sindicato Internacional de

Mulheres Trabalhadoras na Indústria Têxtil (International Ladie's Garment Workers' Union) para melhorar as condições de trabalho desse setor majoritariamente ocupado por mulheres.

Março foi se convertendo em um mês simbólico e, nas vésperas da Primeira Guerra Mundial, mulheres de todos os países se solidarizaram pela paz que não houve. Findo o conflito, as mulheres russas realizaram, para escândalo das autoridades e com sua oposição, uma greve de "pão e paz"; novamente, o último domingo do mês de fevereiro foi a data escolhida e, dessa vez, a reivindicação feminista se juntava à denúncia dos 2 milhões de mortos desde que estourara a guerra e uma situação socioeconômica insustentável. Poucos dias depois, caía o regime czarista: o calendário vigente na Rússia marcava 23 de fevereiro de 1917, que era o dia 8 de março no resto dos países com o calendário gregoriano.

O dia 8 de março não será institucionalizado pelas Nações Unidas como o Dia Internacional da Mulher até 1975, coincidindo com a Primeira Conferência Internacional sobre a Situação da Mulher, celebrada no México, mais de meio século depois de sua proposta por Clara Zetkin em Copenhague, porque esses parecem ser os tempos pacientes e firmes do progresso feminista.

Na atualidade, o Dia da Mulher se tornou um dia de solidariedade festiva com a causa da igualdade dos sexos, um dia de homenagem, memória de luta e compromisso de não abandonar o caminho, que deve ser internacional, de construir um mundo sem subordinação e escravização das mulheres pelos homens – portanto, necessariamente, sem hierarquias jurídicas, políticas, econômicas, sociais e culturais erigidas sobre as diferenças biológicas, territoriais ou materiais de todos os seres humanos. O 8 de março é o dia da metade da humanidade, ainda por ser reconhecida como igual à outra metade e ser respeitada no desenvolvimento autônomo de sua individualidade; é, pois, o dia internacional do humanismo radical.

# 86
## O LIVRE MERCADO TEM SEXO?

"Suponhamos uma escassez na produção de leite, com pouca oferta e grande demanda. Então, o preço de ajuste sobe tanto que os pobres não podem comprar leite para seus filhos, enquanto os ricos não têm problema para oferecê-lo a seus gatos."

– José Luis Sampedro

Se uma frase me faz lembrar de minhas pesadas aulas de direito financeiro, que talvez me despertasse o interesse por essa matéria aparentemente tão distante da justiça e dos direitos fundamentais (faróis que me levaram a estudar leis), é esta: "Governar é gastar". Visualizei a legislação e a política orçamentária como o algoritmo que se escondia atrás dos programas políticos, de modo que sua ignorância significava minha incompetência para avaliar quanta aposta verdadeira escondiam os *slogans* eleitorais, fossem quais fossem. Quanto e como estavam dispostos a arrecadar nossos representantes e qual seria o destino dessa quantia a curto e médio prazo? Isso iria determinar a concessão ou a privação de direitos a milhões de pessoas, entre elas eu. A vontade política não valia nada sem recursos materiais, sem dinheiro para levá-la a cabo, e todo gasto público teria beneficiários concretos, cobrindo necessidades prioritárias. A gestão dos fundos públicos de forma equitativa, redistributiva e incentivadora da criação de riqueza supunha uma aposta pelo bem-estar geral. Geral é para todos e todas, claro. Mas eu ainda não sabia que, no conceito "geral", nunca se tinha assinalado a diferença que na vida cotidiana dos homens e das mulheres poderia ter uma aposta por uma determinada política pública. Era o ano 1998, faltava quase uma década para eu ouvir falar de análises de pressupostos com base na perspectiva de gênero.

As mulheres fervilhavam nas faculdades de Economia, como alunas e como docentes, chegaram às consultorias dos governos e mesmo às publicações de referência; mas quando se abordam os principais indicadores econômicos e financeiros, e se fazem propostas de eficiência e progresso a propósito da elaboração e da aprovação de pressupostos gerais do Estado, a perspectiva continua sendo androcêntrica, ainda que seja considerada, por elas e por todos, universal.

A simbiose aceita entre o liberalismo político e o liberalismo econômico é uma opção política, ou seja, quando alguém faz economia sem você, faz contra você. O direito ao voto começou como privilégio dos proprietários porque eles possuíam a si mesmos e ser dono de si mesmo era visto como a capacidade de comprar e, portanto, não ter necessidade de vender-se: isso significava liberdade. Já no século XIII, o rei João I da Inglaterra sancionou a própria limitação de seu poder diante dos senhores feudais aprovando a Carta Magna de Liberdades, germe do primeiro constitucionalismo anglo-saxão moderno, que foi revogada, restaurada, negada e restabelecida até sua publicação durante o processo de independência norte-americano. Winston Churchill a definiu como "a carta de todo homem que respeita a si mesmo em qualquer momento e em qualquer país". Homem macho, entenda-se sempre. O que poucos de nós sabíamos é que esse documento político de liberdades nasceu junto com outro, complementar ou, talvez, instrumento de pouso das boas intenções do primeiro. Poderíamos qualificar essa segunda carta, a chamada Carta de Floresta (*Charter of the Forest*), como a "Carta de Igualdades". Ela reconhecia o direito à exploração comum dos bens que não pertenciam a ninguém e que, assim, todos podiam aproveitar sem ter de possuí-los: o bosque, o combustível, a comida, os materiais de construção etc. Em definitivo, aquilo que servisse para as mínimas condições de sobrevivência de uma determinada comunidade não poderia ser privatizado, com risco de criar uma férrea e cada vez mais inamovível hierarquia de classes sociais. Se tudo pode ser possuído por alguns, outros talvez estejam na posição de não possuir nada, e, sem as condições mínimas de subsistência, a Carta de Liberdades só se aplicaria àqueles que as necessidades materiais mais básicas não relegaram ao segundo plano, aos que houvessem herdado o respeito por si mesmos de que sempre fala quem não tem fome, frio, doença e inacessibilidade ao saber e ao poder.

A Carta de Floresta foi enterrada, e o poder político apostou em um determinado modelo econômico: tudo podia ser privatizado, tudo podia ser possuído caso houvesse dinheiro suficiente para pagar seu preço. A liberdade passou assim a ser vista como um senhorio individual a se defender de outro, e a busca da felicidade substituiu, no outro lado do Atlântico, a fraternidade, entendendo-se como uma carreira solitária. Não há muito para todos e todos terão de lutar para tê-lo. Se as mulheres ficassem de fora, a concorrência se reduziria à metade. Se, além disso, fossem convencidas de que seu sucesso era o de seus maridos, os homens contariam com uma solução prática para dedicar-se em tempo integral a ganhar dinheiro, que passou a definir a masculinidade (vista como a imagem do provedor). O dinheiro permitia adquirir bens, os bens outorgavam *status* e o *status* garantia o poder. As mulheres conquistariam tudo isso por meio de um bom casamento. De um bom partido.

O interesse só se torna público se, com base no desenho dos objetivos políticos, se agrega o escopo e o benefício que para a generalidade da cidadania envolve um certo investimento – o dinheiro desviado do trabalho das pessoas –, sem que sua única bússola seja a lucratividade econômica. A gestão econômica no governo das nações, que atualmente requer consensos internacionais devido ao irrefreável processo de globalização, não pode identificar-se com os critérios de atuação dessas novas pessoas, as multinacionais, que nascem, crescem e se tornam gigantes porque nós permitimos que elas se alimentem de um ecossistema jurídico sem possibilidade de equilíbrio. A grande armadilha da personalidade jurídica consistiria na desvinculação das pessoas físicas, assim como na vantagem predadora que supõe para estas a responsabilidade limitada no econômico e, não obstante, o reconhecimento de direitos como o da livre expressão no social: as pessoas jurídicas não têm corpo, mas atrás delas há pessoas físicas, homens em mais de 90%. Portanto, o chamado mercado, tão abstrato e inacessível física e mentalmente, tem sexo: é masculino.

Sem dinheiro, não há liberdade; as mulheres sabem disso e em quase todas as partes do planeta a poupança e o investimento se tornaram seu motor de emancipação, de liberdade. O mercado é dos homens, mas já há formas de economia solidária e de intercâmbio que favorecem novos caminhos de autonomia.

Nenhuma decisão pública, e menos ainda a política econômica de um país, pode ser neutra com respeito ao gênero. Cada linha orçamentária manterá, reduzirá ou aumentará a brecha de poder existente entre os homens e as mulheres destinatários dos recursos públicos. Com efeito, o impacto de gênero só poderá ser neutro quando ocorrer a igualdade material e simbólica entre os sexos; quando, nas palavras de Amelia Valcárcel, desaparecerem os gêneros como códigos de emoções, ideias, expectativas, vantagens e desvantagens normativas; quando formos pessoas livres com a possibilidade de desenvolver nossas "individualidades autônomas". Até que esse desafio seja vencido, é imprescindível atentar para a discriminação das políticas públicas, não porque excluam expressamente as mulheres, e sim porque seu desenvolvimento impede ou dificulta o acesso aos bens públicos de forma proporcional ao déficit em que elas se encontram e cuja eliminação deve ser considerada um objetivo de progresso social e aprofundamento da democracia.

# 87

## O QUE O FEMINISMO TEM A VER COM A MUDANÇA CLIMÁTICA?

"Pensamos que a devastação da Terra e dos seres que a povoam, por obra de hostes empresariais, e a ameaça de aniquilação nuclear, por obra de hostes militares, são preocupações feministas. São manifestações da mesma mentalidade machista que pretendia negar-nos o direito a nosso corpo e a nossa sexualidade, e que se apoia em múltiplos sistemas de dominação e poder estatal para impor-se."

– Ynestra King

A mudança climática é uma das consequências mais ameaçadoras da exploração do planeta do qual dependemos. Constitui o preço, que já estamos pagando, de um modo de entender o desenvolvimento humano como dominação e apropriação dos recursos naturais sob a lei do mais forte. As várias correntes ecológicas têm insistido em uma crítica ético-científica para a sacralização da indústria e da tecnologia com um núcleo duro incluído no conceito de sustentabilidade. Assim, o futuro nos desafia a encontrar um novo modelo de desenvolvimento humano respeitoso para com a natureza a que pertencemos e de que depende nossa saúde, nosso bem-estar e nossa herança para as futuras gerações.

Essa atitude crítica em relação ao sistema de crescimento sem limites ressoou nas diferentes estratégias do pensamento feminista respondendo, por um lado, à vocação internacional desse movimento, com um forte protagonismo da realidade das mulheres pobres acossadas por urgências materiais de sobrevivência, e, por outro, a seu caráter transversal ou interdisciplinar, de modo que nada, e menos ainda a abordagem de um modelo alternativo de convivência e progresso econômico, lhe possa ser alheio.

As mulheres querem participar, pensar e reivindicar a metade do poder de decisão no afã de transformar os valores capitalistas de satisfação a qualquer preço em "falsas necessidades ilimitadas", por acordos éticos que salvaguardem o equilíbrio do planeta e não comprometam a satisfação das necessidades das gerações futuras. E querem fazê-lo justamente para que não se separe esse horizonte da igualdade e, mais uma vez, o patriarcado não se converta em fiel amante da natureza enquanto continua mantendo as mulheres em subordinação *ecológica*. Tudo é possível, a história da luta pela liberdade das mulheres, desde a Revolução Francesa até o Marxismo, deu boa conta disso.

Françoise d'Eaubonne utilizou pela primeira vez o termo *ecofeminismo* em sua defesa do controle da natalidade para impedir a superpopulação de consumidores e a consequente superexploração dos recursos. A partir dos anos 1980, tanto nos Estados Unidos quanto na Europa, começa a se desenvolver um diálogo entre a ética ambiental, a desigualdade no acesso aos benefícios do desenvolvimento e a desigualdade entre os sexos. Essa intersecção entre o feminismo e o ambientalismo se nutrirá da pluralidade de abordagens que ambas as correntes críticas vêm desenvolvendo desde o fim do século passado; por isso, com base na defesa da igualdade dos sexos, ligada à preservação da natureza, foram se abrindo, da práxis à teoria e vice-versa, diferentes caminhos para um mundo sustentável.

O feminismo cultural e da diferença se identificará com a atribuição mais ou menos essencialista de uma maior capacidade das mulheres de proteger a vida e, portanto, de defender o planeta da dominação e da agressividade masculina, que ao longo do tempo têm se lançado contra a natureza e, por extensão, contra as mulheres, as quais foram excluídas, junto com os animais, os escravos e as crianças, do ser cultural reservado aos homens. O dualismo em que essa corrente se aprofunda, com vozes como a de Mary Daly se apropriando da estratégia patriarcal para ludibriá-la e capacitar as mulheres com os atributos que as subordinavam, significou tanto o afastamento das feministas da igualdade, pois vislumbravam a sombra do "eterno feminino" que muito lhes custara vencer, quanto, em contrapartida, a conquista de um ativismo de comunidades em países vítimas do desperdício ocidental. Milhões de mulheres, como maioria dos pobres do mundo e empregadas no setor primário, sofrem de forma direta com os altos níveis de poluição e com o desaparecimento de pequenas propriedades agrícolas, perdendo assim o controle que tinham sobre o abastecimento de água e comida para suas famílias. As mulheres da América Latina, da Índia ou da África padecem primeiro com os agrotóxicos, a desertificação pelo aquecimento global, o desmatamento ou a contaminação da água, dado que a agricultura e a pesca constituem suas principais atividades de subsistência. Por outro lado, a escassez ou a contaminação da água e da lenha repercutem diretamente em sua qualidade de vida e sua saúde, já que elas são responsáveis por fornecê-las para suas comunidades.

A partir desse movimento pacifista e cooperativo, surgem redes de mulheres por todo o mundo que associam seu empoderamento à defesa do planeta. Na Índia, com a liderança da teórica Vandana Shiva, filósofa e física nuclear, que em suas obras defende o que foi chamado de *ecofeminismo espiritualista*, as mulheres de pequenas comunidades enfrentam as multinacionais e seus próprios maridos, montando guarda e amarrando-se às árvores para proteger seus meios de subsistência. As mulheres da comunidade de Chipko são um exemplo disso.

Da mesma forma e com a herança teórica da teologia da libertação, um feminismo imbuído da reivindicação de uma ética ambiental será forte em países como México, Chile, Argentina, Peru ou Brasil. Neste último, a teóloga Ivone Gebara vai cunhar o conceito de *ecojustiça*, defendendo um mundo transcendente ao dualismo hierárquico que permite a exploração de alguns seres por outros. As comunidades indígenas e as mulheres pobres das zonas rurais demonstrarão a abissal desigualdade na distribuição de benefícios e perdas do desenvolvimento industrial e tecnológico sem ética que o guie.

As feministas ocidentais receptivas à ecologia expõem a realidade do perigo de reivindicar direitos no espaço não político da natureza, perpetuando assim a irresponsabilidade dos centros de poder, políticos e econômicos, em que são tomadas as decisões, entre as quais as referentes à igualdade dos sexos e ao desenvolvimento sustentável – mas, aí, as mulheres não estão. Não estão sequer na direção ou em cargos visíveis das grandes organizações ambientais, ainda avessas a vincular a sustentabilidade do planeta à igualdade dos sexos. Integrar a perspectiva de gênero nas políticas públicas ambientais é o desafio: ter sempre presente o impacto da deterioração da água, do ar e da terra para as mulheres e de que maneira será diferente a estratégia de resistência à exploração ambiental dependendo da posição, nas famílias e na economia, ocupada por mulheres e homens nos diversos territórios.

Manifestação no dia 8 de março de 2014, em Madri. A rede ecofeminista une a reflexão e a militância feminista ao desenvolvimento sustentável. Mulheres e homens com igual acesso aos recursos naturais e sociais poderão construir um novo modelo no qual o bem-estar se universalize com base em políticas realistas de respeito à natureza.

O ecofeminismo também retoma a tradição do feminismo da igualdade, com antecedentes no materialismo de socialistas e anarquistas feministas de consciência ecológica, reivindicando a educação, o compromisso político e o desenvolvimento legislativo nacional e internacional como pilares de um diálogo aberto entre feminismo e sustentabilidade. Mulheres e homens podem estar igualmente distantes ou próximos da natureza, e vincular as mulheres à proteção da vida e aos cuidados será reconhecer os papéis de gênero, que historicamente têm servido à subordinação destas. O ecofeminismo construtivista defende uma participação paritária das mulheres na elaboração e na aplicação das diferentes estratégias para salvar a Terra de um modelo suicida de desenvolvimento humano, construindo, com base na liberdade, na igualdade e no desenvolvimento autônomo da individualidade das mulheres (e dos homens), uma alternativa de convivência pacífica e conscientemente integrada em um planeta em equilíbrio.

# 88
## O QUE É A TEORIA *QUEER*?

"Não se pode dizer que os corpos tenham uma existência significativa antes da marca de gênero."

– Judith Butler

O termo *queer* não foi traduzido do inglês. Nesse idioma, era um insulto para todo indivíduo, homem ou mulher, que se desviava da normatividade sexual imperante, mas se converteu em bandeira de ação política e crítica teórica às categorias clássicas do pensamento feminista, principalmente o gênero e sua relação com o sexo.

Uma pessoa *queer* (desviado, maricas, lésbica, esquisito, anormal, disfuncional...) não podia ser classificada com uma determinada etiqueta acadêmica e muito menos encaixar-se no dualismo masculino ou feminino. Em definitivo, as exceções à margem da homogeneidade normativa do sistema cultural que determina o aceitável e o ameaçador reivindicam, uma por uma, seu poder de questionamento do rígido e obrigatório *establishment* identitário, o qual obriga os indivíduos a se definirem com base em categorias fechadas, inamovíveis e adequadas à manutenção da dominação. Dessa forma, a teoria *queer* ampliará sua crítica da opressão das categorias transcendendo o sexo e abrangendo a raça, a classe, o estado civil etc. Nada perturba mais o pensamento dominante do que a indefinição dos indivíduos; prova disso é a pressão pela atribuição de um sexo, homem ou mulher, logo ao nascimento, e sua construção e seu reforço mediante uma reencenação (*performance*) do comportamento e da aparência esperados dessa atribuição. O *queer* reivindicará a mobilidade identitária e a experiência da sexualidade como livre decisão e, em contínua construção, será o indivíduo que determinará em cada momento como a sente e a põe em prática, jamais a encarando como uma rígida categoria que prescreve seus sentimentos e seu comportamento. A verdadeira libertação deveria incluir a mobilidade de um sexo a outro, de um gênero a outro e de todos os seus estágios intermediários ou reformulados de acordo com a não identificação com as limitações das opções médico-sociais.

A obra da filósofa norte-americana Judith Butler, *O Gênero em Disputa,* apresentará na década de 1990 um questionamento do feminismo radical por sua cegueira a toda realidade pessoal que não possa ser explicada segundo o pressuposto da divisão da humanidade no binômio homens e mulheres. Se essa dualidade for questionada, necessariamente ficará também no ar a categoria "gênero" como associação cultural construída para subordinar as mulheres, com sua própria colaboração emocional e material, por meio de potentes mecanismos de naturalização da cultura de dominação patriarcal.

Mas se o gênero é constituído de valores, estruturas mentais, expectativas e comportamento, o que é o sexo? O que são os hormônios? Os cromossomos? Os órgãos sexuais internos? Os órgãos sexuais externos? E se todos esses elementos são incoerentes entre si, qual é preponderante para determinar o gênero? Pode-se falar, pensar em uma categoria estritamente biológica com base em nossa condição de seres culturais? A distinção sexo/gênero seria tão fictícia quanto a do corpo/mente. Sentimos o corpo quando pensamos nele e o pensamento condiciona nossa sensação do corpo. Não existe nada biologicamente puro. Se não tivéssemos gênero, ainda teríamos sexo e estaríamos dentro da atribuição de significados a uma determinada forma corporal. Não há nada neutro, pré-discursivo, independente de valores; nem mesmo o corpo, que em geral aparece como um elemento passivo no qual se inserem significados culturais. O corpo é também, segundo Butler, uma construção social.

Ser mulher constituiu para a teoria feminista um ponto de partida que agora oscila. A categoria de mulher, como identidade diferenciadora e diferenciada do sujeito universal masculino, está em crise porque não se pode lutar contra categorias totalizadoras mediante outras igualmente excludentes no afã de serem fortes. Não obstante, desde a segunda e a terceira ondas do feminismo e sua globalização, "a mulher" será necessariamente "mulheres", todas e em cada país com a agenda feminista aberta, como assinala Amelia Valcárcel, embora em página diferente e com distintas estratégias que levam à necessidade de falar de feminismos.

Portanto, o conceito teórico de mulher, ou para nos incluirmos na universalidade usurpada pelo androcentrismo liberal ou para criarmos nossa própria ordem simbólica, foi o eixo central de teorias feministas tanto da igualdade quanto da diferença e deve ser abordado na atualidade de forma crítica por sua complexidade e sua consideração como um processo aberto, não como um produto pré-definido. O "tornar-se mulher" de Beauvoir, como sublinha Butler, não tem um resultado determinado e as mulheres (o ser humano em geral) são um "tornar-se" inacabado; portanto, a identidade não pode ser concebida como uma construção estática e intelectualmente abrangente, para a qual seja possível propor alternativas. Sucede que essas alternativas correm o risco de ser mais ou menos essencialistas e devemos resistir à tentação de procurar saber a que nos apegaremos como requisito de nossa conquista de poder. Isso é o que quer dizer Butler quando fala de "uma abordagem antifundacional à política de coalizão". Pois, se não sabemos quem somos, como vamos saber o que queremos? O mecanismo de construção da identidade, pelo qual nos separamos do mundo, é um mecanismo de individualização que culmina na modernidade com o sujeito cartesiano. Embora a pós-modernidade haja ferido de morte esse sujeito, precisa de sua existência para depois o negar.

Na abolição das categorias para o questionamento do poder, surgiria o problema da capacidade deste para integrar a subversão e se recolocariam as margens do sistema sem variar os centros do poder. Ou seja, quando o poder reconhece outras identidades não baseadas em heterossexualidade obrigatória, é porque o poder mudou? Ou é porque previamente neutralizou o efeito que esse reconhecimento de direitos pudesse supor?

No momento em que o poder político inclui a homossexualidade como identidade possível, ele a despoja de todo o seu potencial de mudança? É significativo como recentemente, em países como Espanha ou Alemanha, reivindicações históricas das mulheres se veem freadas pelo mantra "a sociedade não está preparada para isto" e a reivindicação – justa, necessária e urgente – do matrimônio homossexual foi alcançada antes de outras igualmente necessárias e urgentes. Refiro-me à conquista do direito ao aborto livre e gratuito, a medidas efetivas de conciliação de vida familiar e profissional ou à obtenção de uma verdadeira proteção da maternidade não vinculada à condição de trabalhadora da mulher. Como se explica a integração tão rápida, pelo poder, de uma proposição em princípio subversiva e radical? Talvez não seja tão radical. A licença-paternidade obrigatória, com a mesma duração que a licença-maternidade, aparentemente menos transgressora, talvez vá abalar em maior medida esse sistema binário de gêneros, no qual os comportamentos estão claramente divididos em função de tarefas de gênero. Não só o desejo e as práticas sexuais removem a identidade.

# 89
## Serão machistas os robôs?

"Não há nada acerca de ser mulher que una naturalmente as mulheres. Nem sequer existe o estado de "ser" mulher, que por si só é uma categoria altamente complexa construída em discursos científicos sexuais polêmicos e outras práticas sociais."

– Donna Haraway

Tal como acontece com nossos deuses e deusas, parece impossível imaginar criações à nossa imagem e nossa semelhança sem lhes atribuir um sexo. Quando não somos nada, apenas um embrião, a questão central é geralmente o sexo, como se essa informação fosse determinante: "menino ou menina?". E é.

Nos anos 1980, as mulheres começaram a imaginar um espaço onde o corpo fosse irrelevante e, sem ele, se pudesse experimentar qualquer subjetividade como se a ausência dos referentes físicos permitisse o nascimento de um novo ser reconhecível sem atributos de gênero. Esse espaço só podia ser o ciberespaço, um lugar de comunicação e atuação em que a máquina passaria de meio a fim, de um instrumento pessoal à própria pessoa definida e reconhecida como indivíduo por sua relação única com a tecnologia.

Em 1985, a feminista pós-modernista Donna Haraway publicou *Manifesto Ciborgue: Ciência, Tecnologia e Feminismo Socialista no Final do Século XX* como estratégia contra o patriarcado baseada na aliança entre mulheres e tecnologia. No início do século XXI, as deusas não eram tão possíveis quanto os ciborgues. As relações entre mulheres e máquinas vão dinamitar as categorias clássicas do patriarcado e a hierarquia entre os sexos que delas deriva. A feminilidade ou a masculinidade ficariam para o mundo físico; no ciberespaço, na rede, na internet, o ciborgue que Haraway descreve como um híbrido entre máquina e organismo ou até como um ser fictício, imaginário, se autodefine e está caracterizado pela plasticidade de sua subjetividade, pois participa da contínua e imediata atualização que somente a tecnologia permite.

Seis anos mais tarde, na Austrália, quatro mulheres artistas fundaram a VNS Matrix, inaugurando uma nova estratégia de luta feminina que utilizaria a arte e seus novos formatos (vídeos, CD, fotografia digital, linguagens de programação) para fomentar a presença e a influência coletiva das mulheres na rede. Em 1991, publicariam o *Manifesto Ciberfeminista para o Século XXI*. Como discípulas de Haraway, vão-se declarar politicamente subversivas para com a cultura de onipresença e protagonismo masculino, reivindicando o recém-estreado espaço da rede como poderosa oportunidade de liberação. Assim, as ciberfeministas irão empreender ações sistemáticas de contestação política por meio da liberdade de expressão artística combativa como o *net. art*. Não obstante, o termo ciberfeminismo foi utilizado pela primeira vez pela britânica Sadie Plant e definido como uma estratégia múltipla e poliédrica de conquista do novo centro de poder e criação de realidade: as tecnologias de informação e comunicação.

Os robôs, os ciborgues terão sexo se o desenvolvimento tecnológico não for interrompido pelo feminismo e por sua luta para abolir a falta de comunicação e a relação hierárquica dos sexos traduzida na subordinação das mulheres. As tecnologias da comunicação e informação se desenvolveram com claro predomínio masculino; portanto, a inteligência artificial ou os novos seres além do biológico que possam nascer nascerão à imagem e semelhança de seus criadores dominadores ou à imagem e à semelhança das mulheres que observam de fora sem poder, de novo, dar-se seu próprio significado e apostar em significantes não pensados.

O ciberfeminismo reivindica o papel protagonista das mulheres na rede, sua palavra e o direito a utilizar essa ferramenta que define a sociedade do século XXI, já não só por intermédio da manifestação artística contestadora, mas, em geral, como atividade que permita a comunicação entre as mulheres para a melhoria de suas condições de vida, criando redes feministas na internet como veículo fundamental para a globalização da igualdade dos sexos.

# 90
## POR QUE ALGUNS HOMENS MATAM AS MULHERES QUE DIZEM AMAR?

"Quando o anormal se transforma em normal, restam-nos duas possibilidades: ou estamos diante de uma normalidade geral onde não se produz nenhum choque ou atrito por essa aceitação ou há o intento de ocultar, disfarçar e apresentar como normal aquilo que não o é."

– Miguel Llorente Acosta

Por acharem, devido ao sistema político machista vigente, o patriarcado, que as mulheres, pelo simples fato de serem mulheres, são seres inferiores e que suas vidas estão a seu dispor.

Desde 2003, mais de 700 mulheres foram assassinadas por seus cônjuges ou ex-cônjuges na Espanha. Estranguladas, atropeladas, queimadas vivas, apunhaladas, alvejadas, atiradas pela janela, golpeadas até a morte, esquartejadas a machado... Os agressores eram, seriam ou tinham sido seus noivos, maridos, amantes, pais de seus filhos... e, em algum momento, às vezes mais perto da morte do que caberia pensar, lhes diziam que eram sua vida e que, como eles, ninguém as amaria.

Em 2004, foi aprovada na Espanha a Lei de Medidas de Proteção Integral Contra a Violência de Gênero. Até pouco antes, as mulheres morriam acidentalmente, como um inocente que se interpõe em uma briga a mão armada ou encontra um assassino na rua. Nem sequer havíamos parado para pensar que "não era normal" vítima e algoz compartilharem ou terem compartilhado aquilo que chamamos de amor e, durante pouco ou muito tempo, o mesmo teto, que logo deixou de ser uma proteção. O crime passional, o ciúme, o álcool, o desemprego, a perda de controle e a desobediência ou a provocação da vítima invadiam não só as manchetes dos periódicos como também as sentenças judiciais.

A confissão "meu marido me bate dentro do normal", por parte das vítimas de violência de gênero, é uma bofetada em uma sociedade cega à violência estrutural e, portanto, suscetível de voltar-se contra todas as mulheres, independentemente de seu nível socioeconômico, sua formação ou sua personalidade tanto dela quanto do cônjuge. Seria bastante tranquilizador pensar que existe um perfil psicológico ou social de vítimas e agressores, mas não é assim: a única coisa que determina o risco, enquanto não transformarmos seriamente nossos valores de relação entre homens e mulheres, é o sexo – e ser mulher representa um perigo existencial.

Da humilhação à perda da vida, há um amplo leque de atentados contra a dignidade: isolamento, controle, silêncio, desprezo, abuso sexual, bofetadas, socos, empurrões, queimaduras, agressões em geral. É lógico que queremos olhar para o outro lado e explicar isso pela individualidade violenta de alguns homens machistas que maltratam suas esposas, uma violência pessoal só de vez em quando exercida contra a vítima e nunca sistematicamente, de maneira constante e sobretudo gradual, num crescendo de violência até chegar à fuga ou à morte.

Os homens matam suas mulheres pelo fato de elas serem mulheres, não porque tenham ciúme, beberam ou ficaram sem emprego. Eles as insultam, agridem e assassinam porque acreditam ter permissão para isso, porque não as consideram iguais, mas seres inferiores física e mentalmente, à sua disposição, conforme observam com frequência à sua volta, e porque os primeiros atos de violência sempre ficam impunes quando não passam despercebidos. A violência de gênero é uma violência estrutural e, portanto, não desaparecerá só porque os culpados serão punidos. Eles nem sequer fogem ou tentam ocultar seu crime, pois, assim como as mulheres podem confessar que "seu marido lhes bate de maneira normal", eles estão convencidos de que não são assassinos, "apenas mataram sua mulher".

Tal é a gravidade desse tipo de violência. Sua prevenção deve ser política e moral. Urge acabar com a permissão social que se apoia em sua inevitabilidade ou em sua restrição a certas camadas sociais. Nenhuma mulher está a salvo da violência de gênero porque esta se alimenta de um sistema de valores discriminatórios de todos os homens contra todas as mulheres. Alguns homens, bons vizinhos e trabalhadores, como também costumam informar as reportagens dos assassinatos, não suportam a possibilidade de sua mulher ser livre e igual; mantêm assim uma relação de domínio que, cedo ou tarde, acaba em violência psicológica ou física. Violência ainda desculpada como "brigas de casal", "relacionamentos conflitantes", "gente de mau caráter"... e justificada pelas próprias vítimas, que passam do "não acredito que ele me bateu" a "por qual motivo apanhei?" ou, pior ainda, "que posso fazer para que ele não me castigue?". Ao dar esse salto mental, elas se perdem, em geral porque, até chegar a isso, já foram humilhadas, desprezadas (mais ou menos sutilmente) e culpabilizadas, mas, sobretudo, isoladas; se algo em pleno naufrágio pode salvar uma mulher imersa na espiral da violência por seu parceiro é o contato e a ajuda de pessoas que entendem a situação. Se, além disso, ela consegue receber uma mensagem coletiva unânime de solidariedade dos familiares, vizinhos, sociedade e instituições... uma morte pode ser evitada e muitas podem ser prevenidas.

A violência de gênero é uma urgência mundial que não pode ser enfrentada sem a perspectiva de gênero, sem o feminismo. É necessário remover a arraigada cultura patriarcal, sensibilizar e educar, preparar as gerações futuras para detectarem qualquer sintoma de violência em suas relações afetivas e não a tolerar, deve-se rechaçá-la em bloco de modo que em seus valores mais nucleares seja vergonhosa e incompatível com o conceito de amor.

# 91
## POR QUE O FEMINISMO NUNCA DORME?

*"É mais fácil prender pessoas com correntes do que as tirar quando essas correntes proporcionam certa consideração."*

– Bernard Shaw

Precisamos saber de onde viemos para valorizar onde estamos e acreditar que é possível, se não obrigatório, continuar avançando. Sem a memória de nossas antecessoras, as feministas, sem sua história coletiva, sem a força de seus sentimentos e sem seus sacrifícios, os legados civilizatórios correm o risco de sair de nossas consciências para dar por certo e não por direito a nossa liberdade, essa pela qual tão duramente lutamos e que por fim obtivemos.

Junto à história dos dados é necessário transmitir seu motor, o "para quê" das lutas, as vencidas e as perdidas. Para que queriam votar as mulheres, para que queriam estudar, para que queriam ser levadas a sério, para que queriam dispor da sua metade do bem e do mal, para que queriam decidir. Essa reflexão mudou a realidade de milhões de mulheres e inaugurou a terceira onda do feminismo contemporâneo. Os direitos políticos, civis e educativos estavam assegurados pela lei – mas de que modo essas conquistas transformaram a vida das mulheres? A igualdade política e o acesso à educação supunham caminharem ao lado dos homens e serem donas de seu destino? A história passaria a ser escrita por ambos os sexos, com seus nomes e sobrenomes?

Em seu pensamento, Concepción Arenal não ignora a implacável "aprisionadora do espírito", em sua própria terminologia, que supunha a negação de direitos políticos, educativos e profissionais às mulheres; então, ela dirá: "Outro dos inconvenientes de não alçar o espírito da mulher às coisas grandes é fazê-la escrava das pequenas. É uma imensa infelicidade para a mulher dar muita importância ao que tem pouca".

Adiantava-se em um século a estratégia que tão eficaz se mostraria para neutralizar as conquistas de autonomia da humanidade em geral e das mulheres em particular. Agora toda a maquinaria dos meios de comunicação de massa serviria para consolidar uma divisão internacional e sexual do trabalho. Com efeito, a liberdade de decisão individual logo será relativizada por um novo determinismo que, sem negar a autonomia como um atributo universal de todos os seres humanos, permitirá mecanismos para não a desenvolver ou a organizar de acordo com o sexo, a raça ou a classe social atribuída. Um novo determinismo social naturalizado substituirá o determinismo biológico socializado, de modo que a mesma carga genética será expressa como própria e intransferível de cada sexo, como se os genes pudessem ser ativados ou desativados no curso de nossa existência pela imersão em um meio ambiente que só nos reconhecerá segundo determinados parâmetros.

A atribuição de uma estrutura emocional sexuada permitirá, isso sim, a manutenção do eterno feminino remasterizado, que no início do século XX foi "a mulher moderna" e no início deste "a terceira mulher", conforme a terminologia de Lipovetsky, como superação do segundo sexo de Beauvoir. Conquistada a igualdade e aceita a idêntica capacidade intelectual e profissional das mulheres, elas finalmente estarão "livres" para realizar sua natureza, pois, uma vez desaparecida a subordinação entre os sexos, desfrutarão da maternidade, do cuidado com os outros e de suas inesgotáveis necessidades expressivas, estéticas e afetivas, logicamente em oposição à natureza instrumental, prática e pública dos homens, que se deixarão atender emocionalmente pelas mulheres livres. A experiência em primeira pessoa de alguns homens ocidentais corre o risco de sucumbir à emoção, que afirmam não ter em virtude de seu sexo, e identificar suas vivências e seus acordos privados, firmados com margem de escolha e sem sofrimento material para ninguém, com uma inexistente igualdade estrutural e simbólica de condições de vida e de liberdade para ambos os sexos na complacente sociedade contemporânea.

É tempo de resistência crítica, de dúvida, de averiguação do que foi feito com o conteúdo da cidadania moderna para assim podermos exercer uma margem de liberdade no desenvolvimento da individualidade. Nosso conceito de êxito, nossa forma de conceber os afetos e o amor, a comunicação com nossos semelhantes, a sensação de segurança, a busca de conhecimento, o valor do tempo, o sentimento de participação em projetos para além de nossa existência... tudo se encontra mediado por uma arquitetura de divisão hierárquica sexual, cujos planos obedeceram a estereótipos tendenciosos.

A negação da entrada para o edifício da cidadania produziu uma consciência rebelde nas mulheres ao longo da história. Como manter a luta pela liberdade e pela igualdade quando, em grande parte do planeta, se pressupõe que já foram conquistadas, embora a realidade cotidiana continue mostrando cifras escandalosas de subordinação feminina e dominação masculina? Como assinala Roxane Gay em sua obra *Má Feminista*: "Se o patriarcado morreu, as estatísticas não ficaram sabendo". As grandes conquistas do voto e da educação (e sempre devemos recordar que ainda não são planetárias), como direitos de cidadania universal, necessitam de uma nova vontade crítica para a defesa da liberdade individual e o desenvolvimento autônomo de nossa personalidade expressiva ou instrumental ou ambas, desde que ela não seja predeterminada como masculina ou feminina. De fato, um século depois, as mulheres emancipadas por lei começam a despertar para a necessidade de emancipar-se por consciência.

# IX
## Homenagem aos nomes esquecidos do feminismo

# IX

## CONTRAINDICAÇÕES E CUIDADOS NO EXERCÍCIO

# 92

## Que veneziana no século XIV imaginou uma cidade de mulheres, sem guerras nem violência?

> "Queremos te arrancar a essa ignorância cega a tal ponto que rejeitas o que sabes com toda a certeza para adotar uma opinião na qual não acreditas... porque só está fundada em preconceitos dos demais."
>
> – Cristina de Pisano

A primeira página que aparece na internet quando digitamos o nome de Cristina de Pisano (1365-1430) nos informa que ela era poeta, filósofa humanista e a primeira mulher escritora profissional da história. A Idade Média, como todo tempo demarcado para nossa ordem mental, se nutre de diferentes usos mentais, como relógios em distintas velocidades marcando mentalidades que convivem, fronteiriças e movediças, com o passado e com o futuro, ultrapassando a segurança de um presente monolítico. Pois bem, Cristina de Pisano adiantou em vários séculos o relógio do seu sentimento e do seu pensamento. Essa mulher, na Itália do Renascimento, defendeu uma sociedade na qual as mulheres possuíssem alma, espírito e mente criativos, porque assim ela sentia sua individualidade; não via motivos para pensar que suas congêneres devessem ser excluídas do progresso científico de uma sociedade que já começava a girar, um tanto desconcertada, em torno do conceito de livre-arbítrio.

Veneziana, cresceu na corte francesa, destinada pela mãe a um bom matrimônio e apoiada pelo pai, protegido intelectual de Carlos V de Valois, em seu desejo de aprender. Ambos os alimentos, o bom marido e o conhecimento, lhe foram concedidos. A mãe logo enfrentaria o fato de que apenas o segundo lhe garantiria a sobrevivência, porque o cultivo do talento pessoal era uma riqueza própria, que nem a viuvez prematura nem a cobiça dos que disputavam sua herança pela morte do pai podiam arrebatar-lhe.

Se o véu e um menino de colo acompanham a Virgem Maria, um livro e uma pena serão para Cristina de Pisano como símbolos da autonomia intelectual que lhe permitiu sustentar sua família. Poemas, memórias de encomenda e, mais tarde, sua própria voz interpelaram o descrédito lançado contra todo o seu sexo por uns poucos homens ilustres que, sem dúvida, não podiam fundar sua antipatia no conhecimento da metade da humanidade, apenas na emoção a serviço de seus privilégios. *A Cidade das Damas* se tornará um clássico no qual são recriadas, por imagem especular, a injustiça e a miopia intelectual que consistiam em negar às mulheres o saber e o fazer para uma sociedade mais rica, desperdiçando-se assim o talento de milhares de almas pelo preconceito de que seu sexo as converte em corpos sem espírito criador e lhes nega a palavra para além de assuntos banais, cuja repetição forçada embrutece sua capacidade de pensar.

"Direis que não penso, mas penso; e pensar me salvará da caridade do convento e da ignomínia de um matrimônio por interesse." Essa devia ser a força que permitiu a Cristina de Pisano , há seis séculos, enfrentar uma prematura solidão, quando com pouco mais de 20 anos, viúva e órfã de pai, teve de apostar em sua capacidade e convertê-la em uma fonte de autonomia econômica, o que, sem dúvida, precipitou uma individualidade impertinente em geral, mas útil àqueles que viveram dela e com ela. Uma mulher pode proteger e se proteger – com seu talento, sua obra e sua vida – de um modelo feminino que, novamente, não interessa reconhecer para a memória de nossas filhas. Mulheres doutas, sábias, comprimidas no espartilho dourado de uma domesticidade construída sobre a presunção de sua ignorância, tinham que perambular por claustros e cortes quando a educação, ao alcance de poucos homens e quase nenhuma mulher, ainda não criara as portas eficientes da academia. As universidades, que começaram a construir seu monopólio só depois do século XII, logo insistiram em se fechar para as mulheres, como uma "cidade dos cavalheiros" por trás de cujos muros, até o século XX e até mesmo neste, aquelas que se atreveram a bater às suas portas tinham de aparentar masculinidade.

Miniatura do *Livro da Rainha* em que se vê Cristina de Pisano mostrando seu livro à rainha Isabel da Baviera.

Cristina de Pisano se defendeu de um destino comum a seu sexo e pensou que sua capacidade intelectual e sua autonomia a autorizavam a recuperar o passado de outras mulheres pensantes e exigir futuro para outras tantas, vituperadas por sua falta de capacidade, denunciando o esforço coletivo que as induzia ou forçava a abandonar o cultivo de suas mentes. Não se pode reprovar a estreiteza do talento daqueles que, guardiões do conhecimento, proíbem à semente do entendimento feminino beber a água das mesmas fontes que os homens em sua infância e sua juventude, para depois, quando o saber não deu frutos, culpar pela seca aqueles que morreram de sede. O talento das mulheres era uma semente sem terra para florescer porque, argumentará Pisano, houve mulheres no passado que, dispondo de meios adequados, deram exemplo de sua sabedoria. Sem ir mais longe, ela pôde porque achava que as outras podiam. Cristina de Pisano quis saber e demonstrar que o acordo majoritário no erro pode ser refutado pessoalmente pelo interesse de buscar a verdade segundo a razão, desmascarando as falsas crenças que na forma de dogma escondem interesses espúrios sempre inimigos da dúvida.

A razão e seu espelho em nosso interior para olharmos sem armadilhas, a lei e sua vara que conseguirá que cada passo responda à vontade e, no final, a justiça e sua taça de ouro fino oferecerão a cada um sua recompensa. Três damas para outro mundo, cimento, infinitos cômodos e um telhado para cada construção que coroe o mérito com o mérito, para outros homens e outras mulheres, a salvo do preconceito, da ignorância e da violência. Utopia primeira, sentida e escrita por uma mulher que não podia evitar pensar que pensava e defender sua atitude, em nome de suas antecessoras, dela mesma e de todas as suas herdeiras.

# 93

## QUEM, ANTES DA REVOLUÇÃO ILUMINISTA, DEFENDEU QUE A MENTE NÃO TINHA SEXO?

*"É fácil notar que a diferença dos sexos diz respeito apenas ao corpo, pois só ele reproduz; a inteligência se limita a dar seu consentimento e o faz em todas as pessoas do mesmo modo. Conclui-se, então, que a inteligência não tem sexo."*

– François Poulain de la Barre

A escrita, a imprensa, o rádio e a internet tiveram que percorrer o caminho do impensável ao possível; os progressos técnicos abalam os modos de vida e criam a poderosa perspectiva de ascendência histórica no pretensioso, porém inevitável, devir humano até o controle do pequeno tempo e do espaço pelo qual transitamos.

No século XVII, na voz silenciada de um jovem padre, defender a igualdade dos sexos sem senões, com todas as consequências (a partir da premissa de que a compreensão, o *bon sens* de Descartes, é um atributo humano e a diferença corporal, mero instrumento para a reprodução), supõe sem dúvida uma valentia intelectual no longo caminho que o valor da igualdade, como um bem possível para um mundo melhor, percorreu e continua percorrendo.

Não obstante, os progressos morais, as ousadias de pensamento, o atrevimento filosófico necessário para transformar e ampliar a autonomia existencial, em uma espécie histórica, errática e violenta como o ser humano, nunca gozam na memória de seus herdeiros e suas herdeiras da mesma fama que os marcos tecnológicos e as revoluções políticas. Contudo, sem o progresso moral como desenvolvimento da capacidade cooperadora e integradora da diferença, como reconhecimento da inviolável humanidade de nossos semelhantes, nenhuma tecnologia vai conseguir remediar o clima emocional e o sofrimento. Só a conquista do direito e do dever à soberania do julgamento de cada mulher ou homem, assim como a lei do respeito ao diálogo, permitirão a verdadeira liberdade, faculdade inseparável da responsabilidade; e só a partir dessa concepção de igual valor de julgamento, livremente formado, de todas as pessoas que se beneficiam da convivência, é possível impedir a violência dos fortes sobre os fracos e tornarmo-nos melhores, melhorando o mundo.

No entanto, "o melhor", além de ser um conceito evasivo e manipulável, nem sempre tem a força necessária para se impor à humanidade. Poulain de la Barre, discípulo de Descartes, examinou sob a lente do método de seu mestre a inferioridade intelectual das mulheres como metade da humanidade privada da razão pelo fato óbvio de que seus corpos reproduziam a espécie. O hábito, o costume e o preconceito serão para o humanista francês a força desse pensamento majoritário, compartilhado tanto por homens quanto por mulheres: crença compartilhada, não verdade incontestável.

A razão deve ser o guia do crescimento humano, mas ela é fraca e suscetível de ser deslocada pela comodidade intelectual, que tenta justificar a ordem dos valores estabelecidos. Não existe tarefa mais árdua do que descobrir se os julgamentos estão erigidos sobre a razão e, portanto, podem ser compartilhados porque em seu interesse podem chegar a coincidir, ou se, pelo contrário, emergem de um automatismo psíquico coletivo predisposto por uma determinada estrutura social que se repete porque beneficia determinados grupos de poder que assumiram a definição dos comportamentos sociais como adequados ou inadequados.

Como assinala Celia Amorós, a grande importância de La Barre para o feminismo consiste em sua contribuição aos pilares iluministas do edifício da modernidade, nem sempre coerente em todas as suas plantas e estruturas. A igualdade e a liberdade não podem ser entendidas separadamente porque o bem que virá da razão não será qualificado como tal se não for universal ou, o que dá no mesmo, humano. Mas esse bem requererá esforço e vontade, do contrário o cimento da razão não elevará mais que falsos conglomerados de preconceitos, fáceis e rápidos de instalar, pois levam séculos se transmitindo sem enfrentar nenhum questionamento. A força de um preconceito não garante sua verdade: é necessário submetê-lo ao esforço da vontade. Só com análises rigorosas do que damos por pacífico poderá nascer um sólido lar intelectual no qual possamos morar em liberdade com base na possibilidade, até agora negada à maioria das pessoas, sobretudo mulheres, de construir argumentos próprios fundados no julgamento autônomo. A educação e as condições ideais para desarmar costumes e progredir moralmente como seres culturais em busca do bem maior convertem o autor da afirmação "a mente não tem sexo" em um humanista iluminista, racionalista, pois devem ser racionais e submetidos ao método científico todos os argumentos, por mais evidente que pareça sua verdade.

Haverá melhor exemplo para atender à substância e à forma da causa de Poulain, a da justiça, do que as relações entre os sexos, a respeito das quais todos e todas têm interesse e opinião, e que, examinadas com base na dúvida metodológica, trarão à luz tantos preconceitos, temores e interesses pessoais tenazes que perpetuam como verdade a inferioridade das mulheres? Demonstrando racionalmente que não se pode concluir tal coisa e que, além disso, essa conclusão favorece injustamente alguns e desfavorece a maioria devido à perda da mente das mulheres, Poulain de la Barre inaugura o pensamento feminista, pois a ruptura do preconceito deve levar, sem dúvida, à mudança social. Tarefa árdua que precisará da vontade e do empenho no exercício da razão, pois só a luz desta tornará o fraco forte e o instável sólido.

Que então a verdade triunfe e o preconceito seja banido. Mas de onde tiraremos essa vontade e esse esforço para a conquista da autonomia de julgamento, uma vez instalado o preconceito? A promessa de um mundo melhor será suficiente? Dado que homens e mulheres são iguais como espécie, necessitam de um método que assegure a liberdade de trilhar o caminho da verdade com seus próprios passos, escolhendo a senda que sua autonomia, guiada pelo *bon sens,* lhe pareça a melhor, apesar de não coincidir com o caminho por onde a maioria transitou e transita até hoje; a escolha da maioria só demonstra que se trata de uma rota já explorada e, portanto, limpa, nivelada e bem sinalizada. A comodidade de pensar por meio de circuitos já estabelecidos e sancionados pela maioria não leva à verdade, apenas contribui para engrossar e fortalecer a ideia até agora aceita por mais julgamentos e, portanto, abraçada com mais força. Devemos, pois, discernir entre a repetição, o hábito, o costume, o preconceito e o verdadeiro julgamento; este é autônomo e proveniente do esforço argumentativo que o examina com base na razão, fora da atmosfera do pensamento implantado por nossas circunstâncias.

Assim, estimulantes são as ideias daquele que foi, talvez, o primeiro filósofo do pensamento moderno da igualdade. Terá seguidores, mas acima de tudo cortinas de fumaça e silenciadores, filhos da razão, mas sem a coragem de renunciar aos privilégios de seu sexo. Para Poulain de la Barre, a negação da autonomia das mulheres, como seres pensantes, está fundada no preconceito, de modo que, empenhados todos, homens e mulheres, a examinar com argumentos racionais seus julgamentos, a igualdade dos sexos aparece como incontestável e a inferioridade das mulheres, hábito tendencioso e confortável, é incorporada majoritariamente e mantida longe do exame racional. Conhecimento e rigor argumentativo devem, assim, andar de mãos dadas para sufocar a tentação de repetir raciocínios sem questionar nem examinar sua semente emocional e os interesses que possam proteger, de modo que essa semente acabe se convertendo em um fruto impróprio, capaz de alimentar apenas a vaidade dos crédulos. O progresso social só pode vir da contínua renovação da vontade de cada indivíduo, homem ou mulher, de encontrar sua verdade e compará-la com outras – para ampliar o conhecimento, e não ceder ao costume; dando por pacífico o que se pensou, e não o que pode chegar a ser pensado.

É, portanto, inescapável a árdua tarefa de eliminar a inércia intelectual, pois nenhum julgamento deve ser imune à razão crítica: só à luz desta se pode distinguir o verdadeiro conhecimento da aprovação ou da rejeição por inclinação instintiva ou programada, esquecendo-se da perene força de vontade que a busca da verdade requer.

Encontramos em La Barre o desenvolvimento da ideia de universalidade como termômetro de nossa liberdade de julgamento; para sua defesa, utiliza a questão da igualdade dos sexos, na qual vê o exemplo adequado para demonstrar que o preconceito se encontra enraizado no irracional, muito mais forte que a razão e imune aos argumentos desta, pois não foi construído segundo sua lógica. Assim, será necessária alguma força adicionada aos argumentos racionais para extrair da estrutura emocional uma determinada crença que, ademais, ficará reforçada por meio de diferentes prêmios e castigos sociais: o pecado, a solidão, a exclusão, o mérito, o afeto... Poulain de la Barre insiste no esforço da vontade. Este será compensado pela possibilidade de desenvolvimento pleno como indivíduos. De fato, o exercício da liberdade traria como premissa a igualdade: para nosso jovem padre, obedecer a si mesmo exige a consideração do outro como igual porque Deus uniu o corpo à mente, que é a mesma para o homem e a mulher, independentemente de seu corpo sexuado. Quase nada para o ano 1671, o da publicação do texto revolucionário *Da Igualdade dos Sexos*, que como tecnologia moral tanto mudou nossa forma de ser e pensar.

# 94

## QUE REVOLUCIONÁRIA FRANCESA SUBIU AO CADAFALSO POR NÃO DESCER DA TRIBUNA DA IGUALDADE?

"Se a mulher tem o direito de subir ao cadafalso, deve ter também o de subir à tribuna."

– Olympe de Gouges

Essas foram as palavras proféticas que, por fim, seriam cumpridas em 3 de novembro de 1793, quando Olympe de Gouges foi guilhotinada; deixaria o legado de sua luta pela igualdade das mulheres, batalha que acabara de iniciar uma longa guerra em plena Revolução Francesa.

Casada por conveniência e, por sorte, viúva jovem, decidiu rejeitar o que se considerava a mais sensata opção de existência para uma mulher sozinha e com um filho: um segundo casamento. Preferiu viver sua precariedade como liberdade. Com apenas 20 anos, adotou o sobrenome da mãe e Marie Gouges, para sempre Olympe de Gouges, consagrou suas energias a mudar o mundo, tanto o das mulheres quanto o dos homens. Tornou-se dramaturga e utilizou suas obras para educar e persuadir a respeito da injustiça e da desumanidade da escravidão. Seu firme antirracismo lhe abriu menos portas que a quantidade de inimigos influentes erguidos contra ela, e a censura caiu sobre seus textos até a eclosão da Revolução.

Olympe de Gouges reuniu, em sua jovem vontade, determinação, lucidez e coerência; foi consciente da ruptura histórica que estava vivendo e não quis, nem podia, manter-se alheia ao quinhão de liberdade que por direito sempre defendeu como seu. A restrição da vontade geral a um pacto elitista entre homens brancos maiores de 25 anos e proprietários (apenas

15% da população) estimulou sua argúcia e seu sentido do dever moral que, unidos à sua visão de Estado, transformaram-na em porta-voz de seu sexo; porque ela não era exceção, mas líder, e milhares de compatriotas se associaram em centenas de clubes femininos e mistos, alistadas nas fileiras revolucionárias, empenhadas em tomar a palavra após a queda da Bastilha, decididas a exigir sua parte, a metade, dos frutos que a nova ordem constitucional prometia.

Olympe de Gouges tomou da pena e do papel e, em 1791, insistiu em registrar que outra revolução era possível, a da justiça social, proclamada pela constituição revolucionária com base na legitimidade da igual participação de homens e mulheres, porque ambos deveriam ter direitos e deveres iguais. Dessa maneira, nasce de seu punho um texto único que antecedeu em quase dois séculos o constitucionalismo democrático moderno e os fundamentos do atual Estado de direito. A "Declaração dos Direitos do Homem e do Cidadão", de 1789, que entrará na história como um marco da civilização, garantiu apenas os direitos de uma minoria masculina branca e proprietária, mas seria o primeiro passo no longo caminho das democracias modernas. Por que a narrativa histórica silenciou uma declaração em que se reconheciam direitos iguais para homens e mulheres, sem distinção de classe ou raça, uma declaração consistente com a universalidade e a legitimação racional do pensamento iluminista, que havia conseguido ferir de morte o Antigo Regime? Silêncio. Seu texto chegou até nós completo. Sua autora e seu sacrifício da própria vida, também. Contudo, não existe lugar para a admiração, o reconhecimento e o assombro diante daquele que é, talvez, o primeiro texto legal democrático no sentido contemporâneo, um sentido que nos custou anos de luta para conseguir e que, no entender de Olympe de Gouges, soava irrefutável; os direitos, para ela, não eram divisíveis nem alienáveis, eram consubstanciais a todo ser humano de qualquer sexo, raça ou condição social. Pode-se afirmar que, em 1791, uma mulher percebeu com clareza e defendeu com a vida que os direitos de cidadania eram direitos humanos e entre eles estava a condenação à morte que ela acabaria sofrendo.

Olympe de Gouges deu à sua declaração o título de "Dos Direitos da Mulher e da Cidadania", pois seus dezessete pontos equivalem à versão democrática da consagrada, e por todos os livros de história citada, "Declaração do Homem e do Cidadão". É certo que os próprios livros e até alguns de seus intérpretes criticam o sufrágio censitário e as limitações do primeiro constitucionalismo; é comum esquecer a controvérsia, o debate e a luta para que ele fosse corrigido e iniciasse sua marcha sem a sombra da misoginia, do racismo e do elitismo econômico. E não, nem tudo se resolve com a alegação de que todos eram homens de seu tempo, defesa de terríveis consequências para o rigor histórico; falta-se com a verdade caso nos seja negada a perspectiva de outros homens e mulheres (Poulain de la Barre, Condorcet, Wollstonecraft, Olympe de Gouges, Théroigne de Méricourt), esses democratas radicais que exigem coerência de seus contemporâneos racionais e conservadores.

A Revolução Iluminista teve, pois, seus vencedores e vencidos, e o único vencido não foi o poder monárquico absoluto, o Antigo Regime, a sociedade de classes. Ademais, suas luzes condenaram à obscuridade uma corrente inteira de pensamento revolucionário que defendia a igualdade radical de todos os seres humanos: a revolução da revolução teve que esperar e deixar seus heróis e suas heroínas pelo caminho. Nós lhes devemos a coragem de tentar a façanha, intempestiva ou não, e a lembrança dessa dívida. Olympe de Gouges foi uma dessas heroínas, excluída dos livros de história, a revolucionária da revolução que apresentou uma emenda à totalidade da "Declaração dos Direitos do Homem e do Cidadão". Basta ler algumas das seções de sua declaração:

> VI. A lei deve ser a expressão da vontade geral; todas as Cidadãs e todos os Cidadãos devem participar de sua formação pessoalmente ou por meio de seus representantes. Deve ser a mesma

para todos; todas as cidadãs e todos os cidadãos, por serem iguais a seus olhos, devem ser igualmente admissíveis a todas as dignidades, postos e empregos públicos, segundo suas capacidades e sem mais distinção que a de suas virtudes e talentos.

XVI. Nenhuma sociedade em que a garantia dos direitos não está assegurada, nem a separação dos poderes determinada, tem constituição; a constituição é nula quando a maioria dos indivíduos que compõem a Nação deixou de cooperar em sua redação.

Ela morreu sem poder entender por que a Revolução traía suas filhas e o novo governo se tornava uma aristocracia viril em que as mulheres ficaram, não propriamente com menos direitos que seus contemporâneos homens, mas sem a qualidade de sujeitos civis, convertendo-se em uma nova classe justificada pela natureza de seu corpo e a incapacidade de sua mente. Consequência, é fácil deduzir, da necessidade de manter intacta a estrutura familiar do privilégio masculino, em que, como bem explicara Rousseau na educação de Sofia, as mulheres deveriam ser educadas para o prazer e o contentamento do homem, único sujeito individual e, portanto, merecedor da cidadania, senhor das mulheres, qualquer mulher, pois todas eram natureza, perene procriadora da espécie que acumulou nos homens as qualidades racionais e, assim, a possibilidade de autonomia da vontade, tanto quanto do desenvolvimento intelectual e político.

No dia 3 de novembro de 1793, Olympe de Gouges subiu ao cadafalso acusada de traição à causa jacobina por força da lei, aquela lei em que durante décadas não tomará parte a vontade das mulheres, por cuja dignidade Olympe viveu e morreu. Obrigada, Olympe, por sua coragem; mas nós lhe devemos mais que o resgate feminista de sua existência; não obstante, fica aqui consignado o meu.

# 95

## A AVÓ DE FRANKENSTEIN ERA FEMINISTA?

"O casamento não será considerado sagrado até que as mulheres, educando-se junto aos homens, estejam preparadas para ser suas companheiras e não apenas suas amantes."

– Mary Wollstonecraft

Sim, se as autoras são mães de seus trabalhos, tanto na genealogia quanto na "genialogia", as mulheres sofreram o roubo de suas criaturas. Nem bruxas, nem gênias; mãe há apenas uma e parece que com seu nome se perde a pista de seu sobrenome. É impossível falar das Wollstonecraft, e poucas e poucos sabem que a pensadora feminista Mary Wollstonecraft deu à luz Mary Shelley, autora do clássico de ficção científica *Frankenstein*. Se bem que a filha só conheceu a mãe por meio de seus escritos e das memórias redigidas pelo pai, Willian Godwin, um anarquista que engoliu seus princípios para dar um nome masculino à sua filha.

Mary Shelley, filha de uma pioneira na defesa da autonomia econômica, da liberdade emocional e da independência intelectual de todas as pessoas, em particular das mulheres, como direito e dever de cidadania compartilhada, conquistada pela coeducação, não pôde ter o sobrenome de sua mãe. Esta se convenceu de que não conseguiria vencer a tradição lançando o futuro de sua filha contra ela, por mais artilharia dialética que houvesse disparado desde seus primeiros escritos contra a ordem patriarcal e misógina da época.

Mary Wollstonecraft nasceu em Londres em 27 de abril de 1753, sofreu com a violência de seu pai contra sua mãe e logo se entrincheirou na causa da justiça em favor das mulheres. Filha de seu tempo e de sua classe, quis fazer de sua vida um desafio constante ao imperativo de dependência intelectual e física das mulheres. Se alguma coisa Wollstonecraft aprendeu sem demora, foi que as mulheres precisavam de dinheiro para sua liberdade e, exceto no caso das herdeiras sortudas, isso só dependia do pai ou do marido. Seu pai não lhe deu nada, marido ela não teve até pouco antes de morrer; então, só podia contar com o próprio valor e teria que trabalhar com tenacidade em uma sociedade ingrata para com a individualidade das mulheres. Costureira, governanta, professora... Aprendeu francês e alemão para fazer traduções. Decidiu ganhar a vida com as palavras, reivindicar esse feito individual como exemplo para todas as suas contemporâneas e como legado para as gerações futuras, que tardarão décadas a sair do esquecimento.

Seu primeiro trabalho de protesto foi contra o pensamento reacionário que a Revolução Francesa incentivou nos intelectuais ingleses, refutando especificamente os argumentos conservadores que Edmund Burke expõe em sua obra *Reflexões sobre a Revolução da França*. O intelectual irlandês retornou de Paris assustado com a virulência dos acontecimentos e dos novos valores constitucionais republicanos, defendeu a tradição como legitimadora do sistema político e apelou ao costume como fonte de direito. Mary Wollstonecraft contestaria sem panos quentes esse conservadorismo escrevendo *Uma Reivindicação dos Direitos dos Homens,* na qual defende que o progresso social só pode se apoiar na razão, não na história ou no costume. Do triunfo dos novos valores ilustrados e da proscrição tanto da tirania quanto do absolutismo de uns poucos homens, herdeiros do poder e receosos da perda de seus privilégios, nasceria uma nova sociedade enriquecida com o talento apurado de toda a sua cidadania, uma sociedade pela primeira vez sob o governo do interesse coletivo, graças ao desenvolvimento da capacidade de todas e todos os seus integrantes. Tais coisas é que Wollstonecraft defendia.

A legitimação racional, como substituta do argumento de autoridade na elaboração das leis, implica uma democratização do poder porque este se torna humano e, portanto, suscetível de questionamento: a polêmica, o debate e o pacto são possíveis, tornando-se obrigatórios quando alguma virtualidade prática acarreta os valores de liberdade e igualdade. As mulheres, para Wollstonecraft, devem participar dessa conformação dinâmica das normas que terão que cumprir, do contrário serão tão escravas quanto os servos antes da Revolução. Assim se expressará a autora, comparando a sujeição ao senhor na sociedade de classes com a das mulheres a seu sexo, o que as deixa tão desarmadas diante do poder privado e público dos homens quanto, outrora, os servos: "Espera-se que o direito divino dos maridos, como o direito divino dos reis, possa ser combatido sem perigo neste século das luzes; que os homens orgulhosos de seu poder deixem de utilizar os mesmos argumentos dos reis tirânicos; e que não afirmem enganosamente que a mulher deve ser submissa porque sempre o foi".

Wollstonecraft já revela nesse trabalho mal conhecido sua firme intenção de pensar e escrever para mudar uma ordem que lhe parecia injusta não só no que diz respeito às mulheres, mas injusta em geral. Suas palavras e ações fazem dela uma renovadora moral, que transforma a autonomia no desafio teórico e prático de sua existência, antecipando a comunicação entre o pessoal e o político que séculos mais tarde se tornaria o *slogan* do feminismo pós-sufrágio. Na verdade, Wollstonecraft não abordou a questão do sufrágio em seu trabalho.

Neste ponto, me permito chamar a atenção para o fato de que o nome de Edmund Burke aparece em todas as resenhas dedicadas à vida e à obra de Wollstonecraft, enquanto o nome de Wollstonecraft não aparece na obra de Edmund Burke. Hoje, em 2017, não consigo parar de sorrir, com a idade que ainda não tenho, a de quem suspeita que o patriarcado continua aprontando das suas por toda parte. Por que, se o trabalho de Mary Wollstonecraft supunha uma contestação direta ao de Burke, só aparece na biografia dela e não na dele? O conhecimento geral continua fazendo um jogo de espelhos em que as feministas só merecem ser mencionadas por sua contribuição para a emancipação de metade da humanidade, as mulheres, quando, por outro lado, em se tratando de autores como Condorcet ou mais tarde Stuart Mill, mal são mencionados, quando isso acontece, por sua dedicação e seu compromisso com a igualdade entre os sexos.

Se algo define a vida e a obra de Mary Wollstonecraft é a intensidade e a cumplicidade entre vida e obra; ambas não podem separar-se, como nunca poderão se separar a teoria e a ação feministas. Em 1791, ela viajará para a Paris revolucionária com a segunda parte de suas convicções já escrita (publicada em 1792), como a obra fundadora do feminismo: *Reivindicação dos Direitos da Mulher.* Suas páginas serão tão aplaudidas quanto vilipendiadas pela literatura misógina da época.

Essa segunda reivindicação (pois existe uma primeira) supõe sem dúvida a tomada de consciência de que, quando se fala pelos homens, excluem-se as mulheres e, por isso, é necessário falar especificamente no feminino. Também nascerá da necessidade de refutar a exclusão do direito e do dever de educação das mulheres defendida pelo estadista Charles Maurice de Talleyrand para a nova assembleia constituinte. Eram tempos de exigir mudanças, mas parece que a filosofia educacional da época insistia em deixar as mulheres à margem destas. Nas páginas candentes de seu trabalho, que começa se dirigindo diretamente a Talleyrand, denuncia a situação de ignorância, dependência e marginalização social em que as mulheres são mantidas, descrevendo-as como "brinquedos" nas mãos de pais e maridos que impedem seu desenvolvimento como seres racionais. Ela defenderá a educação dos sexos para que a sociedade avance graças a companheiros iguais em talento e virtude, com oportunidades iguais no conhecimento, na atividade econômica, na política e na família. Como já assinalamos, não há na obra a exigência do sufrágio, que também era minoritário para os homens; e parece que, como um século depois defenderia uma de suas resgatadoras intelectuais, Virginia Woolf, a liberdade das mulheres para Wollstonecraft dependia, antes do acesso às urnas, de terem seu próprio dinheiro e educação para que lhes fosse permitido ganhá-lo. Suas palavras são claras como seus princípios: "Se ninguém a preparar [a mulher] com a educação para que se converta em companheira do homem, cessará o progresso do conhecimento e da virtude".

A igualdade, para Wollstonecraft, se estende também aos negros no contexto colonial. Essa crítica à escravidão provocou a ira de insignes senhores que se beneficiavam economicamente de sua manutenção. Não obstante, os pobres deviam, sim, sofrer restrições educativas com respeito à classe média, que era a classe à qual claramente se dirigia Wollstonecraft. Quanto às mulheres ricas, achava que não tinham dificuldades em educar-se e inclusive em prescindir de um matrimônio imposto. Eloquente é o título de um dos capítulos de sua prematura obra *Reflexões sobre a Educação das Mulheres* (1787): "Desafortunada situação das mulheres cultas que perderam sua fortuna".

Companheirismo como segredo da convivência de homens e mulheres, também na vida amorosa: Mary Wollstonecraft o viveu tão intensamente quanto sua tarefa intelectual e política. Viu-se sozinha com uma filha ilegítima, rejeitada pelo homem que amou sem ser correspondida. A onda conservadora e a guerra entre França e Inglaterra obrigaram-na a voltar para Londres, onde manteve seu firme propósito de converter-se, por meio da escrita, em exemplo de independência. Um suicídio frustrado e uma viagem desesperada pelos países escandinavos, na derradeira tentativa de conquistar o amor do pai de sua filha, serão mais comentados nos salões que suas ideias revolucionárias. Ela superou a depressão e o destino a presenteou com o amor companheiro que sempre defendeu em sua relação com o anarquista Willian Godwin; ambos renunciaram por princípios ideológicos ao casamento, até que Mary, grávida de novo, temesse para a segunda filha o desamparo sofrido pela primeira. Ela e o marido decidiram morar em casas anexas, mas independentes, para preservar seu próprio espaço e exercer a vontade de se encontrar ou se comunicar por carta. Willian Godwin havia postulado a abolição do casamento, mas sufocou suas teorias a fim de que a criança por nascer não padecesse a rejeição social e a precariedade que sua irmã sofria. Mary Wollstonecraft deixou vários manuscritos inacabados, mas concluiu sua luta pessoal e seu legado feminista antes de morrer de complicações do parto, aos 38 anos, deixando um viúvo e uma órfã orgulhosos da herança de quem se empenhara em lutar para que o mundo onde lhe coube viver fosse um pouco mais justo.

Mary Wollstonecraft, 1791. A educação das mulheres as transformaria em cidadãs com os mesmos direitos dos homens. Junto com eles, conseguiriam a prosperidade social em liberdade e poderiam contribuir com seus talentos para qualquer profissão ou ofício, alcançando a autonomia necessária para ser companheiras dos homens e desenvolver-se individualmente sem a tirania imposta pelos valores hipócritas da época, que as consideravam belas e fracas ao mesmo tempo que as deixavam ao relento, quando não cumpriam os imperativos escritos e não escritos da dependência masculina.

# 96

## Acaso não sou uma mulher?

"Acho que, se tenho de responder pelos pecados de meu corpo exatamente como um homem responde, cabe-me também o direito de possuir exatamente o mesmo que um homem possui."

– Sojourner Truth

"Acaso não sou uma mulher?" foi o grito lancinante de uma feminista analfabeta, negra, escrava liberta que não resistiu à necessidade de lançar sua própria vida contra um auditório. E sua vida era uma lição de feminismo com o coração aberto, um desses exemplos em que as palavras, ditas por quem só teve silêncio e obediência na vida, são um ponto de virada, como se no momento preciso e graças à força da honestidade, não precisassem de argumentos, porque cada palavra é uma convicção, um latejamento, uma verdade; graças a essa pessoa que se levanta e ergue a voz, já nada é o mesmo no íntimo da pessoa que a ouviu. Então, sobrevém o silêncio e essa pessoa se reconhece bem menor e bem mais insignificante, tendo a coragem de concluir que, uma vez mais, acreditava fazer justiça quando apenas se defendia.

Sojourner Truth foi vendida aos 9 anos, com um lote de ovelhas, por meros 100 dólares. Passou como escrava de um senhor a outro, viu o homem que amava morrer a bastonadas, deu à luz cinco filhos dos quais só conseguiu ficar com uma menina, a menor, quando fugiu em 1826, ajudada por um casal que comprou sua liberdade por 20 dólares. Aos 30 anos de idade, decidiu dar testemunho e mudar o coração ingrato, ignorante, ou ambos, de mulheres brancas e negras, de homens brancos e negros. Ela era analfabeta, mas logo aprendeu o que dizer e como dizê-lo, dedicando-se a essa tarefa graças a doações, publicando sua biografia ditada e precisando de muito pouco. Recrutou soldados para o exército da União, passou a guerra civil abastecendo de comida e roupa a causa abolicionista, em 1864 foi recebida por Abraham Lincoln e nunca deixou de reivindicar terras para os escravos libertos, condenados de outro modo a fazer os trabalhos mais duros e mais mal remunerados para as famílias brancas.

Contemplar a fotografia de Sojourner Truth, já idosa, é aproximar-se da nudez da reivindicação da igualdade, porque ela falava de todas as discriminações possíveis, falava na primeira pessoa da mais brutal alienação da humanidade e falava com esperança: "Por que, filhos? Se vocês têm nas mãos os direitos das mulheres, concedam-nos e se sentirão melhor".

Foi a primeira mulher negra a ganhar um processo contra um homem branco, recuperando com isso seu filho de 5 anos. Recebeu aplausos e vaias, mas nunca curvou a cabeça. Com mais de 65 anos, sofreu ferimentos graves quando foi empurrada pelo maquinista de um trem em movimento. Não teve dúvidas em denunciá-lo e ganhou de novo. Viveu mais de oitenta anos, 43 como Isabella Baumfree, apelidada de Bell, outros tantos como Sojourner Truth ("a verdade peregrina"), batismo com o qual, ao mesmo tempo, fortaleceu sua fé e converteu-se ao adventismo.

Feminista e pacifista, ela queria mudar o mundo e acreditava firmemente que, se todas as mulheres decidissem se colocar "do lado certo", como costumava dizer, nada impediria isso.

E como as palavras podem ser armas carregadas de futuro, com a permissão do poeta, imagine-se uma Convenção pelos Direitos das Mulheres em Akron, Ohio, em 1851, três anos depois da Declaração de Seneca Falls e em plena divisão profunda entre o Norte e o Sul dos Estados Unidos. Nela começaram a ser expostas opiniões que defendiam a proteção das mulheres devido à sua compleição mais fraca e alguém afirmou que elas nunca poderiam ser iguais aos homens porque Cristo não era mulher. Imagine-se alguém sem nenhuma experiência em oratória, sem nenhuma instrução e que nunca ouvira outra mulher falar em público, muito menos uma mulher negra, subindo corajosamente ao palco e dirigindo-se à multidão em voz alta e clara. Que as mulheres do Norte apoiassem os negros do Sul não significava que todas tivessem os mesmos interesses; ela era uma mulher e contava com sua própria experiência, suas necessidades e sua luta. Séculos de escravidão e abusos a haviam marcado de tal forma que não podia identificar-se com a luta das mulheres da classe média nem deixar de questioná-la. Sem dúvida, o compromisso dessas mulheres foi vital para o fim da escravidão, mas também era certo que elas poderiam participar de manifestações e comícios porque no dia seguinte teriam comida na mesa, para elas e sua família, provavelmente preparada por uma mulher negra como Truth. São suas palavras:

> Bem, filhos. Onde há tanto barulho deve haver algo fora de equilíbrio. Acredito que com esta união dos negros do Sul e mulheres do Norte, todos eles falando de direitos, os homens brancos ficarão em um beco sem saída muito em breve. Mas de quem estão falando todos aqui?

> Aquele homem lá diz que as mulheres precisam de ajuda para subir às carruagens, para atravessar uma valeta, e que devem ter o melhor lugar onde quer que seja. Mas a mim ninguém ajuda a entrar numa carruagem ou a cruzar um charco e nunca me dão o melhor lugar! E acaso não sou uma mulher? Olhe-me!

Olhe meu braço! Eu arei, plantei e colhi, e nenhum homem podia me superar. E acaso não sou uma mulher? [...] Tive treze filhos e vi quase todos serem vendidos como escravos; quando chorava com a dor de uma mãe, ninguém, a não ser Jesus, me ouvia! E acaso não sou uma mulher?

Os senhores falam de uma coisa que há na cabeça. Como é mesmo a palavra? Oh, INTELECTO! O que tem isso a ver com os direitos das mulheres e dos negros? Se o meu copo tiver espaço para apenas um litro e o seu para dois, não é feio de sua parte me privar de minha pequena porção?

Aquele homenzinho de preto, ali, diz que as mulheres não podem ter tantos direitos quanto os homens porque Cristo não era mulher! De onde vem seu Cristo? De onde vem seu Cristo? De Deus e de uma mulher! O homem não teve nada a ver com Ele.

Se a primeira mulher que Deus criou foi forte o suficiente para modificar o mundo sozinha, essas mulheres juntas devem ser capazes de recolocá-lo novamente no lado certo, para cima! E agora que elas pedem para fazer isso, é melhor que os homens as escutem! Agradeço àqueles que me ouviram. Agora, a velha Sojourner não tem mais nada a dizer.

A mulher são as mulheres. Negras, criadas e operárias parecem desobedecer à ordem natural da delicadeza que seu sexo implica e sentem o dever de denunciar a armadilha. A hipocrisia da sociedade do século XIX terá a cumplicidade do ideal de esposa e mãe, que só se cumpre no mundo das ideias; a maioria das mulheres terá de matar esse ideal em seu íntimo para senti-lo como aquilo que é: o fantasma impróprio da consciência feminina empenhado em uma manobra astuciosa de dominação simbólica patriarcal.

# 97

## O QUE NUNCA NOS DISSERAM SOBRE O PENSADOR LIBERAL JOHN STUART MILL?

"Mas o que no livro foi escrito por mim e contém as passagens mais eficazes e profundas pertence à minha esposa. Provém do repertório de ideias que nos era comum, resultado de nossas inumeráveis conversas e discussões sobre um assunto que tanto ocupou nossa atenção."

– John Stuart Mill

A contribuição das pioneiras do pensamento e da luta feminista sempre é relegada a apêndices especializados nesses temas, a uma disciplina ou um assunto específico, que denotam sua natureza dispensável, embora se insista em sua importância e se peçam desculpas pela omissão. O lugar é importante. E os anexos, os apêndices, as especializações etc. resgatam a culpa, mas não a dívida. Só se fala sobre as mulheres, e sobre sua luta pela igualdade, quando se aborda a carência do ponto de vista da especialidade, no melhor dos casos, ou da curiosidade, na maioria das vezes.

As aulas de história, geralmente, são animadas com anedotas da vida pessoal de personagens escolhidos como representantes de uma época. Parece que nos disseram que o mundo não seria igual sem eles. Aristóteles, Carlos Magno, Cristóvão Colombo, Leonardo da Vinci, Lutero, Descartes, Hitler, Roosevelt, Martin Luther King, Picasso... Como sublinha a historiadora María Milagros Rivera Garretas, a autoria masculina abarca o processo de conformação da autoridade, como voz e sentido próprios de estar no mundo, que não se compensa com o resgate *a posteriori* do esquecimento do protagonismo feminino.

Tornar visíveis as mulheres, recuperando suas vozes do passado com autoridade, significaria reescrever a história e, portanto, educar sensibilidades para um outro futuro; só assim metade da humanidade deixaria de se sentir convidada, forçada a explicar uma e outra vez sua ascendência, surgindo como herdeira reconhecida e podendo continuar sem o eterno retorno ao pesado fardo de conquistar o espaço bem como a voz com base em seu sexo, e não em sua qualidade de sujeito histórico, finalmente universal.

Ninguém nos falou da grande paixão de John Stuart Mill por Harriet Taylor, feminista radical que, como Wollstonecraft, acreditava no amor como uma relação entre indivíduos iguais, oposta à instituição econômica do matrimônio, que ela chegou a qualificar de prostituição consentida em troca de pão a longo prazo. As relações humanas só poderiam ser construídas sobre a autonomia e esta pressupunha as mesmas oportunidades de educação, o mesmo respeito pelo julgamento alheio e a absoluta liberdade de ser e fazer o que o amor por si mesmo e o senso moral nos ordenam. Para Harriet Taylor, as mulheres poderiam e deveriam ser e fazer o que quisessem; nenhum conhecimento ou nenhuma ocupação lhes deveria ser vedado. O matrimônio deveria ser uma associação livre, com acordo renovável entre seus integrantes. A dependência econômica da mulher supõe sem dúvida sua maior incapacidade, porque não se pode pactuar quando existe a necessidade básica de sobrevivência ou, como bem expressaram Taylor e Mill em suas reflexões sobre o casamento e o divórcio, quando se pode subjugar a vontade em troca de pão. De fato, na sociedade inglesa do século XIX, o casamento era, em se tratando das mulheres, uma profissão para a qual eram educadas emocionalmente desde o nascimento, de modo que, ao contrário de outras formas de servidão, a da esposa para com o marido não era só tolerada, mas também desejada e festejada; a alternativa era o celibato, que sem autonomia econômica e sem a possibilidade de reconhecimento social transformava a liberdade em desgraça.

John Stuart Mill e Harriet Taylor, companheiros de vida e de causa: o feminismo. *A Sujeição das Mulheres,* escrito em 1869, teve uma grande repercussão na época. A sufragista Elizabeth Cady Stanton escreveria em carta a Mill: "Terminei de ler o livro com uma paz e uma alegria que nunca havia sentido antes. Trata-se, com efeito, da primeira reação de um homem que se mostra capaz de ver e sentir todos os sutis matizes e graus das agressões às mulheres, bem como o núcleo de sua debilidade e sua degradação".

Se procurarmos em nossa cultura geral, com a qual vivemos e parte da qual transmitimos, é certo que não encontraremos um deputado liberal, alçado por mérito próprio a pensador influente de sua época, defendendo a igualdade entre homens e mulheres, clamando em altas vozes e tentando convencer seus colegas de bancada de que as mulheres deveriam ser cidadãs, poder votar, governar-se e governar, decidir junto com homens as leis a que já obedeciam e intervir na política da mesma forma que eram obrigadas a pagar impostos.

Mas, surpresa! Mill era feminista e ativista, foi alvo de zombarias e perdeu amizades; entretanto, verdade seja dita, não perdeu sua cadeira, não pagou multas, não foi preso nem morreu como sempre acontece com as sufragistas e feministas de qualquer tempo e lugar ao se defenderem como pessoas. Poulain de la Barre caiu no esquecimento, Olympe de Gouges foi guilhotinada, Wollstonecraft padeceu a pobreza e o escárnio público, Emily Pankhurst amargou a prisão. Mill foi censurado historicamente e sua obra *A Sujeição das Mulheres,* lida da Finlândia à Austrália, de enorme transcendência e ressonância em sua época, não se encontra no estudo do segundo liberalismo político e econômico que ele protagonizou. Portanto, Mill só falava em nome da metade da humanidade.

Taylor e Mill mantiveram uma bela amizade durante vinte anos, o que não os impediu de trabalhar e pensar juntos; e só depois que Taylor ficou viúvo, eles puderam se casar. Mas ambos haviam rechaçado o casamento como uma instituição humilhante que desumanizava o homem e a mulher, legalizando o domínio do primeiro sobre a segunda. Valeram a pena (e, sem dúvida, se isso tivesse sido incluído nos livros de história, nós o lembraríamos) os votos matrimoniais do pensador liberal, que sem dúvida pôs em prática o lema feminista "o pessoal é político". As escolhas privadas não podem conceber-se isoladas do estar no mundo como seres em convivência, que apostam em determinados valores civis e políticos. A coerência é um valor raro e uma de suas máscaras favoritas sempre foi separar o ser do fazer e o ser para fora – o ser político – do ser para dentro, o ser íntimo, isolando as relações privadas da moral, como se ninguém nos visse e pudéssemos escamotear o que deveríamos ser. Não foi o caso de Stuart Mill e Harriet Taylor, que, antes de se tornar marido e mulher, emitiram e lançaram por escrito seu voto particular, fosse qual fosse a opinião das pessoas ao seu redor que lhes viraram as costas:

> Estando prestes – se tiver a felicidade de obter seu consentimento – a entrar em um relacionamento de matrimônio com a única mulher com a qual, das que conheci, poderia assumir esse estado; e, sendo todo o caráter desse relacionamento tal e qual a lei estabelece, é algo que tanto ela quanto eu desaprovamos conscientemente, entre outras razões porque a lei confere a uma das partes contratantes poder legal e controle sobre a pessoa, a propriedade e a liberdade de ação da outra, sem levar em conta o desejo e a vontade desta. Eu, sem os meios legais para me despojar desses poderes odiosos, sinto-me no dever de fazer constar meu protesto formal contra a atual lei do matrimônio no

que concerne aos ditos poderes; e prometo solenemente nunca usá-los em nenhum caso, sob nenhuma circunstância. E na eventualidade de que chegue a realizar-se o matrimônio entre mim e a senhora Taylor, declaro que é minha vontade e intenção, assim como condição do enlace entre nós, que ela retenha em todos os aspectos a mesma liberdade absoluta de ação e a faculdade de dispor de si mesma, bem como de tudo o que pertença ou venha a lhe pertencer a qualquer momento, como se este matrimônio não tivesse ocorrido. E de maneira absoluta nego e repudio toda pretensão de haver adquirido quaisquer direitos em virtude do dito matrimônio.

# 98

## QUE FEMINISTA UNIU À CAUSA DA EMANCIPAÇÃO DAS MULHERES A REVOLUÇÃO E A LIBERTAÇÃO DA CLASSE OPERÁRIA?

"A riqueza da sociedade quadruplicará no dia em que se chame a mulher, a metade do gênero humano, a contribuir para a atividade social com a soma de sua inteligência, força e capacidade."

– Flora Tristán

Apenas algumas décadas atrás, ainda se podiam escutar na Espanha companheiros que, após anos de convivência e quando decidiam se casar, deixavam claro, sem que ninguém lhes perguntasse, que o faziam porque desejavam ter uma família. Tem-se aí a terrível discriminação entre os filhos nascidos dentro do casamento e os que não estavam presentes nos códigos civis de muitos países há apenas algumas décadas, deixando sua marca embora já tenha sido abolida. O parentesco é contraído quando as pessoas se casam e, com ele, toda a proteção jurídica e econômica dependente da ficção legal de um determinado modelo de família. O casamento era a profissão e a segunda identidade das mulheres (por isso, elas passavam ao *status* de "senhora fulano de tal"), e a profissão do chefe da casa definia todo o grupo como uma família de imigrantes, mineiros, agricultores, comerciantes etc. Na Espanha, e presumo que em muitas outras partes do mundo, até que o legislador caísse em si, o homem que assassinava sua esposa tinha o direito legal de receber uma pensão por viuvez e herdar da falecida. A proibição do divórcio, unida à de investigar a paternidade, transformava os filhos e filhas que as leis indulgentemente chamavam de "naturais" (como se os chamados legítimos fossem "artificiais") em deserdados ou, o que até há pouco tempo dava no mesmo, em pessoas sem sobrenome, porque o sobrenome da mãe pouco valia, quando não era um fardo que se dava a opção de esconder.

Em 7 de abril de 1803, vinha ao mundo Flora Tristán, de mãe francesa e pai peruano rico e de sobrenome nobre; a morte prematura deste deixou Flora sozinha com a mãe e na pobreza. Nem sua mãe nem ela puderam herdar bem algum porque o casamento celebrado na Espanha nunca foi reconhecido e, portanto, Flora ficou ao mesmo tempo órfã e deserdada como filha ilegítima. Esse fato marcaria seu pensamento e sua obra, inabalavelmente compromissados com a justiça social, sobre a qual ela refletiu, mas, acima de tudo, pela qual viveu. Antes que Marx, um abastado burguês de esquerda, decidisse com Engels que já era hora de mudar o mundo e não apenas interpretá-lo, Flora Tristán, uma autodidata pobre, havia percorrido fábricas, minas, campos, conversado e colhido testemunhos da ignorância e da pobreza, chegando à conclusão de que somente a união organizada dos trabalhadores, como a estirpe mais numerosa e útil da avarenta sociedade industrial, poderia acabar com a escravidão, graças à qual só uns poucos enriqueciam.

Flora sentiu a miséria em sua própria pele, como filha ilegítima, mãe e esposa separada após um casamento de conveniência que só lhe rendeu martírio e quase acabou de vez com sua vida. Ela sabia do que estava falando quando se referia às mulheres como uma raça ainda mais oprimida que os trabalhadores. Isso porque, enquanto estes eram vistos como pessoas, embora sua exploração econômica os reduzisse a escravos, elas nem sequer eram consideradas seres pensantes e com vontade própria. Obrigadas a casamentos arranjados, apenas podiam procriar, pariam mão de obra em condições desumanas, reproduzindo em seus ventres a miséria e o embrutecimento que só a ação coletiva organizada seria capaz de superar.

Flora Tristán não era uma intelectual, mas seu programa de ação social e política faz dela uma precursora esquecida do Marxismo. Cinco anos antes da publicação do *Manifesto Comunista*, trabalhadores e trabalhadoras, insistindo na necessidade de que estas últimas fossem libertadas da escravidão do sexo, foram chamados a unir-se em uma luta internacional contra sua opressão. A organização do trabalho deveria devolver aos homens e mulheres, que com seu trabalho tanta riqueza geravam, o usufruto da produção que sem eles e elas não era possível. Temos aí todo um programa político em que se antecipa a necessidade de criar organizações políticas e sociais para o proletariado, pois a democracia burguesa reconhecia direitos de cidadania que eram pura ficção jurídica.

Pode-se dizer que Flora Tristán foi marxista antes de Marx; o fantasma que rondava a Europa já havia gritado com ela "Proletários de todo o mundo, uni-vos!". Socialista e feminista de raça, ela era uma mulher de um idealismo consistente, motivo pelo qual colocava o sofrimento dos outros antes do seu. Ao escrever, sua capacidade natural de observação e análise a impelia a verter o que sentia nos moldes do pensamento crítico e da vontade de ação. Seus escritos conclamam os "trabalhadores e trabalhadoras" a conquistar seu reino e de nada serviriam suas palavras se não conseguisse levá-las até eles. Por isso, Flora Tristán não pode ser descrita como socialista utópica: arregaçou as mangas diante da realidade que lhe doía e de sua própria precariedade extraiu forças para travar uma batalha sem quartel por um mundo melhor. Tinha consciência de que os livros não chegariam ao povo exausto e analfabeto, por isso ela mesma se dedicou sem descanso a difundir sua mensagem revolucionária, bairro por bairro, rua por rua. *Peregrinações de uma Pária* foi uma de suas primeiras obras, título profético porque nunca possuiu nada na vida além da coragem de peregrinar denunciando injustiças. Depois de tentar inutilmente reaver a herança do pai e voltar da América, conhecerá de perto a brutalidade das condições de trabalho da avançada e liberal Inglaterra da Revolução Industrial e do parlamentarismo. "A escravidão deixou de ser, a meus olhos, o maior infortúnio humano depois que conheci o proletariado inglês", escreverá desolada.

Flora Tristán só obteve de seu nobre sobrenome paterno a confirmação de que, sendo mulher e não tendo bens materiais, só podia ser pária entre os párias. Sua obra defendia a união do socialismo e do feminismo para uma verdadeira libertação da classe operária.

Viveu na própria pele a humilhação, a exploração e a marginalização dupla que sua condição de mulher e assalariada pressupunha. Teve a lucidez de denunciar uma forma de alienação específica por razão de sexo (ou de pertencer à raça feminina, como escreve em sua obra *A Emancipação da Mulher*). A hierarquia do sexo e a do capital constituíam duas cadeias que se reforçavam, pois as operárias só podiam ganhar seu sustento trabalhando e, como mulheres, deviam realizar gratuitamente todo o trabalho reprodutivo e de cuidados. O exército explorado de operários da primeira Revolução Industrial, que tão cruamente ela retratou em sua obra *Passeios por Londres*, contava com outro exército que, além de trabalhar doze ou catorze horas nas fábricas e minas, paria, alimentava, vestia e cuidava conforme a precária margem de tempo e a saúde o permitissem: as operárias – filhas, mães e esposas – foram lucidamente chamadas por essa "temerária justiceira" de "proletárias dos proletários". Toda a sua obra foi escrita no feminino, nenhuma de suas conclusões esquece que, enquanto existir a exploração das mulheres, não se poderá alcançar a justiça e o bem-estar social. A dignidade da humanidade depende da dignidade das mulheres, como a resistência de uma ponte se mede por seu pilar mais fraco. E se a ponte cair, para Flora Tristán, todos, homens e mulheres, não mais conseguirão atravessar para um mundo melhor. Suas palavras não poderiam ser mais eloquentes e seu pensamento humanista adianta-se em um século à teoria da igualdade como valor universal de uma raça, a humana: "A lei que escraviza a mulher e a priva de instrução oprime também a vós, homens proletários. [...] Em nome do vosso próprio interesse, homens; em nome de vosso próprio progresso, homens; enfim, em nome do bem-estar universal de todos e de todas vos conclamo a exigir direitos para as mulheres". (*União Operária*, 1843).

Morreu pelas estradas aos 41 anos, de tifo, defendendo infatigavelmente a justiça econômica e social, a educação universal e a necessidade de os párias, os ninguém, os seres humanos privados de seus mais elementares direitos, se unirem e se organizarem para sua própria libertação. Como? Proletários de todo o mundo, uni-vos!

# 99

## QUE FEMINISTA ESPANHOLA DO SÉCULO XIX TEVE QUE SE VESTIR DE HOMEM PARA FREQUENTAR A UNIVERSIDADE?

"Era uma brasa viva de amor pela humanidade, que ao cruzar seu pensamento vestia a túnica da justiça."

– Clara Campoamor

Enquanto, na Europa, se consolidava um movimento coletivo e organizado de mulheres em defesa de seus direitos de cidadania plena, o peso da tradição aliado à economia agrícola e ao precário desenvolvimento dos ideais iluministas convertia a educação em um bem escasso e, no caso das mulheres, em uma rara exceção. A primeira médica espanhola, Concepción Aleixandre, era apedrejada na saída da faculdade. Até 1910, as mulheres que ousavam entrar para a universidade faziam-no como se roubassem o que não era considerado seu, apropriando-se do conhecimento que só os homens podiam possuir. As poucas mulheres que se atreveram a desobedecer, na Espanha estagnada e tímida do século XIX, levaram adiante sua causa. Já não podiam deixar de pensar, escrever e denunciar a injustiça que era negar às mulheres seu desenvolvimento intelectual e privar a sociedade da contribuição de seus talentos.

A decência, rígida no século XIX, costumava aliar-se ao pecado para dissuadir as mulheres de pensar por si mesmas. Como as saias não eram admitidas na sala de aula, já que nada podia desviar mais a concentração e o estudo do que a presença feminina, Concepción Arenal atacou a raiz do problema indo disfarçada de homem às aulas da Faculdade de Direito. Um casaco e um chapéu fizeram o milagre, como se assim fosse possível negar que um cérebro em um corpo de mulher aprendesse leis. Mas ela aprendeu – e, se aprendeu, por que as demais não aprenderiam? Concepción Arenal, junto com sua contemporânea Emilia Pardo Bazán, que não pôde se disfarçar de homem para ser admitida na Real Academia da Língua – e sem dúvida o seria caso não fosse por seu sexo –, enfrentaram o puritanismo e a misoginia do seu tempo, defendendo a necessidade de uma educação igualitária e universal como um antídoto para o atraso cultural, social e político em que a Igreja Católica e os governos liberais medíocres, para não dizer enganadores, continuavam empenhados. As elites militares e políticas, de comum acordo, abriam caminho cada qual por sua vez, formadas por homens aristocratas preconceituosos ou déspotas esclarecidos.

Nesse contexto social, dona Concepción Arenal aperfeiçoou seu pensamento e sua obra. De vez em quando a convidavam para congressos internacionais, parabenizavam-na e concediam-lhe títulos com um "dom" ou "*sir*" na frente, pois o reconhecimento presumia o domínio da mente masculina. O direito, a política e a moral foram suas áreas de reflexão teórica e proposição de ação social. Infatigável em seu trabalho intelectual, concebia essa ação como parte imprescindível do progresso social, que dependia não só dos avanços técnicos, mas também da entrega, à maioria do povo, de um mínimo de aproximação física, moral e intelectual. No caso desta última, os intelectuais de ambos os sexos deveriam obrigar-se a "clareza, brevidade e beleza", porque não se avançaria na universalidade da educação sem a ajuda daqueles que, em posição vantajosa, tinham o dever de transmitir seu conhecimento tornando-o inteligível para a maioria da população.

Se Concepción Arenal estava empenhada em algo, era em ponderar e alçar a relação entre direito, justiça e poder a instrumento fundamental do bem-estar social. Mas a justiça, como ela mesma escreve, não responde a leis imutáveis como as da física, que uma vez descobertas se convertem em verdade: a justiça só pode ser conhecida "pouco a pouco, à medida que se pratica". Toda convivência que aspire a ser chamada de justa deve se esforçar não apenas para aperfeiçoar conhecimentos e produzir riquezas, mas também para avaliar com equanimidade a situação real de seus membros e unir, ao dever e ao direito da educação pública, o aprimoramento do caráter, o fortalecimento da personalidade e a distribuição equitativa dos bens que em cada tempo e lugar se convencionem como mínimos para a dignidade e o respeito. E, nesse sentido, é fundamental que a mulher adquira tal educação, identificada pela autora com o cultivo da personalidade.

No âmbito de um feminismo com raízes iluministas e humanistas, Concepción Arenal defenderá que "a pessoa não tem sexo" e, portanto, na separação e na diferença que se fazem entre os sexos, existe apenas a licença intelectual de tomar resultados por causas. Só se permite às mulheres ocuparem-se de coisas menores para depois afirmar que sua natureza as inclina unicamente à superficialidade de ocupações sem transcendência. Do mesmo modo que existem leis como as que permitem e regulam a prostituição, que a favorecem em lugar de prevenir e impedir o delito, identificando o legal com o legítimo, as mulheres carecem de incentivos para o estudo da maioria dos ofícios e profissões, em que faltam exemplos femininos de autoridade, de leis e de educação adequada que induzam a vontade de exercê-los. Em definitivo, com muita facilidade se costuma tomar o ser pelo dever ser, de modo que se ergue uma prisão social para o crescimento pessoal das mulheres, as quais, em situação de desvantagem histórica no acesso aos bens de conhecimento e à remuneração por seu trabalho, devem converter-se em prioridade das políticas públicas educativas, pois delas necessitam mais que os homens. Disso podemos deduzir um princípio de ação positiva, com mais cultivo e fortalecimento do caráter para que venham a ser respeitadas. Sem o respeito social pelas mulheres, sem sua capacidade intelectual e profissional que em nada fica devendo à dos homens, elas poderão sair da ignorância, mas não da discriminação e do vilipêndio. Concepción Arenal distingue assim entre instrução e educação, advertindo que se espera da primeira o que só a segunda pode proporcionar. A educação consegue nos tornar respeitáveis porque fortalece nossa personalidade, de maneira que dela derive a inclinação pelo cultivo da inteligência, que é obrigação pública proporcionar e que só unida a essa dignidade previamente adquirida seremos capazes de utilizar em nossos propósitos de melhora e no bem coletivo de nossa sociedade. Assim, a educação nos vincula a um sentimento íntimo de "dignidade e gravidade", de maneira que possamos enfrentar a vida armadas de autorrespeito e exigir essa mesma consideração dos demais, anulando, com a confiança intelectual adquirida, qualquer tentativa de menosprezar nosso valor. Portanto, a educação supõe um fortalecimento do caráter que nos capacitará a distinguir a crítica justa das afirmações gratuitas, sem fundamento, sobre a inferioridade feminina e a combater, com base na lógica, a ignorância, o preconceito e a grosseria pelo que são: manifestações de impotência intelectual.

"A natureza da mulher tornou-se um labirinto, cujo fio não temos" é a afirmação com que se descarta o essencialismo, considerado impraticável para a melhoria social. No entanto, será dito que os obstáculos apresentados à prática profissional das mulheres não são superados com raciocínios, mas com esforços para corrigir as vontades distorcidas por premissas baseadas em crenças, não em fatos. "Seria estranho que os jovens respeitassem as mulheres que vão às touradas, mas não as que entram na sala de aula." A democracia e o triunfo dos valores da igualdade e da liberdade requerem um esforço contínuo. Para esta pensadora, não basta proclamar a igualdade e a liberdade, é preciso dispor dos meios adequados para sua garantia – meios que, sem dúvida, devem corresponder à realidade social na qual se pretende governar. A igualdade política não deve suprimir a desigualdade social, do contrário a aclamada democracia se converterá em mera representação sem capacidade transformadora e de progresso social.

# 100

## QUAL FOI O ÚNICO PAÍS EM QUE UMA MULHER GANHOU SOZINHA A BATALHA DO SUFRÁGIO UNIVERSAL?

"Digamos também que a definição de 'feminista', com a qual o vulgo, inimigo da realização jurídica e política da mulher, pretende malevolamente indicar algo extravagante, assexuado e grotesco, não indica senão o apoiador da realização plena da mulher em todas as suas possibilidades: portanto, deveria chamar-se humanismo. Ninguém chama de 'hominismo' o direito do homem à sua completa realização."

– Clara Campoamor

As proezas da palavra, sem derramamento de sangue, que conseguem transformações civilizatórias revolucionárias, tanto pela profundidade de seu impacto quanto pela velocidade de suas realizações, costumam ocorrer como uma explosão de justiça largamente acumulada e contida, não como o empenho pessoal de um só espírito aproveitando-se de uma brecha de oportunidade histórica percebida e julgada com argúcia. Na Espanha, a emancipação jurídica das mulheres se deu assim, graças ao feito solitário de uma pessoa dedicada à coerência ideológica que, na esfera do poder, pela primeira vez lhe era permitido patrocinar. Ela elevou a dignidade de todas as mulheres acima da disciplina de partido e dos recursos dialéticos oportunistas, acovardados ante a ideia de uma sociedade de mulheres e homens com os mesmos direitos e deveres. Em se tratando da capacidade das mulheres, não permitiu meias medidas. As espanholas em 1931 estavam tão bem ou tão mal preparadas quanto seus compatriotas homens e o medo à sua causa era constituído de muitos pequenos medos entrincheirados na democracia real, aquela em que os homens mais preparados pareciam incapazes de se mover mentalmente. A democracia não era paga em prestações, conforme os interesses da melhor oferta: a democracia era um compromisso de autogoverno do povo, constituído metade por homens e metade por mulheres.

Não obstante, as lutas fora da guerra, travadas nas tribunas, nos palanques e na consciência, nunca foram as favoritas da história, na qual o tempo se pauta pelas sagas com nomes de reis, visionários e conquistadores, batalhas ganhas ou perdidas a golpes de espada, canhão, fuzil ou bombas atômicas. Clara Campoamor, tendo por armas apenas a razão democrática, o profundo sentido da justiça social e a firme convicção de que seu país deveria contar com as mulheres para vencer o atraso econômico, o analfabetismo e os governos pseudoliberais (uma vergonha bem disfarçada nas crônicas), realizou o milagre: o voto das mulheres, o sufrágio universal, a república de cidadãos e cidadãs. Esse foi o pecado mortal de Clara, como está registrado no livro que conta sua luta em prol do reconhecimento da capacidade e da dignidade das mulheres, para que de uma vez por todas elas fossem cidadãs sem senões, pessoas donas de si e responsáveis pelo caminho que com elas começava a percorrer a nova Espanha republicana, democrática e, por sua constituição, sem artifícios jurídicos para adiar a soberania popular.

Culpada de que as mulheres não devessem obediência ao marido no casamento e ambos os cônjuges tivessem os mesmos direitos; culpada de qualificar de ilegais o exercício da prostituição e os bordéis; culpada de conseguir eliminar a proibição da investigação de paternidade; culpada de defender a igualdade de todos os menores, fosse qual fosse seu nascimento, dentro ou fora do matrimônio; culpada (e por este último pecado seria condenada ao inferno dos que se mostraram justos antes do tempo) de conseguir o direito ao voto para todas as espanholas, que foram às urnas como cidadãs de pleno direito antes das francesas e das alemãs, as quais empreendiam há décadas uma luta coletiva e de insurreição civil contra seus governos democráticos.

Clara Campoamor renunciou a seu partido e, mais tarde, renunciaria a seu cargo de deputada porque certos princípios não são negociáveis. A consideração de que as mulheres espanholas eram seres humanos, dotados de razão e, portanto, capazes de exercer seus direitos e deveres em plena igualdade com os homens, não admitia emendas ou adiamentos. E deviam dar nome e sobrenome todos aqueles que se recusassem a considerar as mulheres cidadãs ativas da República. Clara Campoamor exigiu voto nominal para que, no futuro, fossem conhecidos os homens rendidos à "caverna interior", como alguém reconheceu em um "ataque de sinceridade" à deputada. A história os julgaria como homens movidos por seus preconceitos, que não respeitavam as mulheres, que as consideravam intelectualmente inferiores, com exceção de algumas (daí aceitarem que fossem eleitas). Mas, para Clara Campoamor, a exceção – a deputada Kent e ela própria –, longe de confirmar a regra, anulava-a. Democracia significava igualdade política e social de toda a cidadania. Em altos brados, os que pretendiam proteger seus interesses partidários, negando direitos às mulheres, tentavam fazer manobras e exigir que constassem em ata.

Clara Campoamor, órfã de pai aos 10 anos, trabalhou como costureira, balconista e telefonista. Em 1909, entrou por concurso no quadro de auxiliares femininos do serviço de telégrafos. Aos 35 anos de idade, concretizaria seu sonho, formando-se em Direito. Como política e jurista, teve tudo contra si e nunca renunciou à sua integridade moral e sua honestidade intelectual.
Nós, espanholas, lhe devemos nosso reconhecimento como cidadãs e a Espanha lhe deve a primeira Constituição democrática.

Se a Constituição Espanhola de 1978 não contou com nenhuma mãe entre seus progenitores, a primeira Constituição de nosso país declaratória de direitos e não "declamatória" (como a deputada gostava de distinguir), a de 1931, teve Clara Campoamor como pai e mãe. De fato, como pacientemente repetia em suas réplicas à oposição ao voto feminino, Clara Campoamor, ao defender a igualdade jurídica das mulheres, apenas defendia a cidadania, a república e o Estado de direito. Boa jurista que era e com a fibra de quem nada ganhara na vida sem esforço e mérito próprio, imediatamente reconheceu a oportunidade que o destino lhe dava de construir um sistema jurídico moderno, cuja norma suprema fosse a lei universal, ápice hierárquico do ordenamento da nova sociedade espanhola, sem espaço para as imunidades e legalidades paralelas com as quais até então se burlava o Estado de direito e o parlamentarismo democrático na Espanha. Por isso, ela não poderia permitir que a urgência traísse a importância de aprovar um texto constitucional, talvez o mais avançado em toda a Europa, do qual pretendia fazer uma trincheira de igualdade entre homens e mulheres para, como boa conhecedora de nossa história e da fraqueza da condição humana, defender-se por antecipação de algum futuro legislador levado a considerar disponível a plena igualdade jurídica da "metade da raça espanhola".

Em 1931, século XX, quase um século e meio depois da "Declaração dos Direitos da Mulher e da Cidadania" de Olympe de Gouges, quase um depois da "Declaração de Sentimentos de Seneca Falls", quando as americanas começaram sua luta pelo sufrágio, recém-concluída a Primeira Guerra Mundial, em que as mulheres mantiveram a pleno vapor a administração e a indústria dos países em luta, Clara Campoamor devia ainda insistir na unidade da espécie humana, metade homens e metade mulheres, com uma única diferença, a capacidade de dar à luz. Enfrentou desafios impossíveis, como a proposta de reconhecer o voto para os homens com mais de 23 anos e para as mulheres com mais de 45, manteve a elegância necessária para responder à única mulher no Congresso que acatou o argumento da falta de preparação de seu próprio sexo para o exercício da liberdade, um valor que só poderia ser aprendido se vivenciado, como o demonstrava a presença dela e da deputada Victoria Kent na Câmara, e teve de reagir com sarcasmo aos ataques biolologicistas que a acusavam de "elevar a lei à histeria". Desmantelou todos e cada um dos preconceitos com infinita paciência, por mais absurdos que devam ter parecido à nossa sagaz heroína. Vale a pena lembrar sua observação de que os homens sempre podiam votar com sua metade feminina incapaz e as mulheres com sua metade masculina capaz, já que a ciência por eles assacada contra a igualdade mostrava que a genética de ambos os sexos consistia da soma herdada em partes iguais de cada um dos sexos. E se alguma histeria houve na assembleia constituinte, em outubro de 1931, foi a masculina, com o "nervosismo dos homens" (como a deputada escreveu textualmente em suas memórias) transbordando, pois o medo do voto feminino era o mais forte e o mais difundido de todos. Esse temor era a desconfiança de uns para com os outros em sua consistência democrática. Clara Campoamor contestou a todos porque só pode temer as decisões do povo quem esconde o medo de que tais decisões não correspondam a seus interesses. Ora, a assembleia constituinte teria de assegurar que a lei representasse os interesses de todos os cidadãos, incluídas, é claro, mulheres, ou legitimaria uma república aristocrática de privilégios masculinos, fugindo da responsabilidade de converter em princípio do novo regime a soberania emanada do povo. E o povo eram as mulheres tanto quanto os homens; e o medo era medo, não razão lógica nem respeito à legitimidade democrática.

Clara obteve sua primeira vitória nos preparativos daquilo que, ela não ignorava, iria se tornar uma luta de todos contra uma. Eleita à assembleia constituinte pelo Partido Radical, só mais uma deputada socialista radical, Victoria Kent, "decorava", como ela própria reconhecia em tom mordaz, o recinto. A Segunda República espanhola, nesse 14 de abril de esperanças e alegria que transbordavam pelas ruas de Madri, estendeu o sufrágio passivo aos sacerdotes e às mulheres (como se o critério fossem as saias), se bem que os primeiros, por seu sexo, nunca tivessem sido questionados como eleitores. A façanha da palavra, sem derramamento de sangue, de que a metade da cidadania espanhola fosse reconhecida maior de idade, capaz, com direitos iguais aos dos homens, enfim, o voto feminino na Espanha, tudo isso foi obra de uma mulher, Clara Campoamor, a que a história não se mostrou suficientemente – nem minimamente – grata: nosso pecado mortal consiste em ignorar a glória merecida.

# BIBLIOGRAFIA

Após a pergunta número 100, caso desejem continuar o questionamento do feminismo e seus desafios, sugiro-lhes abaixo algumas referências às quais poderão recorrer para desfrutar, refletir e obter suas próprias respostas.

AMARA, Fadela. *Ni Putas ni Sumisas.* Madri: Cátedra, 2004.

> O título desse trabalho foi o brado de defesa das jovens muçulmanas submetidas à violência de gênero e à negação de direitos nas favelas de Paris. Seu desamparo institucional levanta o debate, nos países democráticos e ricos, do secularismo nas escolas, do multiculturalismo, da marginalização da população imigrante e da necessidade de novos instrumentos jurídicos e políticos para garantir os direitos fundamentais a todos os cidadãos.

AMORÓS, Celia. *Tiempo de Feminismo.* Madri: Cátedra, 2000.

> Obra fundamental para entender a origem do movimento e do pensamento feminista por ocasião do nascimento e do desenvolvimento do pensamento iluminista. A negação da igualdade entre os sexos suporá uma incoerência com os princípios iluministas que acabará vindo à tona nas revoluções dos séculos XIX e XX para a radicalização do projeto democrático; a luta das mulheres atravessou e atravessa todo esse processo.

BEAUVOIR, Simone de. *El Segundo Sexo.* Madri: Cátedra, 2002.

> Clássico imprescindível que tem alimentado o feminismo desde meados do século XX. Sua análise da condição e da emancipação feminina continua sendo

uma referência na atualidade. A filósofa existencialista se aprofunda na cultura ocidental e nos diversos mecanismos que constroem as mulheres como o segundo sexo em face da referência universal do sexo masculino.

BERBEL, Sara; CÁRDENAS JIMÉNEZ, Maribel e PALEO MOSQUERA, Natalia. *Ideas Que Cambian el Mundo*. Madri: Cátedra, 2014.

Obra recente que percorre um trajeto histórico reivindicativo do pensamento e da práxis que fizeram das sociedades ocidentais lugares mais justos, porque mais igualitários. Traz o movimento feminista e seu poder de transformação coletiva no passado, para enfrentarmos desafios futuros.

BOURDIEU, Pierre. *La Dominación Masculina*. Barcelona: Anagrama, 2000.

Obra de leitura obrigatória para entender os mecanismos pelos quais se naturaliza e, portanto, se legitima a subordinação feminina. A força do patriarcado está em despojar-se de seu caráter histórico e normativo para converter-se em um sistema de comportamento humano e organização social natural. Entender quando e como se produz essa armadilha cognitiva é a chave para a emancipação das mulheres.

CAMPOAMOR, Clara. *El Voto Femenino y Yo. Mi Pecado Mortal*. Madri: Horas y Horas, 2010.

A primeira edição dessa obra data de 1936, quando a deputada Clara Campoamor, que tinha conseguido o voto para todas as espanholas, mas também a abolição da prostituição, da pena de morte e do trabalho infantil, decide tomar da pena para contar sua história, a história corajosa e solitária da luta vitoriosa pela dignidade das mulheres espanholas, que em 1933 foram às urnas, pela primeira vez reconhecidas como cidadãs com direitos iguais aos dos homens.

DURÁN, María Ángeles. *El Valor del Tiempo: ¿Cuántas Horas Te Faltan al Día?*. Madri: Espasa-Calpe, 2006.

Nessa obra, a autora reflete sobre os usos do tempo e como eles estruturam nossa sociedade e a diferente posição que nela ocupam homens e mulheres. Mediante uma sagaz observação da vida cotidiana, nos leva a questionar temas tão atuais quanto a corresponsabilidade nas tarefas de cuidados e apoio ao bem-estar coletivo.

EXPÓSITO, Mercedes. *De la Garçonne a la Pin-Up.* Madri: Cátedra, 2016.

O século XX é aquele em que as mulheres ocidentais conquistam a plena igualdade jurídica com os homens. Nessa obra, a autora nos aproxima da construção de modelos de feminilidade durante esse processo de luta feminina e se pergunta como e por que a mulher independente do período entreguerras é demonizada pelos meios de comunicação e pela propaganda política da época, acabando por reduzir-se a uma figura que, embora em sua estética se identifique com a mulher moderna, fica, na verdade, sujeita aos papéis tradicionais e expropriada de sua sexualidade.

FALUDI, Susan. *Reacción: La Guerra No Declarada Contra la Mujer Moderna.* Barcelona: Anagrama, 1993.

Essa obra desmente a miragem da igualdade com a qual se advoga a morte do feminismo. As mulheres ocidentais enfrentam em sua realidade cotidiana uma contundente negação de sua liberdade e sua dignidade, fato sobre o qual a autora apresenta provas inquestionáveis.

FRIEDAN, Betty. *La Mística de la Feminidad.* Madri: Cátedra, 2016.

Clássico do pensamento feminista que se converteu em um *best-seller* mundial. A autora soube decifrar as razões do mal-estar generalizado das mulheres livres e juridicamente com direitos iguais aos dos homens. Depois da Segunda Guerra Mundial, milhões de mulheres livres foram expropriadas de sua autonomia, atribuindo-se essa amputação vital à sua própria decisão.

MERNISSI, Fátima. *El Harén en Occidente.* Madri: Espasa-Calpe, 2001.

Com essa obra, a autora põe abaixo os mitos do Ocidente sobre as condições de vida das mulheres muçulmanas, ao mesmo tempo que questiona até que ponto tais ideias respondem a uma projeção dos próprios estereótipos machistas que dispensam a realização de um exame de consciência sobre outros tipos de dominação menos evidentes que os haréns, vistos de maneira anacrônica e deformada.

NASH, Mary. *Mujeres en el Mundo: Historia, Retos y Movimientos*. Madri: Alianza Editorial, 2012.

Obra de leitura obrigatória para conhecer o feminismo segundo uma visão totalizadora e internacional. As diversas correntes do feminismo e suas protagonistas ao longo dos três últimos séculos e em todos os continentes, com especial atenção à do feminismo na Espanha.

RIVERA GARRETAS, María-Milagros. *Nombrar el Mundo en Femenino*. Barcelona: Icaria, 2003.

Obra de história do pensamento das mulheres como alternativa à narrativa histórica clássica. Nela, o importante serão as vozes das mulheres e sua maneira de construir um significado do mundo paralelo à hegemonia masculina. A genealogia feminina, o pensamento feminista ao longo da história e suas categorias de análise serão desenvolvidos com base em uma consciência histórica crítica.

VALCÁRCEL, Amelia. *Feminismo en el Mundo Global*. Madri: Cátedra, 2002.

Obra imprescindível para entender o passado, o presente e o futuro do feminismo. A modernidade inaugura o movimento feminista reivindicando a radicalização dos princípios iluministas. Depois do sufragismo e das diferentes correntes do feminismo contemporâneo, a emancipação das mulheres e a garantia de seus direitos estão longe de ser alcançados na era da globalização que, não obstante, permite de fato, pela primeira vez na história, a comunicação internacional das diferentes frentes da luta pela igualdade.

VARELA, Nuria. *Feminismo para Principiantes*. Barcelona: Zeta Editorial, 2013.

Nessa obra, faz-se uma exposição pedagógica e rigorosa da história e do pensamento feminista, por meio tanto de seus diferentes marcos históricos quanto de suas protagonistas.